易卦闡幽

（上冊）

黃漢立 著
蕭若碧
彭德貞 整理

序一

霍震寰

黃漢立老師精於易學，將他的研究心得整理寫成《易經講堂》一書四冊，很受讀者讚賞。現在再將他選講的《易經》十二卦，整理寫成《易卦闡幽》一書，交由香港天地圖書有限公司出版。

《易經》是五經之一，兩千年來是讀書人必須學習的經典，但是由於文字簡約，而意義豐富，現代的讀者不經長時間的鑽研，很難讀懂。

黃老師明白這本經典難讀的關鍵，對原文逐字逐句加以詳盡的解說，務使只有中學語文能力的人，都可以了解原文的意義。其實《易經》原文文義艱深，固然是讀者不易了解的原因，但更難了解的是它的文字背後的含義，黃老師對此更是深入淺出的詳細發揮說明，使讀者明白其深奧的意義和思想偉大之處。

《易經》是中華文化思想之母，要了解中華傳統文化，要繼承發展中華特有的文化思想，應從研習《易經》入手。因此黃老師除了在《易經講堂．二》講述了最重要的《乾》、《坤》、《屯》三卦外，再選出影響中國文化思想比較重要的十二卦，整理成為這本書。

這本書分為上下兩冊，上冊選講《師》、《比》、《泰》、《否》、《剝》、《復》六卦，下冊選講《蒙》、《謙》、《坎》、《離》、《咸》、《遯》六卦，傳統做事做人的原則大體都包涵於其中了。

雖然我對《易經》認識不多，仍是門外漢，但覺得《易經》是傳統中國文化的精華，應當好好繼承。這本書適合對《易經》有興趣的讀者閱讀參考，所以誠懇地加以推薦。

二零一七年四月十九日

序二

謝錫金教授

最近，教育發展走進了一個新的境界，以往，許多知識和學習內容，都是由教師傳給學生的，但是，因為互聯網（internet）的飛快發展，教與學發生了巨大變化。大部份知識和學習內容，都可以在互聯網找到，老師的地位因而受到挑戰。很多學生上課不專心，因為老師的講述，都可以在網上找到，甚至可能比一般老師所講的更多更豐富。所以很多教師都覺得「為人師表」，並不容易。

另一方面，很多國家的教育規劃，也因為互聯網的發展，課程起了很大的變化，不單止把學習的內容和知識，重新整理，更改良了學習的目標，除了內容和知識，更把「學會學習」（learn how to learn）和「終生學習」（life long learning）定為學習的最重要目標。

要推進學會學習，必須教導學生「學習的過程」（learning process）和「學習的策略」

（learning strategies）。所謂過程，就是學習的程序。所謂策略，就是有效的學習方法和竅門，學生掌握了這兩種認知能力，便可以按自己的興趣和速度，學習自己喜歡的內容和知識。

每一次閱讀黃老師的新作，都感覺老師學問博大精深，承傳了中國的傳統學術，另一方面，又不斷創新。新書對易經的師卦、比卦、泰卦、否掛、剝卦、復卦、蒙卦、謙卦、坎卦、離卦、咸卦、遯卦等十二卦有精闢的分析。

老師以往有關易經的著作，幫助學者打開了閱讀易經之門，這本新書，老師更把畢生研究易經的心得，毫無保留獻給讀者，讓讀者不僅打開了易經之門，更深入了解易經的精髓，同時，老師更在附錄部份，提供了學習易經的策略，讓學者能學會自學。有了這些自學策略，學者便可以自己探索易經的深層意義。

根據黃老師的附錄，以下是總結有關閱讀爻卦象的重要關鍵詞和概念。

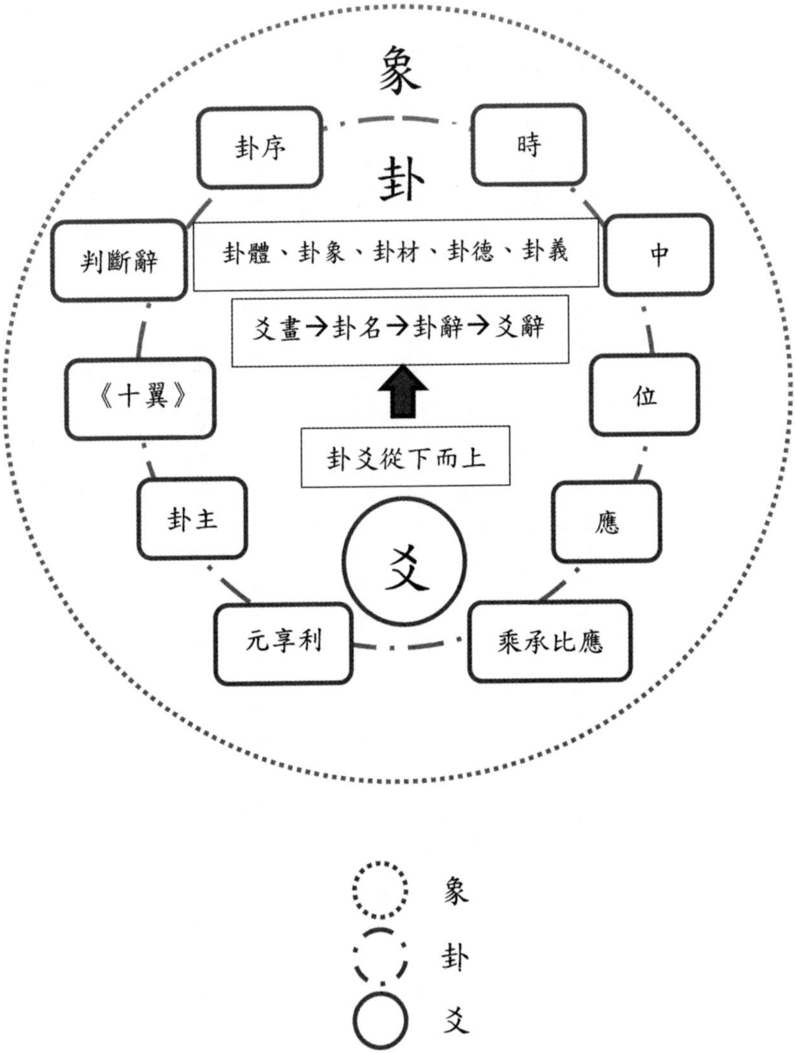
象
卦序
時
卦
判斷辭
卦體、卦象、卦材、卦德、卦義
中
爻畫→卦名→卦辭→爻辭
《十翼》
位
卦爻從下而上
卦主
應
爻
元享利
乘承比應
象
卦
爻

以下我們從老師的文章抽取四個重要的關鍵詞，看看他怎樣幫助我們詮釋易經的策略，通過這些策略，老師更告訴我們背後的真理。（表內的文字，都是引用黃老師的原文。）

時

	主要內容	詮釋的策略	真理
時	《周易》所講的「時」，最高層次是指「盈虛消息」；「盈」是充滿，「虛」是一無所有、「消」是減少，「息」是增加。《繫辭傳》在講到「易」的意義之時，用了日月和四時來說明。	以陰陽五行元氣學說來說明，陽氣的增加叫做「息」、陰氣的增加叫做「消」，陰的性質是收斂，陰氣增加於是造成事物的減少，由此引申，「消」即是減少。	「盈虛消息」象徵任何事物的整個變化過程。事物生長到極限就會消退，消退到極限就會增長，這個過程就是「時」的作用。「盈虛消息」背後蘊藏的哲學意義，第一點是「變動不居」。第二點是「終始反復」。第三點，這是個螺旋型向上的循環，每個循環都有微不可覺的變化或改進，所以《周易．繫辭傳》說「開物成務」，說「富有之謂大業，日新之謂盛德」。第四點，古人體會到宇宙這種循環是「有序有則」的。這是古代中國通過人文科學的觀點去看待「時」，不是像古希臘從物理或數學上去分析「時」，而得到上述的四大特點。

中

	主要內容	詮釋的策略	真理
中	「允執厥中」，中是大中，亦是中正之道，指須認眞地掌握中道的精神，作為治理國家和立身行事的準則。	易卦有六爻，從下往上數，第二爻是在下卦的中位，第五爻是在上卦的中位，二、五兩爻分別處於上下卦的中位，在中位象徵具備「中」的德性，代表思想行動合理，有道德、有知識、有才幹；而且是在最適當的時候、用了最適當的方法，做最適當的事。	孔子在《論語》中已提到「中庸」。程頤解釋說「不偏之謂中，不易之謂庸」，不傾向任何一方是「中」；永恆不變的眞理、即永恆遵守的道德行為想法為「庸」。可是後人誤解其意，把「中」解為「折中」，意指死板的平均中值。其實古人對「中」的真正含義是明白的。「中」不是在邪惡和正義兩者之間找出中值，而是在正確事物中間找出適當的做法。所以易卦中的二爻和五爻，不單行正道，更在正確規律下，掌握在這時勢所應採用最適當的做法，因此事業得到成功，同時完成偉大的道德修養。

位

	主要內容	詮釋的策略	真理
位	不是單純指位置、處所。 第一個基本意義是「貴賤之位」。 第二個更關鍵的是「陰陽之位」。 第三是「得不得位」的問題。	卦以「時」為主，「位」是暗中的作用；爻以「位」為主，「時」是暗中的作用。 初、三、五三個位置是奇數，奇數是陽，因此初、三、五這三個陽位，象徵了陽的德性和才幹；二、四、上三個位置是偶數，偶數是陰，因此二、四、上這三個陰位，象徵了陰昏才弱的性質。	六爻位置的陰陽屬性是不變的，把陰陽爻配在這些位置之上，如陽爻在陽位，陰爻在陰位，叫「得正」，簡稱「正」；「得正」能表現陰陽的良好屬性，好比人要在適當的環境才能發揮他的才幹。反之，如陽爻在陰位或陰爻在陽位，是不得正，簡稱「不正」或「失正」，意思是陰或陽的性質都受到環境的限制而減弱。陽的性質減弱了還不一定會有嚴重後果，陰的性質減弱了就不妙了，就會發揮陰的不好本性，愚昧和道德敗壞的情況都會顯現出來。

應

	主要內容	詮釋的策略	真理
應	「應」是感應、回應、響應。易學特別注重應，有應才是吉利。	易學規例中，初爻和四爻、二爻和五爻、三爻和上爻是最容易產生感應的。三種應之中，以二五爻相應最為重要，二五相應是好是壞，決定了卦的好壞。	所謂好就是一陰一陽的「正應」，壞就是說兩者均為陰或陽，這種情形又叫「敵應」。在實際各卦中仍須與其他條件配合，才能確定其吉凶好壞得失。

我非常同意黃老師的建議。閱讀老師所選講的十二卦之前，最好先了解了這些策略和方法，這對於學習《易經》非常有益。甚至要了解整個易學，這些策略都是非常有用的，同時，有了這些概念，學會學習便有基礎了。

前言

黃漢立

《周易古經》創作於西周初年，原是為了占筮吉凶而編撰的。但在編撰時已將人類行事得失之理，以及遠古以來的生活智慧包涵於其中。因此到了春秋時，很多有識之士，已直接根據書中的卦爻辭作為行事的格言了。

孔子晚年在學術上做了兩件重要的大事：其一是根據魯國的歷史寫成《春秋》一書，藉褒貶指出歷史上人物行事的得失；其二是揚棄《周易古經》的占筮，轉而注重蘊涵於其中的「德義」，通過天（包括地）道以明人道。使人道道德有了天道作為理論的根據，可以指示如何行事做人才適當合義。這樣既有德義的理論，又有具體的實例，兩者配合以指導後人如何實踐人道的仁義道德。這樣，便使他的哲學體系更圓融無缺了。

孔子的弟子和後學，繼承並發展孔子論易之說，寫成很多種闡釋《周易古經》的著作。到了漢代選取了其中七種十篇，稱為《十翼》（今天則稱為《易傳》），附於《周易古經》之後，成為《易經》的一部份。

漢武帝獨尊儒術，儒家傳習的《詩》、《書》、《禮》、《春秋》和《周易》成為士子必須研習的經典，這便是五經。而在五經之中，《春秋》和《易傳》都因為是孔子所撰，所以特別受到尊重：政治人事以春秋為法；而天地人三道所以然之故，則多自《易經》找尋根據。因此當時的天文、曆法、音律、數學等科技都從《周易古經》，尤其是《十翼》，和由《十翼》所引申發展的自然哲理中找尋理論根據，並由此理論發展其學說。

這種學術風氣，到了東漢末年，更進一步影響及於醫學、內外丹和宗教：醫聖張機（仲景）根據易理和《黃帝內經》，建立六經辨證和診治的方術，撰寫《傷寒雜病論》，為後世醫家所宗。明清以後，中醫更進一步易醫結合，完善了中醫的理論。魏伯陽亦據易理撰寫《周易參同契》一書，建立內外丹理論和煉法，不特是發展內外丹學術的基礎，還是道家易學之源，後來更影響了宋代圖書易學的建立。道教初創，需要建立教理和方術，除了依據老子的哲理外，更多方借助易理，所以到處都有易理的蹤影。佛教亦不例外，佛教初傳入中國，三國時的康僧會，便以易學解釋佛義。晉時，或借易學闡釋佛理，或借佛理闡釋易義。隋唐佛教興盛，佛教徒進一步更有借助易學建立佛學理論、或者權說佛理的。華嚴宗的李通玄和禪宗的石頭希遷、雲岩曇晟可為代表。不過易學和佛學哲學體系不同，彼此相互影響不及道教的深廣全面。但僧侶以易說佛的則歷代都有，甚至到了民國時代的杭辛齊、李正剛、章炳麟、太虛大師、熊十力、馬一浮、潘雨廷等學者仍然提倡易佛會通，促進了佛教易學的發展。從這些可看出易學對佛學影響的源遠流長了。另外，明末清初，基督教傳入中國，耶穌會教士亦有牽合易義以解說基督教義的，不過影響不大而已。

到了魏晉時，尊《易經》、《老子》、《莊子》為「三玄」，易學進一步成為玄學思想的根據。尚不止此，由於《易經》貫通天地人三道，所以從影響科學、哲學、宗教推廣而及於文學。傳統文學理論的經典，劉勰的《文心雕龍》便以易理為宗，藉以說明文學創作的原理。宋代謝靈運的山水詩往往於詩篇結束前，引用《易經》、《老子》的哲理，說明因山水而悟道。後來藉山水明道、悟道，便成為山水風景文學的特徵。到了唐代，更推廣及於所有的文學形式：柳宗元提倡「文以明道」，韓愈提倡「文以載道」。結果，唐代以後「文以載道」，便成為中國文學的傳統了。

唐代繼承了易學為諸學原理的傳統，更深入的指導各門學術向前發展，例如僧一行的大衍曆法和佛道哲理等。但當時佛道之學興盛，儒學較衰落，所以易學的發展不算太大。

但到了宋代，則完全不同了。宋代諸儒為了復興儒學，要為儒學建立堅實令人信服的理論，以對抗佛道的哲理，便據易學建立了天人合一之道，使儒家人道的實踐仁義道德，有了天道理論作為根源，不特可抗衡佛道兩家的哲理，甚至超越兩家，使儒學再次成為中國文化思想的主流。

而宋儒發展易理以為儒學仁義道德的根源時，將天地人三道相通之理，提升為各種更根本的原理。既是普遍的原理，便可應用於各事各物，成為各事各物的原理，因此，任何中國學術要從最初的經驗積累上升為堅實可以發展的學術時，便自覺或不自覺地從易學基本原理中，找尋可資利用的原理作為指導。這樣《易經》和從《易經》發展而成的易學，便成為中國傳統文化思想之源了。因此不了解《易經》和易學，便不能對中國傳統文化思想有深入的了解。

但是為甚麼《易經》經過引申發揮之後，竟然可以成為解釋天地人三道事物的原理之學呢？主要的原因有兩點：

第一點：《易經》已由一本書，演變成為一門可持續發展的學術。一般書籍，一經寫定，文字已決定了它的內容，後來只能根據原文原義加以解釋。但《易經》則和它們有所不同，因為《易經》是上古伏羲畫卦；中古周文王擴展為六十四卦，並且撰寫了卦辭，周公繼承父業，補寫了爻辭；近古的孔子撰寫《易傳》（漢代或稱為《十翼》），說明其義理。這一說法，已告訴我們《易經》的內容是逐步擴充完善的。尤其是孔子及其後學所撰寫的《易傳》，即使是解釋卦及卦辭的《彖傳》，解釋爻辭的《小象傳》，和解釋《乾》、《坤》兩卦的《文言傳》，表面是在解釋原文，但卻是在原義的基礎上，擴充《周易古經》的體系成為易學哲學體系，為了完成這個體系，不得不或繼承、或補充、或引申原文，甚至改變原義。因此解釋卦及卦辭的《彖傳》，便從天道以明人道，提升原來占筮之書為貫通天人之學。《文言傳》則多方面從乾天坤地的天地之道，來說明人道的德義。《大象傳》則教人做效天地事物的規律，以建立人類行事的法則。這些都是原文所無或隱而不彰、而為孔子及其後學提升組成新的哲學思想的。至於其他五傳：《說卦傳》系統說明八卦類象在解釋《周易》和應用於占筮的功用。《序卦傳》則從人類社會生活發展的過程，說明六十四卦的先後相承之理。《雜卦傳》則從另一角度輔助《序卦傳》，說明卦的錯綜和相因相反之理。《繫辭傳》則更據當時所能達到的哲學高度，從哲理建立了《易經》之學的理論基礎。這七種十篇的《易傳》，從多方面歸納、提升《周易古經》，找出其所以然的理據，亦即將《周易古經》從經驗提升為理論，使《周易古經》從一本書演變成為一門學術。

由於《易傳》從《周易古經》籀譯提升的哲學理論體系，有極大的發展、完善的可能性，因此歷代研究《易經》的學者，都沿着這一條道路繼續發展。在發展的過程中，自覺或不自覺的、將他那個時代的學術成就和他個人的學術心得，通過註解巧妙地擴充完善了《周易古經》的內容，使《易經》這門學術越來越博大，越來越高深，其內容和成就超越了原來的《周易古經》。因此《周易古經》和《易傳》，同中有異。南宋朱熹早已提出，《經》自《經》，《傳》自《傳》，應分別了解其本義，所以撰寫了《周易本義》，以申其說。但他本人和後來的學者，都沒有將《經》、《傳》真正分開，仍然依據《傳》以解《經》。可能他們知道《易經》之所以偉大，是後來《易傳》所建立的體系，將它的內容加以擴充完善的緣故。我們可以客觀細心觀察，今天學者所提出的《周易古經》卦爻辭的原義，對這二千年的文化思想影響很小，就可以明白據《傳》解《經》，是更合理的學習方法了。所以如果我們今天仍想學習《易經》，亦應承繼《易傳》所發展的易學思想，因為後來中國傳統文化的精髓，二千年來中國各門學術的發展，中國人的思想和生活習俗，大都從此引申發展而成。

為甚麼《周易古經》的卦爻辭，不能像其他書籍的文字一樣，必須一成不變依據原義解釋？原因是應用《周易古經》於占筮時不得不如此。因為卦爻辭，往往只是特殊個別具體的事實，但占問的事情如果和這些特殊個別的事情無關，肯定無法依據卦爻辭指導如何行事及判斷未來吉凶。例如占問婚姻，求得的是和軍事有關的《師卦》，如果不引申卦爻辭、甚至歪曲卦爻辭之義，怎能和所占婚姻之事相應？其實在創編《周易古經》的時候，編者已預知必然經常出現這種情況，因有了上述應付方法，所以創作之時才可以放心以特殊個別具體事例作為判斷眾多不同事例的占辭。明乎此，便知道卦爻辭的內容意義不一定能夠準確地用原義解釋了。試觀記載於《左傳》及《國語》的春秋時的二十二占筮記錄，大都自卦爻辭引申，很少用原義作為判斷，便可明白了。正是利用《周易古經》占筮的人，都懂得非將卦爻辭靈活處理不能應付任何占筮，因此孔子及其後學只不過繼承這傳統。但在發揮或改變原文之義時，有系統全面考慮如何將占筮之書，改變為發展儒學義理的寶典而已。

第二點：同樣為了占筮，《周易古經》和其他書籍尚有最明顯不相同的一點，即其他書籍只是用文字表達內容，但《周易古經》除了用文字表達內容之外，還用卦象和爻象表達內容，並且以卦象和爻象補充文字內容的不足。即卦爻辭初步規範了卦象和爻象所蘊涵的意義，而卦象和爻象則據此引申擴充了卦爻辭的內容。本來卦爻辭只是特殊個別具體事例的記述，而這特殊的事例，只是卦象或爻象同類事例中的一例而已。通過爻辭，就可知爻象暗中所指之義。因為「象」就是「法」，它是從個別特殊具體的事例，抽象成為同類事例共有的性質和未來變化的原則的。即爻象是以該特殊事例的眾多同類事例，比對歸納，從中找出這類事例的共有性質和未來的變化法則。這樣，爻象便會提升成為該類事例的規律。一卦有六爻，便有六條小規律，而從一卦六爻的六條爻象的不同小規律，綜合找尋出其共性和共同的規律，便成一卦卦象的規律，將六十四卦六十四條較大的規律，籀取共性和共同規律，便變成大規律。這一大規律因為能夠反映萬事萬物的共性和規律，就接近宇宙的基本原理了。

這樣，《周易古經》便在《易學》所建立的易學理論基礎上，逐步完善，最後使《易經》一書，提升成為了解天地事物的本原、性質和變化之道的偉大經典。儒家學說依此擴充，便成為中國文化的主流，各門學術依據和它相關的《易學》原理發展，便可使這門學術能夠建立，並且可以持續發展。這便是《易經》所以成為中國文化思想和各門學術之母的原因了。

明白了《易經》是中華文化之母，也就明白中華文化的興衰和《易經》的興衰，息息相關。宋代以後，易學倡明，幾乎所有的哲學家、思想家、學者都深研《易經》，其中大多數還有研究《易經》的著作。相反，民國時代疑古學者，指斥《易經》只是占筮迷信的書籍，毫無價值可言，所以在大學中不開設《易經》課程。而中華傳統文化亦在這時代，普遍受到中國人的鄙視和忽略。但隨着近三十年國家的復興，《易經》又逐漸成為國人崇拜喜愛的學術，研究人數之眾，出版論著之多，亦為歷代之冠。相信隨着《易經》的復興，傳統中華文化亦將會復興了。

正因為《易經》對中國文化和生活有如此重要的影響，所以要繼承和弘揚傳統中國文化，應對《易經》有一定的認識。個人便根據這原則，在《易經》中選出反映傳統中華文化較重要、應當先認識的十二卦（《乾》、《坤》、《屯》三卦更重要，但我在《易經講堂．二》已詳細講解了），以此作為學習《易經》的基礎。因為需要詳細講解，才能將這些卦的奧義說明。所以，雖然只是選講十二卦，亦須分為上下兩冊。上冊選講《師》、《比》、《泰》、《否》、《剝》、《復》六卦。《師》卦講述軍事和對戰爭的看法；《比》卦講述人類和諧相親的原則和做法；《泰》、《否》兩卦講述致泰、治泰、持盈保泰、否極必泰之道；《剝》、《復》兩卦講述轉否成泰，剝極必復之道。下冊選講《蒙》、《謙》、《坎》、《離》、《咸》、《遯》六卦。《蒙》卦講述為師和從學的教育之道；《謙》卦讚美謙遜之德；《坎》、《離》兩卦相反相成，意義互相補足。《坎》卦講述處險和脫險之道；《離》卦說明事物互相依存附麗，才能化成天下，成文明之治；《咸》卦講述夫婦之道，並由此引申，說明《易學》最重視的交感之道；《遯》卦講述君子在亂世退隱，窮則獨善其身之道。這十二卦差不多將傳統文化所注重的修己治人之道都包括於其中了。

本書之所以能夠寫成，要感謝香港大學教育學院前副院長暨中國語文研究中心總監謝錫金教授，他於二零一二年十月二十日至二零一三年一月二十六日，及二零一四年十一月一日至二零一五年二月十四日，先後兩次邀請我講授《易經》，每次十二課，每講三小時。第一次講述了上冊的六卦，第二次講述了下冊的六卦。之後再得蕭若碧女史，將講課的錄音，忠實整理成文字初稿，並作了初步的整理和編輯。我再在這基礎上，刪去講課時的重複，增加講課時的缺漏，改正謬誤，盡量修改文字，用了一年時間，凡三易稿，才完成。期間，內子彭德貞先後細心校讀多次，對文字稿內容提出很多修改的意見，使本書內容減少錯誤，文字更通順，意義更清晰。

霍震寰先生及謝錫金教授為本書撰序，推介本書，至為感激。天地圖書有限公司董事長陳松齡先生、副總經理陳儉雯女史，慨允出版本書，陳幹持女史編輯本書，郭志民先生進行美術設計，謹致以衷心的謝意。

最後，書中內容疏忽失誤的地方必多，懇請讀者惠予指正。

二零一七年四月二十一日

目錄

【第一講】師卦

䷆（坎下坤上）

《師》：貞，丈人吉，无咎。

《彖》曰：師，眾也；貞，正也。能以眾正，可以王矣。剛中而應，行險而順，以此毒天下，而民從之，吉又何咎矣。

《象》曰：地中有水，師；君子以容民畜眾。

初六，師出以律，否臧，凶。

《象》曰：「師出以律」，失律，凶也。

九二，在師中吉，无咎，王三錫命。

《象》曰：「在師中吉」，承天寵也；「王三錫命」，懷萬邦也。

六三，師或輿尸，凶。

《象》曰：「師或輿尸」，大无功也。

六四，師左次，无咎。

《象》曰：「左次无咎」，未失常也。

六五，田有禽，利執言，无咎；長子帥師，弟子輿尸，貞凶。

《象》曰：「長子帥師」，以中行也；「弟子輿尸」，使不當也。

上六，大君有命，開國承家，小人勿用。

《象》曰：「大君有命」，以正功也；「小人勿用」，必亂邦也。

卦名闡釋

《師卦》的「師」字是甚麼意義呢？如純粹從《周易古經》的觀點來說，可能作者是指戰爭中的軍隊師旅。但從《十翼》的詮釋來說，這層意義只稍為提及，強調的反而是「眾」，意指民眾、群眾。「眾」字金文上部份是眼睛，下部份是三個人，眼睛見到三個人為「眾」，「三」是虛數，泛指多，因此「眾」是指眾人。

金文「眾」字

《十翼》中，解釋卦辭的《彖傳》和解釋上下兩經卦象徵意義的《象傳》、甚至《序卦傳》都強調「師」是民眾。《周易古經》卦爻辭明明說「師」是戰爭中的軍隊，解釋的時候也是根據這個意思，但為甚麼《十翼》要解作眾呢？這一點就涉及儒家的哲學觀點了，下文再加說明。

《師》：貞，丈人吉，无咎。

「《師》：」

「《師》」字指《師卦》。其下寥寥六個字，稱為「卦辭」。卦辭的作用是將一個卦最關鍵、最重要的精神和內容說出來，它雖不包括枝節問題或詳細說明其吉凶，但是整個卦的六爻吉凶都是和它密切相關的，爻合乎卦辭原則的當然是吉，違背卦辭原則的多是不吉，甚或會有凶、悔、吝的結果。因此如對卦辭蘊含的關鍵意義神而明之，用此作為衡估六爻的得失，就會比較容易有準則了。

「貞，」

「貞」字如用於商代的龜卜，指的是貞問，意思是向鬼神詢問未來的禍福吉凶。《周易》是否繼承了商代龜卜的傳統，也是將「貞」字解作詢問呢？這是一個值得研究的問題。今天大多數學者都認為應是貞問之義。但解釋《周易》的《十翼》把「貞」解釋為正，是否便一定沒有根據呢？其實也很難說。因為「貞」字與古文「鼎」字相通，商周之時，國家如有重大慶典，或諸侯立國，常會鑄造銅鼎以誌其事，因此鼎是國家最重要的寶器，象徵政權。鼎不是以四足支撐，而是三足。如鼎有四足，地面不平的話，就會傾側，但三足卻不會。因為鼎既是國家的寶器，放置地面，自然要穩固至萬年不動，以象徵政權的長久和穩定性。因此，「鼎」字就有端正穩定之義，如「貞」字與「鼎」字相通的話，解釋為正也未嘗不可以。所以《周易》除了幾處把「貞」解為正有點牽強之外，其他都可以解得通。可能周初開始注重道德，人道思想漸漸覺醒，對神靈主宰人類命運的信仰減弱，認為人類合理行事才是成功的原因，這一觀點予以提升的話，「貞」字代表正道、道德也有可能，因此，我們現在採用了傳統的解釋，把「貞」字解為正、正固。

「師，貞，」

戰事、軍隊征戰要合乎正義。

「丈人吉，」

《周易古經》中，「大人」一詞經常出現，但「丈人」只是在這裏出現了一次。常識上，人類都不喜歡例外，在古代解釋《周易》的著作《子夏易傳》中，這裏就是寫作「大人」的。「大人」和「丈人」，究竟哪一字對呢？

《子夏易傳》相傳是孔子的學生子夏所作，不過今本可能有很多後人增益的文字，但《通志堂經解》及《四庫全書》都收錄了它，可見它是本不差的著作。

首先對此表示認同的是唐代的李鼎祚，他認為曹魏王弼註本作「丈人」是錯的。南宋時曾跟朱熹在易學上有激烈爭論的林栗，在他所撰的《周易經傳集解》中，亦說作「大人」才對。元代吳澄也是一個研究《易經》的大學者，在他所撰的《易纂言》中，同樣認為作「大人」才對。

不過在古代認為「大人」是對的註解家只屬少數，但今天則不同了，《易經》學者如高亨、陳鼓應教授等，都認為「大人」較合理。那為甚麼傳統註解家在看了那麼多說法後，仍認為原文作「丈人」更合理呢？站在原文原義來說，可能「大人」更合理，但在發揮《師卦》的意義來說，則「丈人」更為合適，涵義更為豐富。第一，「大人」是否原文？我們不知道。遺憾的是湖南長沙馬王堆出土的帛書《周易》剛巧在這裏缺佚，不能用作佐證。其他如在雙古堆出土的《周易》，也缺了這部份。但是西漢的大哲學家、大文學家揚雄模仿《周易古經》所作的《太玄經》，和這相應的地方寫作「丈人」，說明了他一定有所根據；第二，鄭玄是古代註解《易經》的權威之一，在這裏他也認為應作「丈人」。因此，王弼的古本作「丈人」，不是他的錯誤，而是有根據的。我們不應主觀地決定誰對誰錯。

撇開考證的問題，這裏用了「丈人」，是強調了與《易經》他處不同。為甚麼要作出區別？「丈」的字義是人執着枴杖，那是代表年紀大的人。戰爭中，年輕主帥多是急功近利，會冒險犯難，年紀大的將領則會較為冷靜、理智，考慮得較為全面，不會因為追求個人名利而置軍士性命於不顧。所以「丈人」傳統是解作年紀大、持重、有尊嚴、有德行、受人敬重的人。由此來說明戰爭是最危險的事，一定要由年紀大、冷靜、慎重的人率領，而且這位主帥既要得到人的敬重，又要本身有道德、才能，才適合做統帥。如果寫作「大人」，所說的是一般貴族，而貴族不一定具備上述的條件或要求。所以原本寫作「丈人」可能更合理。

「吉，」

即吉祥、吉利。

「无咎。」

沒有過失。

凡發動戰爭，第一點，就是要正。甚麼叫「正」？就是合乎正義。第二點，任用的主帥一定是具備尊嚴、道德的丈人。「丈人」本來的意思是老頭子，引申為一個穩重、有德、受人敬重的主帥。第三點，「吉」是說戰爭只能戰勝，不能失敗。第四點，「无咎」，戰爭是勞民傷財的事，造成人命的傷亡、大量物資的損耗、和眾多事物的破壞，因此，戰爭無論怎樣說，都是有害的事，為人類帶來痛苦和災難。因此，我們要盡量做到沒有過錯。沒有錯的意思從後文來看，就是順乎人民的要求，人心悅服，儘管戰爭為人類帶來痛苦，但人人同時覺得它是應該的、合理的；在順人心的同時，表示出它合乎正義。因此，《師卦》卦辭文字雖然少至六字，但是就其文義發揮，指出戰爭最關鍵有四點：出師必須合乎正義，統帥必須才、德兼備，戰爭必須有戰勝之可能，出師要合義理、得人心。如果違背了這四個原則的話，就是不合理的戰爭，理應受到譴責。

《彖》曰：師，眾也；貞，正也。能以眾正，可以王矣。剛中而應，行險而順，以此毒天下，而民從之，吉又何咎矣！

「《彖》曰：」

嚴格來說，應是「《彖傳》曰」，它並不屬於《周易古經》卦辭的文字，只是孔子或孔子的後學解釋卦辭的文字，是《十翼》之兩《翼》，故稱為《彖傳》，傳是經典的高級註解。近現代學者認為《十翼》（包括《彖傳》）全部都不是孔子所撰，但今天仍有很多學者認為它跟孔子有密切關係，雖未必是孔子親自撰寫，但應是學生根據他的意思發揮寫成的。

「師，眾也；」

《象傳》解釋「師」字的意義就是群眾。

「貞，正也。」

「貞」是合乎正道。

「能以眾正，」

假使戰爭中的統帥能夠在役使、命令群眾的時候，糾正不正確的思想行動，回到正道上面去。

「可以王矣。」

「王」指統一天下的君主，「王」字的三橫畫從下而上，分別象徵地、人、天；一直畫象徵貫通。能夠貫通天地人，就是上承天道、利用地道、主宰人間的君主。所以「王」字，是指萬國之君。這裏「王」作動詞用，去聲，讀如「旺」，即是說能夠統一天下，建立理想治平的國家的王者。

整句是說通過戰爭，平定所有違背正義、騷擾萬民的害群之馬，無論這個害群之馬是人群或國家，得到萬民的悦服擁戴，就可以成為萬國共尊的天子了。

《象傳》首先就「師」、「貞」兩個字分別解釋其義，然後進一步，將這兩個字連在一起來解釋，就會產生化學作用，有如將兩件事物變而為一，就會產生想像不到的神奇功用。例如氫氣和氧氣本來是兩種氣，在適當比例下合一，就變成水。而原文「能以眾正」的字義便由民眾的常義，引申為兵眾，即軍隊之義。古代全民（男子）皆兵，無事時為民眾，有事時為兵眾。因此，《象傳》在解釋的時候，先清晰地分開說出個別文字的意義，跟着說出，「師」和「正義（貞）」的結合是統一天下的基礎。以上是解釋卦辭文字之義。以下則是進一步解釋為甚麼卦辭這樣說。

「剛中而應，」

接着是《彖傳》根據它所創或所據的「爻位說」來解釋卦辭。「剛中」指《師卦》的卦體中，只有第二爻是陽爻，其他五爻都是陰爻。陽代表剛，陰代表柔。一方面陽為主，陰為從；另一方面，陽一陰五，五陰都與一陽相應，多以少為尊，眾以寡為主，所以第二爻象徵全卦的主宰。假使這一爻位於五位，五位為君主之位，則這爻便象徵君主，身為君主，自然可以統率全國的人民；但它在二位，是臣子之位，身為臣子，而竟然得到五陰的應與，這裏的五陰，雖然亦象徵人民，但不可能是全國的人民，只是部份的民眾，用於待殊的情況才可以，所以說是象徵率領軍隊的統帥便合適了，因此九二所統率的民眾便不同於普通的民眾，而為兵眾。這便是前文卦辭說眾是兵眾，而《彖傳》精確指「眾」為兵眾的原因。另外，二位是下卦的中位或中爻，因此得中。爻是陽剛，位又得中，所以說象徵統帥的第二爻具備陽剛中正之德。「剛」是剛強，凡是身為領袖，如沒有剛強的性格，就很難管理下屬。因此，身為統率大軍的將領，第一點，要具備的條件是剛，然後才能統眾；陽剛亦是指道德。儒家最崇尚的是「剛」德，孔子所說的「剛」德，是指「無欲」，是指秉持正義。第二點，戰爭之際，講求決斷，不容拖延遲緩。如是陰柔之人，猶疑不決，戰事瞬息萬變，可能在想好下一步行動之前，情況已有改變。因此戰爭不同於一般事情，例如讀書可反覆思考推敲，戰爭卻不可以，主帥必須剛強有決斷。第三點，「陽」也代表光明、聰明智慧，因此「陽剛」亦蘊含了「明」。「明」是明察，如不明事理，不知道戰爭的情況，如何可以決斷？所以除剛強之外，還要具備光明的德性，才適合做統帥。

甚麼是「中」？「中」即中正，是既正且中，每件事的適當做法是「中」；凡是能夠中的人就能夠正。「中正」一方面是對內指自己的思想行為正確；另一方面是對外指處事適當合理。

所以「中」和「剛」恰好相反而相成，剛是美德，例如勇敢是剛德的顯現，但過剛卻變成凶殘。戰爭之時，剛最容易流為殘暴，會造成殺傷大量敵人。剛而守中，「中」就是對敵人剛而不過暴，對下屬則保持愛護、中正之心，那樣才能得到軍隊的擁戴。因此，「剛」是第一個條件，「中」是第二個條件，它們都是作為統帥所需具備的兩大條件。另外剛爻在二位，二為柔位，亦是剛而能濟之以柔的原因之所在。

至於所謂「應」，所指的是第二爻與第五爻之間的正應。第五爻象徵君主，即是說要得到君主的信任。主將的權力來自君主，君主交付權力予下屬，如是文官還不太擔憂，如是武將，心下必有疑慮，因為假如將帥叛變，君主或國家可能會有顛覆的危險。正是由於主將得到君主的信任，軍隊才會聽命，所以「應」是很重要的。在上的君主能夠和主將君臣相應、親密無間，予以全力支持，是第三個能夠戰勝的條件。卦辭並沒有提及這點，而《彖傳》一方面解釋卦辭，一方面深入地指出文字言外之意，令卦辭的意義更圓滿、更清楚。

「剛中而應」這句話，已牽涉到才幹和更重要的德行問題，指出在上的統帥既須有才，又須有德。「才」是令他對上盡責、完成他作為統帥職責的關鍵，而「德」是說他具備得到所有軍士愛戴、擁護的條件；在戰爭之際，對敵國也不是一味殺戮，這是將領應有的操守。「應」說明君主信任是將領賴以取得戰爭勝利的關鍵。例如戰國魏國的魏文侯是人所共知的賢君，他命令樂羊攻打中山，樂羊戰勝歸來之後，魏文侯交給他一個盒子，原來裏面收藏了所有說他壞話的奏章。如果魏文侯不是賢君、不信任他的話，這個將領連自己的生命也有危險，更不用說締造輝煌的戰功了。又例如樂毅，他率領數個國家的軍隊去攻打齊國，一下子就把齊國七十二個城池攻陷了，只剩下莒和即墨這兩個地方。這時候，樂毅實行了《師卦》的宗旨，認為戰爭應是仁義之師，希望不是單憑武力收服齊國，而是慢慢用德感化它，使它誠服。那時剛好信任他的君主過世，新君即位，結果齊國田單運用反間計，樂毅不得不離去，說出了「忠臣去國，不潔其名」這句名言。最後田單以火牛陣一下子收服了全部失地。如果燕國的君主繼續信任樂毅，在這種懷柔的政策之下，可能他會連莒和即墨也攻下來，那麼歷史就會改寫。就是因為君主信任不專，結果他失敗了。其實古往今來，具備將才的人不知有多少，但由於沒有人君的信任和支持，很多都失敗了。例如唐肅宗，他命令郭子儀、李光弼等九個節度使去攻打安慶緒，可是由於沒有真正的統帥，各個節度使各自為政，兼且由太監監軍，連累郭子儀、李光弼這些名將在「相州之役」中全部失敗，原因就是事權不一，不能得到君主的信任。所以君主與將帥「相應」，和戰爭勝敗密切相關。

「行險而順，」

這是用卦德來解釋：《師卦》的下卦是《坎卦》，《坎卦》卦德為險，是行險；上卦是《坤卦》，卦德既為順，亦象徵人民（《乾》為君，《坤》為民），所以「順」是指順從民心。這是說戰爭是最危險的事，失敗的話，不單造成軍隊、財產的損失，甚至國家的存亡亦繫於此，必須有民意支持作為基礎。

「以此毒天下，而民從之，」

「毒」字，古今有很多不同的解釋，東漢大儒馬融將它解作「治」，是治理之義。另外《老子．第五十一章》有「亭之毒之」之文，「毒」字之義是好好地撫養它、培育它。「毒」和「育」兩字的聲音很接近，育者，畜也。雖則「育」、「畜」兩字都是養的意思，但「育」只有養義；「畜」則蘊含命令役使的意義。

北宋儒家思想復興，首先矯正王弼以道家思想註解《周易》，使《易經》回到純粹儒學思想的學者是北宋初年的胡瑗，他在《周易口義》中提出「毒」字之意是毒害，因為儒家討厭戰爭，解作毒害，是說戰爭於天下有害。受胡瑗影響最深的程頤，所作的《周易程氏傳》（亦稱《易程傳》或《伊川易傳》），很多說法來自胡瑗，再予以提升，「毒」字亦是解作毒害。其實兩個說法——治理和毒害都有道理，可以並存。這種毒害等於是藥物的毒性，任何藥物都有毒，但為了把病醫好，不得不用，這是以毒攻毒。「以」，傳統解作使，可通。但解作憑藉、利用，則似乎更符合文意。「此」指戰爭，用它來治理或毒害萬民天下，「而民從之」。這一句用了誇張的修辭法，明明是對天下人有害的事情，而天下人竟然順從他，為甚麼？

「吉又何咎矣。」

因此是吉祥的，不會有任何過錯。為甚麼明知是毒藥，但大家還喜歡吞服？可見它對人有益，並不真是毒藥，可見「毒」字解作毒害更為合理。所以後世大多數的註解家都採用了程頤的說法，再加以發揮。這亦證明了中國人討厭戰爭，不喜歡以戰爭來征服世界，對不正義的戰爭一定作出譴責，即使是正義的戰爭也會有所保留。不過戰爭對天下造成那麼大的災害，但仍有那麼多的人順從，是因為它合乎正義，解救人民於水火之中，以短暫的痛苦換取萬世的和平。如果是這種戰爭，才勉強值得進行。

小結

以上是《彖傳》對只有六個字的卦辭的解釋，可知它對卦辭文字的意義作了深入的發揮，而且在解釋的同時，將人生更高的理想或道理藉着解釋發揮其義。不單是《師卦》，其他六十三卦的《彖傳》都是盡量通過卦辭說出天道、地道，特別是人道的深奧道理。

在《十翼》中，如說發揮人生哲理的深入和合理性，應以《彖傳》為最高深和嚴謹，它貫通天人，藉天道以明人事。由於儒家所注重的是人倫和人的行事準則，所以兩千年來，《彖傳》最為學《易》的人所尊重，它也是最能影響中國世道人心的《十翼》之兩翼。因此北宋的歐陽修或清朝的學者懷疑《繫辭傳》不是孔子所著，甚至說《十翼》其他的著作不是孔子所著，但不敢懷疑《彖傳》不是孔子所撰，就是因為它的義理弘深之故。但今人則進一步懷疑《彖傳》也不是孔子所撰。

《象》曰：地中有水，師；君子以容民畜眾。

「《象》曰：『地中有水，師；』」

「《象》曰」嚴格來說，應是「《象傳》曰」。《象傳》分《大象傳》和《小象傳》。《大象傳》是綜合卦中的上下兩經卦的卦象之義解釋整個卦的卦象；而《小象傳》則是分別解釋卦中每一爻的爻象。

當說到「象」的時候，嚴格的說法是把具體的事物變成抽象的卦爻，但抽象的爻畫符號到最後變成性質、規律，因此「象」亦包含了卦德在內。首先，《大象傳》說《師卦》是象徵地的《坤卦》和象徵水的《坎卦》所組成的。坤地在上，坎水在地面之下，所以是地中有水。三畫「經卦」的卦象是象徵和遠古人類生活有關的八種最重要的事物，《象傳》的作者就是用了「經卦」的卦象來說明《師卦》是《坤卦》和《坎卦》的結合。注意：《象傳》是先講上卦、再講下卦。跟《周易古經》一般先講下卦、再講上卦不同。為甚麼呢？因為一講到象，上下兩卦的象同樣重要，並沒有先後的次序，因為要結合兩象之義才成為一個卦整體的象。《周易古經》的由下而上，只是上下的配合，未真正合一，但講到整個六畫卦的象徵意義時，上下兩卦已融合成為一新體，因此從上而下，是合乎常理的。

《大象傳》說「地中有水，師」，為甚麼不說地下有水？因為「下」只有在下面之意；

但「中」則不只是指下面，而是地之下一切面積，所包含的範圍較「下」更廣闊。現在是說它容納的廣闊，所以用了「中」字。

為甚麼這是《師卦》之象？假使大地象徵一個廣大的統一的國家，地中的水分流各處，積聚則成為海洋、湖泊，水流積聚的每個區域則象徵着人群聚居的一個獨立單位，我們可稱為公侯伯子男五等諸侯的小國家，因此地中的水象徵人類的國家在地面上形成萬國，但萬國仍在大地包容之內。因此地上有水這個卦象，對古人揭示整個大地是個統一的王國，統一的王國應容許無限那麼多的諸侯國家的存在，因此身為王者，應仿效大地容納水、水依附於地的關係，封建萬國，彼此親密無間。並藉此使到諸侯也愛護下面的人民，這樣王者就可以間接地通過管理諸侯，令萬民安居樂業。

大地象徵國家，水象徵人民，水能安安穩穩、妥妥當當地積聚在大地之中，象徵着一個王國真正能夠容納、保護所有人民，使居於不同的地方的人都能安居樂業，就如水源得到大地的保護，而不致被太陽曬乾。太平之時，人民分居各地，君主只需容納、關懷、愛護、養育、庇護人民，讓他們自由發展，已經足夠。但當國家需要民眾的時候，就可於很短的時間內聚集大量的人民，就如一掘開土地，就到處可見水的積聚。中國遠古治國兩件重要的事，一是祭祀，一是打仗，這便是《左傳．成公十三年》上所説的「國之大事，在祀與戎」。所謂聚集民眾，最重要就是把他們變成軍隊。所以地中有水，就和散沙不同，聚集了就能夠成為軍隊。從這個象徵得到啟發，我們領會到軍隊和人民可以同是一人，君主平日養育人民，國家好像沒有設置軍隊，但突然要用兵之際，人民就可馬上變成軍隊，軍隊林立，外來的侵略者被殲滅尚不知兵從何來，這就是中國古代「寓兵於農」的國策。人民平日是農夫，國家有事時就變成士兵，這是軍隊最好的制度。古代的「井田制度」就是為了這個目的而設。後來北朝到唐朝的「府兵制」，甚至明朝的「衛所制度」都是沿襲此制，平時不用消耗國家的資源，戰時則全國皆兵。民眾就是兵眾。所以説體察了地中有水的象徵，啟發執政者想到，平時應做好容民的措施，戰時自有兵眾樂意為國家効命。

「君子以容民畜眾。」

「君子」本指君主的兒子，也即是統治者和他的官員（他們其實都是貴族，因為在周代，和君主有血緣關係的人才可做官，官職是世襲的，《大象傳》是孔子後學所撰，所以接受孔子以君子為有道德、有學問的人的新義，君子主要指統治階層，有時兼及賢人君子）。體察地中有水的卦象，容納一切不同才能、性質的人民，都在國家關懷愛護之列，就叫「容民」。「畜眾」和容民不同，「畜」是命令驅使，平日是容民，有事則是畜眾。因此古代的官職分大司徒和小司徒。大司徒主教導人民，在國家太平時做適當的容民政事；小司徒專責打仗，在國家有事時負責組成軍隊。所以「容民」是一事，「畜眾」是另一事。「容民」是無條件地關懷照顧人民，「畜眾」則是人民對國家應盡的義務，在這裏應盡的責任就是當兵打仗。

小結

《大象傳》是綜合上下兩「經卦」的意義立義的，由於八個「經卦」的卦象是天、地、水、火、雷、風、山、澤，都是天地的事物，和天道地道相關，當這些事物結合，便可展現某一種天地規律；而這些天地規律下降到人道，便是人生的一種規律。《大象傳》便是通過一卦上下兩卦之象，指出這卦象所寓的規律或教訓，指示做人做事應怎樣做才最合理。《周易古經》本來以預測未來吉凶為主，所以原文有或吉或凶的占辭（判斷辭）；但解釋《周易》的《大象傳》則是據卦象的天地之道立論，它寫作的目的不單是解釋卦義，而是從宏觀的更高哲學觀點來講述卦象所寓的規律，指導人如何進德修業。因此有些天地卦象在人間會造成災禍，例如地震總是對人類造成極大的災害，但從天地之道來說，地震只是它發展地貌的過程，沒有吉凶可言，所以《大象傳》的內容和卦辭、爻辭不完全吻合，甚至全無關係，也是正常的。如果有關，只是因為它講的大規律控制着整個卦所講的內容，連帶而及而已。

詳細分析

《師卦》的下卦是《坎卦》、上卦是《坤卦》。從卦體來說，它是地和水的結合，或者應説是大地中蘊含着水，水源藏在大地之中。前文已説過，這種地中有水象徵「容民畜眾」。「容」之義源於上體《坤卦》，坤是大地，它承載、養育着萬物，所以《坤卦．大象傳》說：「地勢坤，君子以厚德載物」，說明生育萬物的厚德是大地的德性。身為人君體會了大地的德性，自己也應實踐這種德性，要愛萬物、「容」萬物。「容」字比「愛」字的意義更為豐富，原因是凡講愛護，都包含雙向的感情；「容」則是單向的、有容納、容忍的意思在內，好比大地上，既有人參的生長，也有砒霜的存在，甚至毒蛇猛獸亦是和人類並存，大地同時容納好壞萬物在它的懷抱之中。因此，「容民」是說連反抗自己的人或敵人都在容納之列。有了這種容民的胸襟，然後才可贏取民心。「畜眾」則不同，大地中有水，水象徵人民，國家在需要人民的時候，便可從中間挑選，役使他們成為軍隊。平時容民，有事時才可畜眾，容民是水之體；畜眾是水之用。這是卦的第一義。第二點則說到卦的象徵意義，即古代稱為「卦材」或「卦德」的問題。坤陰是無條件地順從乾陽的，卦德是順從。《坎卦》是水，北方的河流水勢特別湍急，所以古代北方人認為渡河是最危險的事；另外，一個陽爻被兩個陰爻所圍困，有如野獸跌進地穴內，所以「坎」也是陷阱，《坎卦》的卦德因此是危險。《坎》和《坤》組成《師卦》，所以《師卦》的卦德就是險和順，這是卦德所隱藏的第一層意義。《師卦》作為象徵戰爭的卦，說出了戰爭蘊含着危險（《坎卦》的卦德），萬不得已才可採用。如必須一戰，則一定要順乎所有人民的心意（《坤卦》的卦德）。

第三點是爻位問題。卦中爻畫，五爻皆陰，只有九二是陽爻。凡是事物都是以少為尊，眾多的反是追隨者，既然這卦是一陽五陰，一陽就成為五陰的主宰。人類在社會中每形成小集團，其中必有領袖人物。越是卓越的人物，集團內追隨的人數也就越多，他的身份就要看陽爻位置的高低來決定。《師卦》的陽爻是在第二爻的位置，這個位置特別好，因為它是在下卦之「中」，除了第五爻是上卦之「中」、位置比它更好之外，它較其他的爻位都好。但它肯定不是君主，因為第五爻才是君主之位，它只是臣子身份。在臣子之中，令到五爻都服從它的命令的，這臣子必然基於特別的原因才可以。在古代來說，能夠統率使喚人民的人，只能是戰爭中的元帥。因此從抽象意義轉變為人類社會制度內實質人物的話，就是軍隊裏的主帥。上面通過卦體和卦德說出何以「師」是軍隊，現在則通過爻位來解釋「師」是軍隊的原因。合併了兩層意思，《師卦》象徵戰爭是有道理的。

《彖傳》解釋卦辭，根據的是卦名、卦體、卦德和爻位。要解釋卦辭，首先要令人明白這個卦是說甚麼，所以應先解釋卦名之義。《彖傳》一開始就說：「師，眾也」，強調了「師」就是群眾、兵眾。卦爻辭清楚地說是軍隊，但《大象傳》的作者是儒家學者，強調「容民畜眾」，儒家不喜歡講戰爭，但儒家並不反對為正義而戰，而是反對為了殖民、侵略、奪人土地而戰，所以「容民畜眾」中的「眾」字，變成了「兵眾」的「眾」字，這是中國古代對戰爭所持的立場，面對外國的入侵可能很吃虧，但體現了它文化精神光輝的一面。

初六，師出以律，否臧凶。

「初六，」

《易》卦六爻從下而上稱為初、二、三、四、五、上。「初」義指時間的開始；「上」義指空間發展到最高。時間是指事情開始至結束的過程，初爻是過程的開始，上爻是過程的完成。空間是指地位的高低，例如初爻是元士，二爻是大夫、三爻是諸侯、四爻是宰輔，五爻是君主，上爻是宗廟，爻位高低不同，地位也不同了。所以「初」和「上」其實都同時蘊含了時間和空間。初爻的空間是在最低的位置，時間是最初；上爻則是時間發展到最後，空間是在最高的位置。空間和時間都是客觀固定的，但一配合了特定的某事某人，某事某人就可在這特定的時間和空間主觀發展出好或壞的結果。中國人認為天地的運行、日月的往來、四季的更替，都是時間連續演變的過程，因此乾天很容易和時間結合在一起，坤地就當然與空間有密切的關係；不過時間雖屬於乾天，只佔七、八成或以上，空間亦佔二、三成；坤地則空間只佔七、八成，時間亦佔二、三成。即時間裏面蘊含着空間，空間裏面蘊含着時間，兩者是密不可分的。

二至五爻，是陰爻就冠以「六」，是陽爻就冠以「九」，如「六二」或「九二」等等，這跟「初六」、「初九」或「上六」、「上九」的叫法不同，因為「初」和「上」蘊含的時間空間意義特別重要，故要放在最前，但在卦的發展過程中間，陰陽更為重要，所以「九」或「六」就要放在前面了。爻題的文字暗寓哲理，須體會。

最下一爻叫「初」，陽爻叫「九」，陰爻叫「六」。所以「初六」指最下一爻是陰爻；「初六」或「初九」等稱為「爻題」或「爻名」。「九」是代詞，象徵它是剛爻，剛爻的性質是陽；「六」也是代詞，象徵它是柔爻，柔爻的性質是陰。「九」、「六」這兩個數字代表了陰陽、剛柔。

「師出以律，」

照字面解釋，「出」是指軍隊出動。古代在國內發動的戰爭比較少，在國外的較多。主要的原因是古代所謂「國家」，面積大抵只有一百平方里。這麼小的國家，凡有戰爭，軍隊會離開本土，內亂畢竟是不常見的。現在說軍隊出征，一定要憑藉、依靠「律」，不然就「否臧凶」。「師出以律，否臧凶」七字，解釋這一爻所象徵的禍福吉凶，叫做「爻辭」，亦可稱為「占辭」。

「律」是甚麼？有兩種主要的解釋。第一指音律。古代將音律分成「十二律」，然後再三分增一、三分損一地加減下去，演變成八十一個調，就如西方音樂的A、B、C、D、E、F、G升、降、大、小調等。《師卦》的下卦是《坎卦》，《坎卦》代表黃鐘律，是十二律之始，所以以《坎卦》代表「律」。古人制定樂律時選用竹管，黃鐘律所用的竹管長九寸，用它作為標準，三分減一是六寸，三分增一是十二寸，就是這樣減三分或增三分再增減下去，於是竹管有不同的長度，發出來的聲音高低也有所不同。古人相信，如果竹管製造的長度合乎規律的話，它就會和一年二十四節氣的「中氣」氣候互相配合。古人會在一個密室內放置這十二支長短不一的律管，律管上放些葭（植物）燒成的灰。

據說每到不同的「中氣」，配合那中氣的律管就會噴出灰來。例如說「律應黃鐘」（「黃鐘」相等《坎卦》，時間是冬至日），在冬至那一天，屬於黃鐘的那支竹管就會噴出灰來，顯示律管和氣候是相應的。當然地球上的氣候未必那麼準確、穩定，所以如律管的表現不準確，這是反映陽氣或多了或少了。陽氣多了，代表正人君子多了，社會處於合理狀況；如果陰氣多了，代表朝廷中邪佞當道。於是可藉此警誡奸臣和小人。律管在傳說中就有天象示警的神奇作用。

正是由於古代對音律的重視，每逢軍隊出師，必會奏樂，藉以振奮士卒的鬥志。所以音樂又有這一種重要作用。如奏出來的音樂合乎宮律，就會士卒同心；合乎商聲，代表軍隊將會如鐵器之堅硬銳利強大，能夠打敗敵人，是可喜可賀之兆。其他如合乎角、徵、羽三聲，都是不好的預兆。軍隊出發之先，既是以演奏軍樂來振奮軍心，同時也通過它來預測戰爭的結果。

另外，音律是嚴謹的，就如軍隊最講究嚴守規律和服從性，人民一入了伍，絕無自由，命令就是命令，必須服從。另外，古代戰場如此之大，指揮軍隊往東南西北方移動，前進或撤退，靠的是大鼓或金屬樂器發出的聲音，以鼓聲代表進攻，金屬聲代表撤退等。

所以音樂除了上述作用之外，還有實際的作用。所以它說：「師出以律」，「律」就是指音律，這是一說。

《坎卦》為水，也象徵法律。東漢許慎《說文解字》釋「法」字（古文寫作「灋」）從「水」字偏旁，是因為象徵法「平之如水」，水面是最平的，所以法律應是公正的。秦始皇認為自己得到水德，因此特別注重法律，但是剛而不中，刑嚴法峻，結果國祚只有短短的十五年。在中國傳統文化中，法律在五行中屬水，以數代表，則是一或六（五加一），十一、十六等都屬水。所以在中國的武俠小說中，捕捉盜賊的衙門在隱語中是「六扇門」，導致講風水的人也往往叫人家中不要裝六道門或六道窗，除非是從事法律行業的才可以，免得犯法惹上官非。

音律雖然是軍隊所着重，但更重要的是紀律。商朝末年，周武王伐紂，這段史事記載在《尚書．牧誓篇》，整篇文章的要點就是說應注意遵守軍紀。《尚書》另有《武成篇》，說出了伐紂整個戰爭的過程和原因，亦強調了紀律。由此可見周初特別注重紀律。所以雖然有部份註解家把「律」解為音律，但這只是表面的解釋，真正是說軍隊要遵守紀律，這是「律」字的第二種解釋，這種解釋更合情理。軍隊紀律低層次是講如何進攻退守、服從等，但更重要的是戰爭要合乎正義，這也是做人的規律。這種做人的規律其實很簡單，指的就是不管哪個行業的人都要遵守的道德規律。所以「師出以律」，是說凡軍隊出征，都要遵守做人的規律和作為軍人的規律。

「否臧凶。」

「否」字或寫作「不」字，因為這兩字在古代是通用的。「否」是如果不是，「臧」是善，「凶」是凶險。這裏需要詳加解釋。

本來「否臧」應解釋為不善，兩字聯合作一個詞語用，指不守紀律。但《左傳》魯宣公十二年記載了歷史上有名的「邲之戰」。在這場戰役中，晉國的先穀不遵守主帥的命令，私自渡河出擊楚軍，知莊子直接引用了這段爻辭（可見到了春秋時代，《周易古經》已不是單純作為占筮之用，而成為人生行事的格言或規條了），據此批評他不守軍紀必會闖禍。知莊子把「否臧」說成兩件事，「否」是「逆為否」，即違反紀律，「臧」是「執事順成為臧」，即順從、遵守紀律。因此「否臧」既可解作不遵守紀律，所以失敗；亦可解為不守軍律會失敗，縱使有例外，不守軍律而戰勝，暫時幸福，長遠也只會是凶。

所以不守軍律無論戰勝或戰敗，兩者同樣都是凶。卦辭一開始用的是「貞」字；爻辭一開始用的是「律」字，開宗明義講出戰爭的勝敗關鍵跟「貞」和「律」有密切關係。

《象》曰：「『師出以律』，失律凶也。」

《小象傳》就初六爻辭作出解釋說，軍隊出征必須守紀律，不過即使守紀律，勝敗尚未可定；但如果「失律」，即違背軍律，一定是凶。這裏繼承了《左傳》知莊子的說法，或者跟他有共同的見解，說「律」是最重要的，違背了律，無論戰勝或失敗，都是凶。因此後世註解有把「否臧」解作兩件事，是根據《左傳》或《小象傳》的說法，並不是故意拆開來解釋的。

詳細分析

《易經》是講天地萬事萬物變化之道的，在不停的變動之中，陽發展到極限，就會變成陰；陰發展到極限，就會變成陽。或者用常識來說，任何好的事物發展到極好之後，就會變壞；任何壞的事物發展到極壞，就會變好。因此天地間的所有事物，就好像鐘擺一樣，不停地從一邊盪到另一邊，又從另一邊盪回來，亦即從陽變為陰，從陰變為陽。我們要推測易卦的某一爻的發展，這一爻就會隨着時間、空間的變化而發展至相反面。因此本卦最下一爻陰爻（六），當它發展的話，就會變成陽（九）。下卦本是《坎卦》，《坎卦》在人象徵民眾，在二十四節氣它代表冬至，在音律中是黃鐘律。黃鐘律是十二律的開始，因此《坎卦》也象徵音律。音律要合乎一定的規律，非常嚴謹的。第二，今天講「法律面前，人人平等」，人人應有公平的待遇，貴族沒有特權，平民也不會遭受虐待。《坎卦》象徵水，水面是最平的，所以它同時象徵平等的法律，在這裏指軍隊的紀律。下卦靜止的時候是《坎卦》，初六向前發展，變為陽，於是變成《兌卦》，《兌》象徵毀折（見《說卦傳》），法律毀折，象徵軍隊不遵守軍紀，戰爭失利，這是它第一個變化。第二個變化是，《坎卦》雖然卦德是險，在戰爭中仍然不是壞的象徵，但變成《兌卦》就壞了，因為這一爻發動，柔爻變為剛爻，整個卦便由《師卦》變為《臨卦》。

䷒

《臨卦》，初、二、三爻組成《兑卦》

根據春秋晉國知莊子所說：《師卦》一發展，就變成《臨卦》（下卦初六變初九，即由《坎卦》變成《兑卦》），原來的下卦《坎卦》是群眾，力量強大，也是河流，水流動不息，無所不達；變成《兑卦》則是沼澤，沼澤水少；況且兑是少女，少女弱小。這樣一變，群眾人數由多變少，力量由強變弱（從「乾坤生六子」來說，《坎卦》是中男，《兑卦》是少女，女比男弱，她是少女，更是弱中之弱），另外沼澤受四面泥土阻塞，坎水便由通達變為阻塞，可知結果是凶了。另外，《臨卦》有「不行」之說（從整個卦來說，上卦象徵大地，下卦是沼澤，大地之下有不能移動的沼澤，正如軍隊之不能行動）。先穀不從主帥之令，正反映了變為《臨卦》有「不行」之義，遇上了敵人的話，必會失敗。

從另一個角度來說，為甚麼《師卦》一開始的初爻就出現這句爻辭？這可從更高的層次來探討。《乾卦》初九爻辭說：「潛龍勿用」，意指只應進德修業，不宜有所行動，這是慎始；《坤卦》的初六爻辭說：「履霜，堅冰至」，意指現在已是深秋，腳步踩到

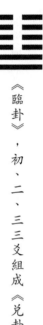

薄霜，就知道未來的天氣會冷至凝結成巨大的冰塊。這是從現在推測到未來，從現在的寒冷知道繼續發展會變得更冷。言外之意是：壞的東西不是一下子形成的，人往往在小小的行為上失檢疏忽，不去矯正，就會變成大的過失。見到地上有霜，就應未雨綢繆，做好禦寒措施。為甚麼《坤卦》一開始就要講這道理呢？陽代表光明正義，陰代表黑暗邪惡，因此開宗明義，要在未見到陰造成災害之前就要作出相應行動。好事人人都容易見到，壞事卻不易事先覺察，所以「履霜，堅冰至」，也是叫人慎始。其實《周易》大多數卦的初爻包括這一卦的初爻都有慎始之義，學《易》的人應細心體會此義。

《周易》只有陰、陽兩種爻畫符號，卻能反映事物萬千的變化。陰和陽爻的本性不變，只是由於所處的時位（時間、空間）不同，同一個陰或陽爻，就會相應有些改變。正好比嬰兒時期和長大成人的你，也有很大的分別，想法和喜好都變了，這從受到時位的改變而亦有所改變，但嬰兒時的你和現在的你，仍然是同一人，因為本質、本性並沒有變的緣故。陰陽爻亦是如此，由於各卦的義蘊不同，所以陰陽爻的性質亦會遷就卦的義蘊而有所改變，但如果明白了陰陽爻的本質本性，就容易從它的本質本性推知它在不同的時位會如何變化。這樣就能以簡馭繁，解讀各卦陰陽爻令人眼花繚亂的不同性質。陰陽爻的基本性質，展現於《乾》、《坤》兩卦。所以學易的人先要掌握《乾》、《坤》兩卦陰陽爻在每個爻位的意義，再神而明之，去解讀其他六十二卦在同一爻位的陰陽爻，往往會發覺它跟《乾》、《坤》兩卦在同一位置的那一爻的意義有關。這是找出卦爻意義的一個法子。《坤卦》陰爻在初六的位置要慎始，《師卦》初爻也是陰，和《坤卦》初爻性質類似，所以説「初六，師出以律，否臧凶。」法律、規律、尤其是軍律都要慎始，開始時慎始，將來的失敗或成功也許難説，但如果開始時就輕率地不遵守軍律，失敗就是必然的。

九二，在師中吉，无咎，王三錫命。

「九二，」

「九」指它是剛爻，「二」指由下往上數處身第二爻位。

「在師中吉，」

「在師中」，既指主帥身在軍隊中，和士卒共甘苦，甚至身先士卒，將領能夠如此，在下的士兵又怎敢不奮勇向前？更指得「中」德，處理戰事合乎中道，結果就會得

「吉」；「吉」是指戰勝。

「无咎，」

沒有過錯。

注意：九二這段爻辭跟卦辭和解釋卦辭的《彖傳》文字相似，卦辭說：「吉无咎」，《彖傳》的解釋是「吉又何咎矣」，六爻中只有它跟卦辭和《彖傳》的文義最相似。凡遇到這個情況，這爻可能就是這卦的「主爻」，或稱「卦主」。現在這一爻是成為《師》的關鍵，所以是「成卦之主」。

「王三錫命。」

究竟這個「三」字是實數還是虛數呢？如果是虛數，指多次；如果是實數，指「三次錫命」。根據《周禮》及《禮記·曲禮篇》所講述的周代禮制，都有提到君主怎樣「錫命」下屬的。所謂「錫命」，一命受爵位，二命受服，三命受車馬。《周禮》和《曲禮》的說法文字上雖然有少許不同，不過都認為是君主隆重地賞賜臣下的各種情況。多數的古代註解家採用了《周禮》或《曲禮》的說法去解釋「三錫命」，但仍有少數的註解家提出不同的看法。因為這個卦明明到了上六一爻才說「大君有命，開國承家」，明文提到了戰爭勝利之時，總結功績，天子才作出莊重的賞賜，封侯建國、立家為大夫等，因此沒有理由在九二這開始的階段就出現「三錫命」。這個分析很合理，假使你身為上司，下屬還沒有大功勞，已賞以金帛祿位，怎可激勵他為未來加倍努力呢？君主最重要的是掌握合理合宜的賞或罰，歷史記載項羽不捨得把爵祿賜給部下，結果他們離心離德，紛紛投靠他的對頭劉邦，因此有功不賞，或賞賜不恰如其分，都是不恰當的。兩者比較，濫發賞賜，問題更大。因此「王三錫命」應只是授予一般的賞賜。

「錫」字其實是「賜」字更莊重的用法。為甚麼要用「錫」字？它以「金」字作為偏旁，是因為古代君主給予諸侯大夫隆重的賞賜時，諸侯大夫往往鑄造一個銅鼎，在鼎腹內以文字記其事。所以「錫」字即隆重的「賜」的意思。「王三錫命」中的「王」，是統一天下的君主，他多次賞賜東西給軍中的元帥。這裏說得非常好。「在師中吉，无咎」說出了大將本身能夠在軍中掌握中道，剛而能柔，所以得到吉的結果。而「王三錫命」，第一點，說出了大將得到君主的寵信。如果不然，他就很難成功。大將統率着軍隊於外，他如叛變，會對國家造成最大的危機。第二點，說出了屢次賞賜元帥，表示出君主對他的信任，那麼大將就能在戰爭中專權。第二點的意思更為深刻，正因為軍隊將帥與其他臣子不同，古語有云：「閫外之事，將軍所裁，臨事制宜，不必皆依君命。」意思是凡是戰爭之際，軍隊內的事由主帥全權決定，因為戰爭是瞬息萬變的，不能隨時請示君主，主帥必須能夠專權。但專權又會很容易造成叛變，現在君主屢次錫命，內裏的含意是對所有軍士說主帥的權力其實來自天子，因此不能只効忠於他一人，因為他只是天子的委託人，天子才是真正統率天下萬民的人。還有第三層意思，就是暗中警告這名大將，不要有了這項權力就可隨意行事，天子還有更高的任免生殺大權。古代的戰爭特別多，這是從無數次失敗中總結出來的政治智慧，《周易古經》在這裏用了簡潔的文字說出這深刻的道理。

《象》曰：「『在師中吉』，承天寵也；『王三錫命』，懷萬邦也。」

《小象傳》說爻辭「在師中吉」，是「承天寵也」。「承」指承受，「天」本指上天，這裏其實是指天子、即「王」。為甚麼會寫得如此不精密？這種不精密反而是最精密。首先君主稱為「天子」，他是代表上天來管轄萬民的，天子的意思就是天意！如果君主的所作所為合乎人民的意願，那他的意思就是天意。現在說主帥「承天寵」，意指當主帥的做法合乎軍隊及所有人民的意願，合乎正義，就是合乎天意。另外，他得到天子的寵愛，是因為他真正秉承了上天最正義的做法。「王三錫命」，除了上述的三個作用之外，更重要的是在「錫命」的背後，強調代表天意的君主進行戰爭是因為「懷萬邦也」。「懷」，即是招徠的意思，是指以仁義的行動令到萬國的人民（「萬邦」）感動悅服，樂意來歸順，而不是為了掠取其他國家的玉帛子女，以武力來侵略別國，導致生靈塗炭。君主之所以屢次賞賜大將，是因為大將秉承他的宗旨，以正義來矯正不義，令萬國得到更大的安寧。這是以人民短暫的痛苦，謀取長遠的幸福，所以他做的事是為了招徠所有的諸侯國家更心悅誠服地親附天子。這是中國三千年來的國策。中國是古代亞洲最強大的國家，如果中國古代像歐洲那些西方國家實行帝國主義，環繞中國境外的各國甚至南洋等地，早就成為中國的領土，不會是現在這個樣子了。

詳細分析

九二在《師卦》下卦的中位，是吉祥的一爻，為甚麼？這跟它的卦爻象有關。二爻與五爻相應，五爻是卦中的君主，即是「王」；至於「三錫命」，是指從五爻到二爻，中間經過了三個爻。另外，二、三、四爻組成的互體是《巽卦》，《巽卦》代表命令，所以是「三錫命」。

至於為甚麼「懷萬邦」呢？因為《師卦》的上卦是《坤卦》，《坤卦》象徵大地，大地上萬國林立，因此它反映了《坤卦》愛護萬國、容納萬物。從人類的立場來說，就是君主懷來萬國、容納萬國。第二爻是陽爻。《乾卦》第二爻的爻辭是「見龍在田，利見大人」，說處身於這一爻位最能發揮才智、又能得到最高位的大人的賞識。因此「王三錫命」就類似於「利見九五大人」了。

六三，師或輿尸，凶。

「六三，」

「六」指它是陰爻，「三」指由下往上數處身第三爻位。

「師或輿尸，凶。」

師指軍隊。

「或」有兩義，第一義是疑惑、不肯定；第二義是有可能。凡是陰爻在第三位，很多時候都有「或」字的判斷詞，因為陰爻的性質屬陰，而三的位置是陽，陰爻本身是陰柔才弱，但身處「三」的陽位，環境卻是陽剛積極。一個陰柔才弱的人，往往容易受到外界環境的影響，於是出現兩個可能性：如果他的修養較好，就可保持陰靜的本性；如果修養不夠好，受到外間環境的影響，就會躁動，令他未經仔細的考慮，而做出不正當的事來。

有關這句的文義，古今有兩個很不同的解釋。第一個解釋是：「輿」的原義是車子，現在用作動詞，意思是用車子來運載屍體；「尸」是屍體，它的字形跟「人」字相近，兩個字的分別主要是「人」字是人站立之狀，而「尸」字是人僵臥的樣子。「尸」

未必等於人已死去，真正死去的人用的是「屍」字，但在後世兩字相通。

 篆文「人」字

 篆文「尸」字

「師或輿尸」是說軍隊由於戰敗，要用馬車運載戰死的士兵。「凶」，那當然是凶事。

第二個解釋是北宋胡瑗在《周易口義》首先提出的，春秋時有所謂「輿論」、「輿人」，「輿」字都是眾多之義。「輿論」是代表眾多人的議論，「輿人」代表眾多的人。所以這裏的「輿」字，只是代表眾多之義。「尸」字除了躺臥、死亡之義外，也有主宰的意思。「輿尸」的意義指在軍隊中，軍權不專一，有很多人可以指揮命令軍隊；「凶」，那就必定是凶了。

《象》曰：「師或輿尸」，大无功也。

《小象傳》說爻辭「師或輿尸」，結果會「大无功也」。古代百分之八十的註解家都把「大」讀作「太」，整句意義是說戰爭沒有功勞。戰爭中功勞代表戰勝，「无功」

即不能戰勝，「太无功」當然也就是失敗。但綜合《周易古經》《泰卦》和《否卦》的卦辭內有「小往大來」、「大往小來」大小之義，有些註解家因此把「大」解作陽，「小」解作陰。這裏的「大」字也應解作陽。整個卦只有二爻屬陽，陽為主宰，所以九二是主帥，現在主帥竟然不能真正控制軍隊，讓偏將、副將各行其是，權力不能專一，不能通盤設計，結果一是不能維持軍紀，二是三軍各自為政，失敗的機會自然是大的。「大无功也」，主宰軍隊的元帥因此很難建立軍功了。這個解釋較深刻、更有道理，勝過古代百分之八十的眾多註解。

陳鼓應教授在他的《周易今註今譯》說：「大為陽、為剛。六三本為陰柔而居陽位，又乘九二之剛，剛愎自大，貿然而進，故而無功。諸家釋大字均誤。」他以為自己首先提出「大」是陽的說法，可能是沒有看到這少數註解家的說法，更不知「大」是指九二，而以為「大」字是指六三這一爻，說這位偏將或副將的做法太專橫，近乎陽的作為（陽是主宰，陰是服從）。因此他的解釋比較牽強，亦有掠美之嫌。

這句爻辭說出了戰爭勝敗的最大關鍵就是軍隊主帥的權力一定要集中，另外，全體將士要嚴守軍紀，不能自作主張，否則戰事必定失利。古往今來有很多名將之所以失敗，往往就是這個原因。例如唐朝的郭子儀、李光弼，都是戰功彪炳的名將，但由於唐肅宗錯誤的決定，同時下令包括郭子儀、李光弼在內的九個節度使一起圍攻安慶緒，由於事權不一，結果慘敗而歸。因此軍權專一是戰爭成敗關鍵之一。

詳細分析

《師卦》上卦是《坤卦》、下卦是《坎卦》，兩卦本來都象徵車輪和民眾，但《坎卦》象徵車輪多一點，《坤卦》則象徵民眾多一點，因此以下卦象徵車，上卦象徵民，上下兩卦組成車輪之上有人乘坐的卦象，好的時候指它載的是生人，壞的時候指它載的是死人。但這一爻和相同爻位的《坤卦》六三比較，《坤》六三爻辭是「含章可貞，或從王事，无成有終」，那是說雖不成就自己的功勞，但有好的結果，起碼沒說有凶險。因此陰爻在第三位的性質應類似《坤卦》的第三爻才是，為甚麼會有「輿尸」之「凶」？是不是這爻出規了呢？須知人的本性才能是一事，但受到客觀環境影響是另一事。六三爻外在的環境是怎樣的呢？它是《師卦》下卦《坎卦》的第三爻，《坎卦》的卦德是險，初爻是剛踏入危險，第二爻走到危險之中，第三爻則已走到危險的最深程度，這時可能出現兩個結果，一是脫險，一是被危險打垮。碰到危險，要懂得應變之道，才能脫險。陰代表陰柔才弱，所以只好束手等待災難的來臨。但一個人有時縱有陽剛的才能，也未必能勝過外在環境的力量，例如地震或海嘯，在大自然來說不算得甚麼，對人類來說，則可能會造成大災難。所以說外在環境較個人的力量大很多。這就是《師卦》六三爻和《坤卦》六三爻不同的原因。正是由於三爻處險之極，不能脫險，所以有凶象。另外，如果從爻位、乘剛、敵應等來解釋爻義，可能更易了解爻辭為甚麼有這樣的判斷辭。陰爻才弱，處於三位，三為陽位，失正，不利；位於其下之爻、即第二爻為陽爻，陰爻乘在陽爻之上，是乘剛，乘剛受迫，不能安處其位，所以乘剛一般是不吉的；兼以六三、上六同為陰爻，六三在上無應，即沒有外力相助。因此曹魏偉大易學家王弼註解此爻時便說：「以陰處陽，以柔乘剛，進則無應，退無所守，以此用師，宜獲輿尸之凶。」請注意，這裏說出了得正、失正，乘剛、乘柔，正應、敵應，這些都是判斷一爻得失、吉凶應參考的原則，但也不是絕對如此的。

這一爻之所以是凶，原因是違背了陰爻在第三位應遵守的原則。這一原則就是《坤卦》第三爻的爻辭所說：「含章可貞，或從王事，无成有終。」意指身處此爻，縱使有美才，亦應含藏不露，守持正道，靜以待時。縱有作為，只可追隨君主工作，成功不自居功，而歸於君主。而本爻則不自知才弱和沒有應與，表現為貪功、爭權、冒進，恰和應遵守的原則相反，難怪是凶了。學易的人，應體會此義，縱使處身此爻的情況，能夠堅守陰爻在此爻位應為之事，便可无咎，而不致有凶了。

六四，師左次，无咎。

「六四，」

「六」指它是陰爻，「四」指由下往上數處身第四爻位。

「師左次，」

陽產生萬物，陰則肅殺萬物。軍隊不是用以生人，而是用以殺人的。左為陽、右為陰，所以古代的軍隊以右軍為主，因為陰以殺人，左軍為次要，三軍之中，右軍必定先行，左軍殿後，中軍在中，是為主帥所在。由周初開始，任何諸侯國家，只能設置三軍，只有天子才可擁有六軍，保持較諸侯更強大的軍力，這是一個合理的制度。所以人臣出征只能率領三軍，只有天子出征，才可率領六軍。唐代白居易《長恨歌》一詩，唐玄宗率領軍隊倉皇逃難，「六軍不發無奈何，宛轉蛾眉馬前死」，六軍究竟有多少人呢？實際上少得可憐！那麼為甚麼說是六軍？就是因為他是天子出征！如果軍隊人數夠多，玄宗也就不用逃難了。

用了「左」字，有後退或靜守的意義。另外，行軍駐紮在地方一日，古代稱為「舍」，駐紮兩日稱為「信」，超過兩日的日數則用「次」字。

「无咎。」

軍隊駐紮在一處地方三日以上，停止不前進，沒有過錯。

《象》曰：「左次无咎」，未失常也。

《小象傳》將原本爻辭「師左次，无咎」五字，縮減為「左次无咎」四字，是《小象傳》

作者的寫作體例，它通常以四個字來總括一爻的爻辭。

《小象傳》在分析六四爻辭時解釋說：「未失常也」。「常」指常道，即合理之道。「經」、「常」、「恒」、「道」四字，意義差不多，所以儒家經典的「經」字，就解為常也。「常」即永恒不變的知識或規律；而永恒不變的規律即是道。「未失常也」，沒有違背戰爭之道。這樣說是因為在戰爭中，其實可以採取多種不同的戰術。凡採取攻勢，軍力就要遠遠超過對方；相反的話，就應以守為攻、以退為進。例如蜀漢諸葛孔明征伐曹魏，司馬懿就是採取防守的策略，使到諸葛亮六出祁山，每次都無功而還。假使司馬懿改守為攻的話，恐怕歷史就會改寫。可見在戰爭中進攻不是惟一取勝的關鍵，反而以守為攻、以退為進可能是更好的策略。另外，善戰的人往往不需要進攻，孫子所說：「先為不可勝，以待敵之可勝」，更是戰爭取勝的關鍵。另外，自己知道力弱、沒有可乘之機，就不應魯莽前進。不能為了個人的功勞，而用士兵的鮮血來染紅自己的官帽，令自己升級，應盡量為國家、為生靈着想。如無可勝之機，就要忍耐，見可才進，並要知難而退，這是戰爭的哲學。這裏說得很好，亦說出了通過《周易古經》的教訓，中國歷史上許多將領不至於窮兵黷武，而為國家帶來大量資源和人命的損失。

詳細分析

為甚麼「師」要「左次」？看看《坤卦》的六四爻辭你就會恍然大悟。《坤卦》六四爻辭說：「括囊，无咎无譽」，意思是把自己套進袋子裏，結紮好袋口，甚麼也不理，沒有名譽，但也沒有過錯。陰是收斂的，陽是擴散的，四是陰位，陰爻在陰位，同時在純陰的《坤卦》中，陰就會發展到極限，那時它收斂的力量是最強的，所以就像包裹成一個圓形袋子的形狀，靜止不動。既然是靜止不動，沒有作為，當然就沒有名譽，也沒有災難了。《坤卦》六爻皆陰，整個卦都是說明陰的性質，而第四爻是陰中之陰（陰爻在陰位，加上《坤卦》純陰），所以用了「括囊」這個比喻，是很貼切的。本爻和《坤卦》六四相較，都是得正、沒有應與（初六、六四都是柔爻，是敵應，敵應便沒有應與），兩卦相同。但《坤卦》六爻純陰，收斂、靜止不動的情況更強；《師卦》五陰一陽，收斂、靜止不動的力量減少了。所以《坤卦》六四爻辭是「括囊，无咎无譽」；《師卦》是「師左次，未失常也」。陽是擴散、有作為，代表進攻，陰是收斂、靜止，代表靜止不動或退後，在軍隊來說，「師左次」就是駐兵不動。

六五，田有禽，利執言，无咎；長子帥師，弟子輿尸，貞凶。

「六五，」

「六」指它是陰爻，「五」指由下往上數處身第五爻位。

「田有禽，」

「田」字有兩義，一是田獵，即打獵；二是農田。在遍植禾稻的農田中竟然出現了「禽」。後世把在空中飛的動物叫「禽」、四腳在地上走的叫「獸」，但在古代，「禽」字同時代表了「禽」和「獸」兩類不同的動物。

「利執言，」

禽獸走進田地騷擾，甚至妨礙了農作物的生長，「利」是有利，「執」是執持，「言」字有兩種解釋，少數的說法認為等於「之」字，另一種說法是等於今天的「焉」字，都是語助詞，沒有任何意思。所以「利執言」即是「利執」，田中有禽獸，就最適合跑到田中捕捉它。

但多數的註解家認為「言」字是有意義的，意為正義的言辭。發動戰爭，要有合乎正義的理由，這就是「執言」。「利」，有利於執言，即奉辭伐罪。在古代，如征討別國，要詳詳細細地說出討伐的理由，例如《尚書．甘誓》是夏準備討伐有扈氏，在甘地誓師之辭；又如《尚書．牧誓》是商末周武王討伐紂王，在牧地誓師之辭，都是強調征伐的正義性。當有禽獸妨礙了人民正常生活的時候，能夠執持着正義來討伐牠，後果才有利。在這裏便由實指禽獸引申泛指對人民有害的敵人或敵國入侵。否則像秦始皇、漢武帝的興兵開拓疆土，出師無名，不是合理的做法，便為後人所指責。卦爻辭到了這裏才出現「利」字，由此可見，《師卦》卦辭的作者認為即使是最正義的戰爭都不是利。如隨便翻閱《周易古經》，《乾卦》的卦辭是「元亨利貞」，《坤卦》的卦辭是「元亨利牝馬之貞」，而《師卦》卦辭中並沒有「元亨利」三字，原因是「元」字，在人間稱為「仁」，在天則是生長萬物之心，而《師卦》是講殺人的，所以用「元」字並不適當；「亨」字解作暢通，指事物的順利發展；「利」字指有利益，但《師卦》都沒有這種好處，所以只在卦辭給予一個「貞」字，意思是要守正道。但須注意：爻辭這裏說「利執言」，這個「利」字只是指小利，利於執言而已，並不是「元亨利貞」內「利」字所指無所不利的大利。古人行文往往就是如此簡潔，有些缺去的字，必須細心推敲缺去的原因，才是善讀古書！

「无咎。」

沒有過錯。

「長子帥師，」

長子率領整個軍隊。

「弟子輿尸，」

弟子，長子之外的其他幼弟；「輿尸」，也得到任命為將，即是弟子同享主宰軍隊的權力。

「貞凶。」

即使君主這種做法正常合理，但最後仍會帶來凶險的災難。

《象》曰：「長子帥師」，以中行也；「弟子輿尸」，使不當也。

《小象傳》說：「長子率領軍隊，『以中行也』，中行即中道，因為六五之君秉持中道，任命有德有能的長子為主帥，是合乎中道的。『弟子輿尸』，但幼弟也有主宰軍隊的權力，『使不當也』，『使』是命令，六五之君的任命就不適當了。」六五爻何以說是君主呢？因為根據「爻位說」，第五爻是象徵君主的位置，只有少數例外。但除了象徵君主，這段爻辭也有些弦外之音。這一卦既然是《師卦》，那就應該講一些和軍隊或戰爭有關的關鍵內容，大將如何指揮兵士作戰是第一個原則，這是將兵之道；第二個原則是將將之道，指君主統轄大將的方法。其實第二點更為關鍵，否則軍隊勝仗越多，國家反而就越危險。除非君主能夠令將領忠心耿耿，如臂使指，那才會是國家之福；如果不能控制大將，他們就會變成國家的災害，例如唐朝之所以衰落，就是因為節度使擁有大權，天子不能駕馭，甚至唐亡之後，五代十國的君主在登上帝位之前，本身就是前朝的節度使。民國初年也是軍閥眾多，他們為中國人帶來比戰爭更悲慘的災禍。所以戰爭中「將兵」固然講究，更重要的是「將將」。六五一爻，正是說出了「將將」之道。「田有禽，利執言」說出了凡是戰爭必須師出有名、合乎正義，就好比禽獸妨礙人類田地中的農作物，對人民造成真正災害，才可以田獵捕殺，引申為任何戰爭都是為人民解除災難，而不是由於個人的好大喜功。但縱使合乎正義，這爻的判斷辭只是「无咎」，不是利，更不是吉。可見中國古代崇尚和平的價值觀。

這爻說到將將的方法，最重要的是得到君主的信任，權力要專一。長子有兩層意義，從遠古直至周代，官吏都以他與君主血緣關係的親疏來決定地位的高低，因此國即是家、家即是國。如要出征，派遣長子是順理成章的。嫡長子就是他的繼承人，應是他最信任的人。但因為現在六五是陰爻，象徵這君主性格陰柔，做事搖擺不定，不能如九二般有決斷之才，所以不適宜御駕親征，只能委任他人出征。第二個原因可能是他偏愛幼子，明明已委任長子統率軍隊，但受到如女性般慈愛心理的影響，一心想給予幼子磨煉的機會，也叫他統率軍隊，結果就出現「長子帥師，弟子輿尸」的情形。接着《小象傳》就說「長子帥師」合乎中道，「弟子輿尸」是「使不當也」，是君主使命的不適當。因此出現這情形，君主是有責任的。

但身為元帥的九二，其實有沒有責任呢？他不能控制軍隊，竟然容許偏將、副將命令師隊，那紀律何在？證明九二也有不當的地方，罪在元帥。但如果君主也容許弟子有權，那就是他不信任長子，不讓他專權，不信任他，找人監視他，怕他叛變，那就是君主的過錯了。

另外要注意，這一爻的長子，就是九二爻的「丈人」。如果元帥不是長子，是否不合乎《易經》的義例呢？不是，因為父子之間，有恩義、講尊卑，但即使任用任何大臣為將領，身為領袖或君主，視臣下如子，臣下就視你如父，父子互相信賴，是軍隊戰勝的關鍵。因此這裏用「長子」，表面有所限制，實質只是說關係應有如父子，內裏包含着關懷、愛護、服從等等互相信賴的關係，這才是成功的關鍵。

詳細分析

《坤卦》是大地，大地必有田地在其上，尤其是和五爻相應的九二，也有田地之義，從《乾卦》九二爻辭「見龍在田」可見。下卦《坎卦》，卦象為馬，引申其義可象徵禽獸。所以「田有禽」，是《坤卦》和《坎卦》組成之象。當六五發動的時候，五從陰變陽，三、四、五三爻組成了《艮卦》，兩陰爻在下靜止不動，陽爻在上動，在人身來說，是手，所以《艮卦》其中一象是手，手能持物，這就是「利執言」中「執」字的來源。又為甚麼是「長子」？《師卦》二、三、四爻組成的互體是《震卦》，而《震卦》是長子之象。《震卦》、《坎卦》、《艮卦》三卦在「乾坤生六子說」中分別代表長男、中男、少男。第二爻是《震卦》主爻，故是長子。下卦《坎卦》是中男，中男相對於長子即是弟子，由於它既蘊含《震卦》，又蘊含《坎卦》，所以長子可做主帥，他的弟弟《坎卦》也可以做主帥。

上六，大君有命，開國承家，小人勿用。

「上六，」

這是最末一爻，處於最上的位置，屬陰，所以爻題是「上六」。

「大君有命，」

「大」字用得很好，因為前面的五爻都是講元帥。《師卦》雖然是說戰爭，戰爭是由元帥專權，但當戰事完畢，權力回歸君主。所以這裏用的是「大君」。整句是說君主有寵命。

「開國承家，」

「開」是開創；「國」是指公、侯、伯、子、男五等諸侯之國，「開國」即是封賞他們成為諸侯，封土建國。功勞較小的則封為卿大夫，「承」是繼承，「家」是指卿大夫的封土。凡是卿大夫都是世襲的，每一代的長子嫡孫都可繼承封爵。讓他的家族可世世代代承襲這爵祿，這便是「承家」。

「小人勿用。」

《周易古經》裏的「小人」有兩層意思，一般指普通的平民、庶民，少數是指沒有道德的人，這裏採用了後者之義。如果有功的人品德是有問題的話，「勿」是命令禁止的詞句，則千萬不能重用（指「開國承家」）。

《象》曰：「大君有命」，以正功也；「小人勿用」，必亂邦也。

《小象傳》解釋「大君有命」這句爻辭說是「以正功也」。「正」是端正、正確，引申的意思是要根據諸將的功勞，正確地加以封賞。戰爭中有些將領會冒功，另一些將領的功勞卻會被忽略，所以「正功」就是要公正無私地評核功勞，令參與戰爭的將領都得到公正的獎賞。至於「小人勿用」的原因是因為「必亂邦也」，意指重賞小人以「開國承家」，將來必然令邦國產生亂事。

「邦」即是「國」，古代兩字可以通用，今天則「邦」義不如「國」義之重。「中國」這名稱何來呢？《尚書．夏書．禹貢》上有「中邦錫土姓」一句，《史記．夏本紀》引用了，則作「中國錫土姓」。所以「邦」和「國」兩字相通。

為甚麼會「亂邦」呢？站在大一統國家的立場，戰亂之所以產生，有很多原因。在內部來說，一定是大臣貪圖個人名利過了份，政治紊亂，民不聊生，國內才會出現動亂。

而像中國這類國家，在國家之外有戰事，往往是由於將領的好大喜功，希望從小國家處攫取利益，因此產生戰爭。現在戰爭結束了，動亂消除了，痛定思痛，才知道戰爭之起因來自小人的作為。以後如想避免戰爭，朝廷上就不能再任用嗜利的小人、或為了謀取個人功名利祿而在國外發動戰爭的將領。第二，身為萬國之君，萬國都是子民，都應得到君主的關懷愛護。戰爭中需要各種人才，才能取得勝利，有功的臣子是否都以「開國承家」作為封賞呢？封賞之前，首先要考慮，這個臣子有沒有為人民着想之心？第二，即使有仁慈之心，他有沒有能力管治人民？君主交託這麼多的人民給他，會否送羊入虎口？因此戰爭勝利了，一定要封賞臣下，以表現王者大公無私的賞功，即是說國家的利益應與有功勞者共享。但在大公無私、分賞天下的同時，更要為被分封那地方的人民着想，不要令他們世世代代受苦。因此一到了「開國承家」的時候，就必須考慮這個問題。後來乃至今天，不再封土建君，只是授以高官，或只獎賞金錢，而沒有實際權力。所謂「小人勿用」，不是完全不封賞，而是考慮如何封賞，才不致演變成日後的禍亂，或成為現在受管治人民痛苦的來源。這是戰爭勝利後封賞最重要的原則。

詳細分析

「開國承家」跟土地有關，《坤卦》是土地，也象徵諸侯萬國，因此可以作這種解釋。另外，由於不獨上六是陰爻，整個上卦都是陰爻，陰太多了，所以提防「小人」為禍。

在為一個卦解讀的時候，可以根據它本身的卦象，再配合《乾》、《坤》兩卦陰陽爻在它相同的爻位所具備的性質細心地分析比較其異同，如用此方式為十多個卦進行分析，那你就會熟悉陰陽爻性質的各種變化，於是就會對每一個卦的卦義了然於胸了。

總結

《師卦》說的是戰爭之道，出師最關鍵的原則是「貞」，出師要合乎正義、選擇將領要得人、符合民心所向，將領要得到君主的信任，這些都可說是戰爭成敗的條件，再加上嚴守軍律，那軍隊失敗的機會便可減到最少。有關這五大點，在最初的卦辭和解釋卦辭的《彖傳》中都提到了。次要的問題是，凡是戰爭，首先應講到軍隊出發的情況，這是出師。最後班師回朝，將領接受封賞，這是戰爭的結束。所以在初爻，就說出了出師要嚴守規律。有人或會說，初爻只是講規律，為何說出師呢？這可讀讀中國歷史上將領的事蹟，或是描述戰爭開始的史實。例如後世留下了《孫子兵法》的孫武，他跑到吳國去，游說吳王，吳王知道他懂得兵法，希望他以實際行動來演繹兵法理論，孫武答應了，於是吳王將他的妃嬪交給孫武訓練為士兵。孫武先給她們講解軍隊紀律。那群婦女嘻笑不絕，毫不認真對待，半句說話都聽不進耳裏。孫武說既然主將說得不清楚，就重複講述軍紀一次。但那批婦女依舊不聽。孫武說主將已講得清楚，兵士不聽從，是監察軍隊的人不認真，所以他又委派人負責監察之職。接着孫武再發出命令，可是婦人嘻笑如舊。他就說命令清楚了，但監察不力，是監察之罪，要問斬。吳王說這是我寵愛的妃子，可否免罪？但孫武說軍法不容許說情，既予我大將之職，我即有全權，馬上把那位妃子推出去斬了。繼而孫武發出命令，那群後宮婦女登時前後進退齊整之極，本來荏弱的一群婦女頓然變成有規律的軍隊。孫武練兵的故事說出了軍隊紀律的重要性。戰爭就是需要軍隊先有這種嚴明的紀律。如果軍法弛廢，士兵不服從命令，本來不會失敗的戰事也會失敗。但如軍法嚴明，那就人人都能奮勇殺敵了。所以在建立威信之後，訓練軍隊服從紀律，是首要急務。到了最上一爻，講的是班師回朝應有的做法。凡班師回朝，最重要的是賞功，戰勝如不賞功隨時會釀成大亂。這兩事是戰爭中最關鍵的內容。可見《周易》卦爻辭作者行文的周密，從戰事的開始直至結束的要點都講述了。

接着第二爻說的是如何率領軍隊，即將兵之道。上面已講過一個人如果沒有剛明之德，做事就不能決斷；沒有智慧，就不能運籌。委任這種人為將領是大忌。但過剛則暴、過智則奸，凡過份的都不是好事。所以既要有剛明之德，更要有中正之才，更要剛而濟之以柔。第二爻就是說出為將的要點，另外說出要得到君主的寵信，然後才可將兵。和它相應的六五爻講的則是將將之道，說戰爭要師出有名、要選用適當的人才，不能使軍權分散，這是選將和將將的關鍵所在。其中最難的是選擇適當的將領。這個將領就是「丈人」，他要同時具備德與才。根據這個卦的卦義，德較才或力更為重要。既然如此，戰爭就不能急功近利，而必須合乎正義方可進行，所有作為都要合乎正道，那就可能耗費時間了。戰爭中，其實往往用邪道更易戰勝。中國古代春秋五霸之一的宋襄公，他正是完全遵循了這卦的精神。他打仗有幾個原則：第一是不擒「二毛」，意指不擒捕年老頭髮已黑白相間的敵兵。第二點是敵未成列，兵不進擊。戰爭中常講偷襲，例如二次世界大戰中，日本就有偷襲珍珠港的事件。他卻要堂堂正正，等待敵軍完全準備好了，才開始進攻。結果大敗，被楚國所擒，成為歷史上的笑譚。他其實從沒做過實質的霸主，但為何能位列「春秋五霸」之一呢？就是由於他具備了這種仁義的原則和精神，世間有誰做得到？你可說他最傻，但他為人類樹立了最高的道德典範。如果他能夠取勝，那就真是最堂堂正正之師，這點值得我們細心體會。

另外，打仗要講究合乎正義，要真正能做到奉辭伐罪等要點，卦辭中也一一交代了。其中有一點最為重要，整個卦不是以戰爭勝利為最高目的，而是不得已為解救萬民的苦難才開啓戰事，更是為了懷來萬國，萬國都因為我的恩德而心悅誠服順從我，而不是以殖民侵略為目的。這種精神變成了中國古代的戰爭原則。秦始皇、漢武帝之所以被後人責備，便是由於發動國外戰爭太多。反觀反映古希臘思想文化的荷馬史詩《伊利亞德》（*Illiad*）和《奧德賽》（*Odyessey*），內容講到奧德修斯（Odysseus）每每率領一群人攻打某個城市，搶掠財富，只要能夠合理地分派給手下，就認為是對的。其實這是反映了海洋島國的侵略文化傳統，因為島國面積太小，一定要向外發展，慣了佔有他人的財富和土地，以征服他人為目的，這就是中國文化和西方文化不同的地方。凡是島國文化都是有計劃地去擴張地盤、征服別人的。例如日本在三百年前已定下大陸政策和海洋政策，以韓國為跳板，進而征服中國，但中國由古到今都沒有這類國策，《師卦》中就沒有提及。在島國人的思想裏，侵略、佔有都是理所當然的。我們讀過這個卦之後，了解到中西文化之不同，會想到雖然中國過去百多年來國運不振，但如果地球上的人類真要有幸福的話，這種大陸精神仍比古希臘羅馬或類似的島國精神寬容、和平得多。這也是《師卦》背後我們要認識的關鍵意義。

所以原來《周易古經》及儒家在《易傳》所發揮、乃至兩千年來研究易學的人所發展的《師卦》的意義，值得我們進一步深入探討。原本《師卦》講到戰爭的時候，特別強調了「正」、「丈人吉」；而儒家的《十翼》特別強調了「行險而順」，尤其是「行險而順」這句話，變成了如何評價戰爭的關鍵所在。所謂「順」，是順從民意、民心，而在順的背後，涉及戰爭是否合乎正義、將領是否得人、戰或不戰各有甚麼得失。換言之，戰爭總是為人類帶來極大的災禍，導致生靈塗炭，所以除非萬不得已，涉及重大利益問題才可開戰。因此，「順」決定了應否戰爭。既然整個卦的關鍵是以此作為標準，所以在衡估《師卦》六爻吉凶得失的時候，當然要進一步撇除上面象數所顯示的零零碎碎的吉凶，而用這最高的標準來衡估。

甚麼叫「順」？第一，如果提升到陰陽的層次，「順」屬陰，《坤卦》純陰，所以是大順、至順。第二，從儒家建立人類道德的最高範疇來說，簡化為陰陽之後，陽就是廣義上的「仁」，陰就是廣義上的「義」。因此在「順」的背後，其實就是以「義」作為判斷何謂「順」的關鍵。所以整個《師卦》所講，就是以合乎正義與否，來決定戰爭的吉凶得失。

如降低層次，如何判斷《師卦》六爻的吉凶得失呢？既然「順」是最高標準，爻位的初、三、五屬陽；二、四、上屬陰，單憑「順」義來衡量，二、四、上三爻的陰位就合乎戰爭之「順」，容易得到合理吉祥的結果。再看看卦爻辭，九二雖是陽，但在二的陰位，環境的影響比本身的性質更為重要，所以九二爻是「在師，中吉，无咎」；而六四爻是「師左次，无咎」，全師而退，總比喪師為佳，所以雖然不是大吉，起碼也是「无咎」，而上六爻是「大君有命，開國承家，小人勿用」，說的是凱旋回朝，班師冊勳，按照戰功論賞，當然也是吉祥的。凡是屬陰、屬順的二、四、上三爻，爻辭的判斷辭都是吉或近乎吉的。

屬陽的初、三、五三爻剛好相反，例如初爻是「師出以律，否臧凶」，行軍最重的是紀律，不守規律而戰勝，將來也只會是凶。從語意學來說，第一爻的意思是最初可能戰勝，那當然是吉，但長遠來說，仍是凶，而這種凶較短暫的吉會帶來更大的災禍。例如漢武帝時的名將李廣，從來不講軍紀，但又每次在戰爭中獲勝，可是最後身敗被俘，反而和他同時的另一位大將程不識，無論在任何時候，行軍刁斗森嚴，行事謹慎極了，結果一生未逢敗績。因此初爻所講的不守紀律而戰勝，就等同新手賭博，一下場即有所收穫，嚐到了甜頭，以後就染上賭博的惡習，將來傾家蕩產也是肇因於此。第三爻是「師或輿尸，凶」，其凶不用多說。第五爻是「田有禽，利執言，无咎。長子帥師，弟子輿尸，貞凶」，單看它的文字不能算是凶，身為君主，並沒有主動開啓戰事，而是被逼奉辭伐罪，又能任用賢明的「丈人」、即長子為主帥，但他可能任將不專，又或由於性格的陰柔，態度有點遲疑不決，同時任用幼子參與戰事，結果是好中有壞。

《坤卦》第五爻爻辭是「黃裳元吉」，可以說是好到極點的一爻。拿「黃裳元吉」與師卦六五「田有禽，利執言，无咎。長子帥師，弟子輿尸，貞凶」比較，便見《師卦》的第五爻有很多缺點。何以故？原因就是《師卦》以「順」為主，五爻爻位屬陽，違背了陰順守義的原則，所以雖在上卦中位，本來很好，但受到卦時卦義（更高意義）的影響而有所不足。

又或者看看上六一爻，《坤卦》上六爻辭是「龍戰於野，其血玄黃」，《小象傳》說是「其道窮也」。因此，從《坤卦》來分析，陰爻在上位，陰發展到了極限，即到了窮途末路，如不懂得變化，則會有災禍。但為甚麼《師卦》上六一爻反而是好呢？第一點，《坤卦》六爻皆陰，到了上六是陰發展到了極限，但《師卦》的二爻是陽，六爻不純是陰爻，即陰尚沒有發展到極限，當尚未發展到極限，陰就不會變壞。第二點，《師卦》的上卦是《坤卦》，坤為順，它從四，到五、上，一直向前發展，到了上爻，是順到了極點，正好合乎《師卦》以「順」作為衡估是否合理和判斷吉凶的標準，既是順到極點，所以是吉了。而上面講過第三爻之所以凶，原因下卦是《坎卦》，《坎卦》是危險，由初爻而二爻而三爻，當危險發展到了極限，只有兩個可能：不是出險，就是陷入危險之中，被危險所吞噬。現在它正是被危險所吞噬。三爻和上爻分別是上下兩卦的上爻，上、下卦本身到了上爻，發展到了極限，於是出現了這情況。

如進行更多的比較，初爻講出師，跟它相應的第四爻是駐師，一是行動，一是防守駐紥，是相反相成的。第二爻是「王三錫命」，第五爻是「長子率師」；第二爻說出了主帥的作為，第五爻說出了君主的作為；第二爻說出了將兵之道，第五爻說出了將將之道。一為君、一為臣，通過這兩爻，說出君臣應各有其管治之道。三、上兩爻都發展到了極限，下卦險到了極點不能出險，所以是凶；而上六順到了極點，所以合乎卦義，整個卦得到美滿結束。

通過這方式進一步分析、體會，就知道每一爻的文字和它反映的好壞得失，都考慮得非常嚴密，文字也恰如其分地發揮了卦爻的意義。在整個卦的六爻裏面，說出了戰爭一些原則性的要點，作為出師、駐師、將兵、將將、頒賜等的根據。行文雖然簡約，但含義非常豐富，尤其它對戰爭的態度更是中國人兩、三千年來所秉持的一貫原則。這種精神長久以來可能令中國很吃虧，但站在人類的長遠幸福來說，卻值得我們推崇，正好比宋襄公堅守仁義之道而戰，雖然個人失敗了，在歷史上成為笑柄，但這種精神樹立了人類所以異於禽獸的崇高標準，他的「愚蠢」，可能是展示了人類偉大之處，值得我們以此作為榜樣！

【第二講】比卦

䷇（坤下坎上）

《比》：吉。原筮，元永貞，无咎。不寧方來，後夫凶。

《彖》曰：《比》，吉也；比，輔也，下順從也。「原筮，元永貞，无咎」，以剛中也。「不寧方來」，上下應也。「後夫凶」，其道窮也。

《象》曰：地上有水，比；先王以建萬國，親諸侯。

初六，有孚比之，无咎。有孚盈缶，終來有它，吉。

《象》曰：《比》之初六，有它吉也。

六二，比之自內，貞吉。

《象》曰：「比之自內」，不自失也。

六三，比之匪人。

《象》曰：「比之匪人」，不亦傷乎？

六四，外比之，貞吉。

《象》曰：外比於賢，以從上也。

九五，顯比；王用三驅，失前禽，邑人不誡，吉。

《象》曰：「顯比」之吉，位正中也；舍逆取順，「失前禽」也；「邑人不誡」，上使中也。

上六，比之无首，凶。

《象》曰：「比之无首」，无所終也。

卦名闡釋

「比」讀作「避」，去聲，字是由兩個「人」字組成的。二人並列為「从」（古從字），兩人相反，緊貼在一起，就變成今天的「比」字。所以「比」字有親密無間之義。

金文、篆文「從」字

金文、篆文「比」字

《比卦》的上卦為《坎卦》，卦象是水；下卦為《坤卦》，卦象是地，上下兩卦卦體合起來的卦象是水依附於地，為大地所容載，兩者親密無間。類比人類，水是人民，大地是君主，有如統一天下的君主可容載大地上的萬民。但是「水能載舟，亦能覆舟」，大家可從歷史上找到不少人民起來推翻君主的例子，所以君主不要以為水性柔順，就可任由他役使，人民既可支持國家，也可傾覆國家。因此應學習《比卦》所指陳的如何使君主和人民親密地連繫在一起的道理。

從上述卦體和卦象分析，卦名為「比」是合理的。另外，根據易學理論，陽一定要得到陰的輔佐，陰一定要親附陽，孤陰寡陽，都不好，關鍵只在於陽何時親附陰、陰何時依附陽才合適而已。在五陰一陽的六個易卦中，不用多想已可知道，物以罕為貴，眾以少為尊，領袖是一，民眾是多數，因此應是五陰同尊一陽。另外可從它的爻位和爻的屬性得出這卦所蘊含的意義：例如《師卦》，陽爻在第二位，即是九二主宰五陰。第二位是臣子之位，一個人臣能令所有人聽從，即使身為宰相也做不到，只會出現於非常特殊的情況，例如出征或國家受到敵軍侵略，元帥受命統率大軍，君主在他出發時會說：「閫內之事，寡人主之（國家內部事情，由我處理），閫外之事，將軍主之（可以全權處理），以便國家。」因為假使事到臨頭才請示，一方面君主不了解戰爭情況，另一方面由於戰事瞬息萬變，很多事都要臨時決定，先請示、再考慮，會太遲了。因此一定是由將軍酌情處理。這是中國從春秋戰國直到秦漢的君主都沿襲的做法。九二主宰五陰，只有戰爭中的元帥才符合此象，所以這一爻是「成卦之主」，亦即是它使到《師卦》形成「師」這一內涵的關鍵。《比卦》是陽爻在五位，五是君主之位，因此這卦講的是人君與天下人民親比之道，所以這一爻既是「成卦之主」，亦是「主卦之主」。通過這兩點去體會，得出卦名為「比」。

《比》：吉。原筮，元永貞，无咎。不寧方來，後夫凶。

「《比》：」

「比」指《比卦》。

「吉。」

「吉」是概括地說這卦是吉祥的。「吉、凶、悔、吝、无咎」是易卦五個關鍵的占辭（判斷辭），屬於好的判斷辭只有「吉」一個，不好的卻有三個：凶、悔、吝，可知這個卦在眾多易卦中是少數的吉祥之卦。易卦的六爻有好有壞，讀過《師卦》應已知道。但六十四卦除了《謙卦》六爻都是吉祥之外，很少是純吉的。而《比卦》只有上爻似乎有點問題，因此也可說六爻都是吉占，所以卦辭就以「吉」來概括全卦。

「原筮，」

「原」字是甚麼意義？說法非常多，綜合各家說法，「原筮」的第一種解釋是根據《周易》筮法得出的好壞得失的預測。

「原」的第二義是再次，這是南宋朱熹《周易本義》提出的，「原筮」就是再次占筮。人類用占算方法預測未來，如得到的結果不吉，往往心有不甘，大多會再占算一次，甚至多次，直到有好的結果方肯接受。在《周易古經》就有兩個卦說到了這種情況，一是《蒙卦》，一是《比卦》。《蒙卦》的卦辭說：「初筮告，再三瀆，瀆則不告。利貞。」

意思是初筮會講出結果，再三筮問，就不會回答了，《蒙卦》說求師必須專誠，第一次占筮的結果就要聽從，不應輕易懷疑，比喻求學，懷疑多心只會「大道以多歧亡羊」（《列子．說符》），所以說求師只需「初筮」。但《比卦》說如果要與人親比，則須審慎小心，因為是關乎一生的事，所以一次不夠，須再次審問考慮，才不會因親比帶來後悔。因此「原」字是指「再筮」。

「原筮」的第三義是，「原」指原始、最初，「原筮」就是說始筮、本筮，即《比卦》最初留下的卦辭就是如此。但這個解釋意義不大，因為《周易古經》筮辭應該是經過多次的占筮，綜合歸納每次結果，將最適合這個卦的內容文字整理成為卦爻辭，以備將來占筮時參考、應用，所以《周易古經》的卦爻判斷辭並不一定是原筮，而可能是多次占筮後修改的文字。但如果「原筮」是說第一次占卦已得出完善合理的答案，不需要再次占筮。這個解釋則是可接受的。

「原筮」解作始筮或本筮，最初由清代漢學家提出，近現代的高亨教授接受了這解釋，對今天新派《周易》註解造成重大的影響。但唐初孔穎達等撰的《周易正義》則認為「原」字作動辭用，釋為「原窮其情，筮決其意」，為古代大多數註解家所接受，其中「原」字側重推源之義，即從現在追溯到源頭，細心分析整件事情的前因後果的過程。「筮」可當作具體的占筮，亦可引申解作為何要占筮？占問是因為心中有疑惑。人面臨兩難之時，很多時候就會不知如何選擇，例如選學科、出處甚至夫婿，都可能出現這種情況，究竟哪個對自己將來較有利呢？凡碰到這類兩難局面，占筮或可幫助我們作出決定，於是由具體實際的占筮引申到背後筮的作用，「原筮」就是指自己細心追溯到事情的開端，再從那裏掌握事情發展的規律，推想未來可能發展的情況，得出較明確的做法。這是說《比卦》是占筮與人親比之道，又或者應否與某人親比等的問題。

「元永貞，」

《乾卦》有「元亨利貞」四種德性，不過《乾卦》乾陽的主要作用是激發萬物的生機、暗中推動萬物的出生，因此《乾卦》的四德中，最關鍵的是有此作用的「元」；而萬物從出生到完成的過程或作用則是坤的責任。《比卦》的第五爻雖然是陽爻，但處身五陰爻之中，陽佔的比例很少，因此它實際只是微陽或一陽。這種微陽或一陽，正如冬至之後，微不可覺的陽氣開始激發萬物的生長，其實在那時候，人還感到非常寒冷，根本不覺得微陽已經產生，這裏的「元」就是指《乾卦》的微陽產生萬物。而《坤卦》最後總括的判斷辭「用六」說「利永貞」。為何陰要「利永貞」呢？陰的性質表面靜止、穩定，但《易》學指出陰陽本身蘊含着相反的性質，最不變的東西反而最容易改變，所以陰似乎最靜止不變，但蘊含着最大變動的可能性。因此陰靜極而動、向動發展，反而是陰的表現；陽極而靜、向靜發展，同樣亦是陽的性質。陰陽能夠向相反性質變化是好事，可是不依規律變化就不是好事了。所以《坤卦》說坤陰最大的利益是永恆保持着「貞」，「貞」一方面是守持正固（正規），另一方面在「元亨利貞」中象徵着「成」，即成就萬物，令無形的萬物變成正固（真正有形體、定型），而且達到各自應有的形成狀態。《比卦》的下卦是《坤卦》，而《坤卦》最重要的性質就是「永貞」。原來「元永貞」三個字就將《乾》《坤》兩卦最關鍵的德性綜合在一起了。

高亨教授在講解《比卦》時有個不合理的推測，他認為「元永貞」的原文應是「元亨永貞」，所根據的是《左傳》昭公七年記載衛國大夫孔成子因繼嗣問題而占筮一事。遺憾的是馬王堆出土的帛書《周易》並沒有「亨」字。由此證明，不單二千年來傳世的版本沒有「亨」字，在西漢文帝時墓葬的古本帛書《周易》也沒有「亨」字。可見《周易古經》原本應該沒有「亨」字。其實沒有「亨」字，更能將卦辭的意義發揮得圓融合理。「原筮」是指如要和人親比，就要細心分析自己有沒有「元永貞」的德性。《周易．乾文言傳》解釋「元」字，有大、最初、開始的意思，詳細來說，天地本來沒有萬物、生命，是「元」推動了萬物的生育，暗中扶助它們，令它們得到應有的最大發展可能性，這是天最偉大的德性。如果將宇宙本來沒有人類道德涵義的「元」字變成人類有價值涵義的作為，就是「仁德」。《比卦》注重的是仁，和它覆卦的《師卦》注重的是義。「永」是永遠、長久持續；「貞」是守持正道。「永貞」兩個字都是用來進一步完成「元」的德性的。如何令自己守持仁德之時，合乎仁德的最正確標準，然後好好地堅持下去，這就是與人親比的原則。

或從另一角度來說，身為人君，如希望得到萬民的親比，首先自問，從現在逆推到從前，再順推到將來，自己是否具備仁德，而且能否堅持仁德、堅守正道？如果能夠，才有親比萬民的條件。先有了這條件，才可期求萬民對你親比，然後才可產生親比的良好結果。而在下的民眾要親比君主的話，那他首先要細心觀察君主是否具備「元永貞」的德性。如有的話，須顯現在實際的行政措施上，才樂意親比他。這裏說出了儒家並不單純要求人民去順從統治者，而是要求統治者有了好的表現，人民才會親比他，沒有說出來的意思就是，否則人民不親比統治者也不是不對的。所以儒家不是統治者的幫兇，它主張大家都要站在公平的立場，彼此都有責任。

甚麼是「仁」？《文言傳》說「體仁足以長仁」，「體」是說以身體力行仁德，然後才可「長仁」，即是成為人之首長。身為國家君主，要守的原則很多，但撇開所有次要的原則，最重要的原則就是仁愛萬物、仁愛人民，如具備這種仁心，他就會自動想出各種原則和方法去推行國家的政治。君主不需要有高深的學問，尤其千萬不要是大學問家，不然就是國家的災難。君主最重要的是知人善任。但他的參謀團成員都應該是大學問家，他只要虛心聆聽，選擇最合適的建議去實行，就是賢君。假使他的學問太好，反而見石不見山，見木不見林，不能從宏觀整體的角度去考慮問題。甚至自恃所學，對他人的提議，或許會說：「這是不學無術的說法，我提出的政策才有根據，從古一直沿用至今，你們該聽我的！」北宋王安石就是如此的一位宰相，他的學問太好，結果施政造成災害。所以千萬不應以學問高低來評定長官的優劣，而應據仁德評定，其他的都是次要。這便是孔子所說的「為政以德」（《論語·為政》）。

「永」是長久。如內心不具備仁德，與人親近而沒有己欲立而立人的溫情和推己及人的善意（亦即「己欲立而立人，己欲達而達人」），即使如何親近人，別人也不會親近你，例如關心朋友，做一些對他們有益的事，那你即使態度不好，朋友也不會離你而去；相反，儘管平日口頭講得如何親切，但從不為朋友着想，似乎到處都有朋友，其實沒有一個對你是眞心的，關鍵就是欠缺了仁心。又或者雖有仁德，但不能夠「永」，今天或今年表現得很親比，但過後就疏遠，那就不能有長期的親比。因此具備仁德是別人親比你的條件。但單具備仁德，不能夠長久堅持，那親比也只會是一時之事。另外，如過份親比，那也會變成私愛，變成朋黨為私。「比」字現在我們當褒義用；但孔子曾說：「君子周而不比，小人比而不周」（《論語．為政》），意指君子只注意「周」，即忠信，他與人結交，着重勉勵對方進德修業，達到忠信的理想境界；「比」是阿附結黨，小人與朋友結交，就會變成朋黨，為了個人的私愛而損害正義。不過，「比」在這裏講的是君主愛護萬民，萬民愛護君主，沒有朋黨的意思，這是取「比」字好的含義。但是如君主愛人太過，也會出問題，因此「貞」就重要了。「貞」是正固，以堅持正道來抑制過份的仁愛，免得造成「慈母多敗兒」的情況，做母親的對兒女的作為只知讚美，從不稍用嚴厲的方法來教導他們，他日子女長大了恐怕就不會成材了。因此注重仁道，令仁德達到最高標準，又不會過份溺愛以致變成阿私之心，這樣才可達到親比的最高理想。「元永貞」這三個字就是整個卦的關鍵。

「无咎。」

沒有過錯。

「不寧方來，」

這句的意義古人沒有爭議，今天反而產生很多問題。傳統的解釋是各地不安寧的諸侯都四面八方到來親比天子，受到天子的照顧而得到安寧。「不寧」是指諸侯的不安寧。

清朝中葉後期，浙江瑞安的大學者孫貽讓在他所著的《周禮正義》中提出新說。他說古代有所謂「不寧侯」，是指不服從天子、不來朝貢的諸侯，因此《比卦》中的「不寧」其實是指天子親比的精神感動了原來不肯服從、不來朝貢的諸侯「方來」。「方」指東南西北，從各方的諸侯都來了。「不寧」是指諸侯不服，令天子不安寧。

出土的商代甲骨文提到其他國家的名字，往往加個「方」字，例如「鬼方」；這亦見於《周易古經》，如《周易．既濟》九三爻辭：「高宗伐鬼方，三年克之。」「鬼方」指極遠的一個地方，估計可能是在今天蒙古或東三省之內。因此「方」字本身就有國家之義。所以「不寧方」指不服從天子的國家。這個說法為崇漢學的《周易》註解家所接受，今天很多的新派註解家也採用了。

究竟「不寧」是指天子不寧還是諸侯不寧呢？又或者是指天下人民呢？古代註解家大多說是各地的諸侯和人民，但有少數的註解家認為兼指君主，為甚麼？因為《比卦》上卦是《坎卦》，《坎卦》是勞卦、險卦，九五一爻在危險的《坎卦》中間，當然感到不安全，因此「不寧」應包括在上的天子。換言之，天子希望萬世為君，地位鞏固與否，最關重要，因此他心中不安寧，怕的是諸侯人民的叛變。因此，就要主動去親比諸侯萬民，希望得到諸侯的輔助。諸侯和人民同樣感到鄰國的壓迫，心中不寧，想要親附天子，在天子眷顧、保護下得到安寧。因此上下都是因為不寧才求親比。這裏說出了求親比最關鍵的原因。

「後夫凶。」

易卦的初爻是開始，上爻是終結，因此下爻在前，上爻在後，所以「後」是指上六一爻。它或者心有疑惑，或輕視，又或有反抗之意，而不去親比九五之君，後來發覺所有的人都去親比九五之君，自己落在後頭了。「夫」是男子的通稱，多數註解家認為是指九五，因整個卦只有它是唯一的陽爻，所以它就成為五個陰爻的丈夫，推展其義，即九五爻象徵君主，其他五陰爻為臣子、人民。初、二、三、四都急忙地去親比九五，上六卻不去親比；「後夫」的後字作動詞用，即遲遲不親比其夫，這就帶來「凶」的結果。這是較合理的解釋。另一個解釋說「夫」字指上六。它本是陰爻，但處於最上之位，是陰發展到了極限，於是變陽，上六變成了「後夫」。既然是「夫」，更不會親近九五這爻，因為兩陽同性相斥，互不親比，所以是「凶」。兩說所指相同，俱通。

《彖》曰：《比》，「吉也」；比，輔也，下順從也。「原筮，元永貞，无咎」，以剛中也。「不寧方來」，上下應也；「後夫凶」，其道窮也。

「《彖》曰：《比》，『吉也』；」

《彖傳》解釋說：「《比卦》是吉祥的」。《彖傳》原文「《比》，『吉也』」這三個字有爭議。北宋王昭素認為應刪去「也」字，南宋朱熹及清代王引之贊成其說。細心研讀，刪去「也」字是合理的，因為卦辭本身有「比吉」這兩個字，現在《彖傳》解釋說這卦是吉，所以也應有這兩個字。

「比，輔也，」

《彖傳》在解釋卦辭之時，補充了卦辭沒說的另一重要的意義是「輔」。「輔」字原義指夾在車輪兩旁的直木，每車二木，用以增加車輪的載重力和穩定車子，與車子的功用密不可分。所以「輔」字的第一個意義是親密無間，第二個意義是輔助。《彖傳》作者認為「比」的關鍵意義是「輔也」。所謂「輔助」，不是指一般人，而是指最接近天子、能幫助他的臣子。因此「比」的關係是君主與臣子之間的親密無間。君主之希望有「比」，是想與臣子親密無間，得到臣子的輔助。

「下順從也。」

「下」泛指所有人，包括所有諸侯和萬民。整句是說所有的人都應順從天子。《彖傳》解釋卦名「比」，以兩小句說明了《比卦》的三層意義：一，親密無間；二，輔助；三，順從。臣子輔助天子，萬國諸侯、萬民順從人君，大家親密無間。

「『原筮，元永貞，无咎』，以剛中也。」

「原筮，元永貞」，就可以「无咎」。「无咎」是沒有過錯，沒有過錯其實暗指本來有過錯，變得沒有過錯的原因是「以剛中也」。「以」是因為，因為九五這一爻象徵人君具備了剛中的德性。陽爻原稱「剛爻」，整個卦只有九五是陽，故「剛」是指九五這一陽爻。爻位的二和五是「中」，九五在「中」，因此《彖傳》現在用了「爻位」來解釋卦辭。當《彖傳》說到「爻位」的時候，已經不是單純講述位置，而是賦予這些位置以特殊意義，因此在講到陽位的時候，就是指「陽剛」的德性；當講到位置在中的時候，是指它同樣有「中」所具備的最適當、最合乎義的思想和作為。

「中」的標準是義，義，宜也，因此不能貿貿然找着一點就說是「中」。「中」是從兩個極端找出來的。《中庸．第六章》說：「舜其大知也歟！舜好問而好察邇言，隱惡而揚善，執其兩端，用其中於民。其斯以為舜乎？」這便是「執兩用中」，是說任何事物必有兩個極端，例如開始和結束，好與壞，上和下，尊和卑等等，都可以說是兩個極端。而所謂「中」，是合乎義，即在某個特定空間、時間，對特定的人或事的最適當做法就叫做「中」，因此它不是處於兩個極端的中間，而是在其中先找出「正」，然後再從「正」中找出「中」，請參閱〈附錄〉解釋中有關的文字。「中」，是按照不同的人、不同的事、不同的時間、不同的處理方法而靈活變動的。因此後來爻位的「中」的義蘊，就將孔子的「尚中精神」和「尚中」應以「義」作為標準的說法都蘊含在內了。

《彖傳》解釋為甚麼「元永貞」就能做到「原筮」，因為只有具備陽剛的德性才能產生仁——「元」，仁是陽的屬性，沒有陽就沒有仁，而「永」和「貞」同樣要陰柔堅定不移，才能持久地保持不阿私的德性。因此要陽剛和陰柔巧妙的結合，才能將「元永貞」的三種德性達成，但要做到既無不足亦不過甚，就是「中」的調節。陽剛過甚會變成殘暴，陰柔過甚則不能堅持這三種德性。因此「剛」是產生這三種德性的來源；「中」是令到它們持續長期親比的關鍵。《彖傳》用字精簡，說出了如要達成「元永貞」，就要在「剛」和「中」兩方面好好地掌握、體會，這就可將繁瑣複雜的事情變成簡單容易執持的原則。

「『不寧方來』，上下應也。」

《彖傳》指出正是由於卦辭「不寧方來」，所以「上下應也」。這是說彼此心中不安寧，在上者要親比在下者以求安、求輔；在下者要親比在上者以求得到庇護，因此這種親比思想行為「上下應也」。指出這不是單方面的事，而是上下共有的想法和要求，共同去完成。人君和臣民親比之道固然是如此，上司與下屬何嘗不應該如此？再推而廣之，人與人之間，如要人類全體得到安寧幸福，何嘗不需要實踐親比之道？今天人類的關係太疏離了，雖然物質生活豐裕，精神之焦躁不寧，反超過古代，原因是大家不肯付出努力去實踐親比之道。「上下應」不是說先天必然發生的，而是後天彼此人為努力才能達成的。

「『後夫凶』，其道窮也。」

卦辭所說「後夫凶」，是因為「其道窮也」。《彖傳》說出了親比之道如跟隨上六「後夫」的做法，就會走到比輔的相反面，即是窮途末路。本來《易經》的「窮」，還不是凶，要在到達窮而仍堅持原來的做法，不知變通之道，才產生凶。現在說「後夫凶」，簡括為「其道窮」，就是說出他一直固執地堅持錯誤、不知變通之道。《周易．繫辭下傳》第二章說出了變通最關鍵的原則是「窮則變，變則通，通則久」。當環境差極，到了窮途末路，但人為懂得如何改變，便又會孕育出未來康泰幸福的大環境、大機會，如執迷不悟，窮而不知變，只知怨天、恨地、責人，而不知責己，不肯努力改進，才會被災難打倒！

小結

《彖傳》是用了卦體、卦德、卦象、卦義來解釋卦辭。從本書所解釋的《師》、《比》兩卦看，可見它是很深入地闡發卦辭所蘊含的幽深意義，而且更進一步發揮了卦辭隱寓的義蘊，即是說，它或補充或發揮了卦辭的意義，令到卦辭的意義更完善、更深刻，更合乎事理。所以我們要對《彖傳》解釋卦辭的文字細心從多方面逐字分析，才能學到《易經》教人進德修業、認識事物真相的好處。

《象》曰：地上有水，《比》；先王以建萬國，親諸侯。

至於卦象背後又蘊含着甚麼天地人生的規律呢？研究《易經》的人總不能急功近利，只想預知個人的吉凶，也應找出平日可以實行的人生規律。解釋卦爻象背後義理的《大象傳》通過上下兩個三畫經卦組成的象，直接說出了人生六十四條最重要的行事規律，雖然主要用於在上位者，但是引申應用於任何人的身上都是對的。

《大象傳》說《比卦》的卦體是由地和水所組成，當水在地上，水與地親密無間，交融在一起。當水在地下，就隱藏在各處，不是那麼容易見到，但一掘開泥土，總會見到泥土中藏着的水，因此象徵君主包容着萬物和人民。水在大地上，匯聚成為江河，流動分散於各處，形成各地的沼澤湖泊。這些湖泊可類比為君主關心愛護的人民，他們分處各地，形成各自的小單位，象徵眾多公侯伯子男五等諸侯的國家。人君體會了水在地上，水地親比互輔的義象，明白封建萬國即是愛護萬民、容納萬民的表現。但要達成這個目的，就需建立巡狩與述職的制度。因此為萬國建立君主之後，諸侯有朝貢天子述職的責任，而天子巡狩天下，關心、視察諸侯在各國的施政，就等於親近萬民。這兩個制度配合，才能達成君主與萬民親比的目的。總結就是：地上有水象徵親比，這種親比是天地的規律，再將天道地道的規律改成人道的規律，就是建萬國、親諸侯，同時通過述職巡狩來親近萬民。

善於讀書的人，要懂得細心分析比較，《彖傳》在解釋卦辭時，着重在五陰比附於一陽之義，即萬國諸侯、臣民應上比於九五之君；《大象傳》則從一陽主宰五陰立義，九五之君應向下親比萬國諸侯、臣民。兩《傳》意義互補，便將卦辭所寓微旨，清楚地說明了。

詳細分析

《師卦》說明了平時是人民、戰時是戰士，是「寓兵於農」的國家政策，隱寓了後世因此發展而成的井田制度；《比卦》則說出成立封建制度，用以維繫天下安寧。封建和井田制度合一，兩個制度相輔相成，才能達成治世的理想。井田制度後來廢弛了，這是因為經濟的發展，而不能不廢弛。至於封建制度，它是人類發展史上的一個大飛躍，沒有封建制度，就沒有權力中心主持公道，結果強而有力的人就會欺凌弱小，人類就不能得到安寧。有了封建制度，有了法制，人人就可得到合理的安寧生活，較之以前，可說是更良好的制度。但是封建制度形成眾多的小集團、私天下，隨着歷史後來的發展，同樣會造成災害。不過在整個歷史發展洪流中，儘管有黑暗的時代，人類其實仍是在進步之中。短暫的殘酷、不合理，只不過是特例。在最不合理、最殘酷的時代背後，其實大多數人所做的事，仍是在促進人類的發展、進步。其實殺人不眨眼的人和暴政維持的時間不會長久，其他時間人類都是在不斷發展之中。因此人類還是幸福的，人類的前途應是光明的，我們應從更宏觀的歷史高層次角度來看人類的進步。西方中古世紀所謂「黑暗時代」（Dark Ages），是否全然黑暗呢？秦始皇的暴政是否全然殘暴呢？可能這些君主的善行較暴政更多。我不是讚揚暴政，只想指出在暴政下也必然會有一些好的政治措施。秦始皇廢封建制、行郡縣制，將以前的世襲制度改變由有才能的官吏管治，世襲的貴族都失去了從政特權，只可仍擁有財產。而普通人除了不能做帝王之外，連掌握最高權力的宰相職位也可以做得到，用人唯賢，而不是唯親。這是「公天下」的開始。以後中國也就通過各種渠道將管治權分予所有人民共享，例如秦漢的察舉制、乃至隋唐以來的科舉制度，所有身家清白的人都可參與，只要通過了考試，就可參與國家的施政，分享帝王的權力，管理國家和人民。因此中國的民主制度（由來自民間的賢人主政）老早就存在，帝王只不過是精神上的領袖，年代越古，中國越是民主。一直到了唐代，中國仍有民主。宋代取消了宰相制度，君主的權力集中，甚至取消了「將在外，君命有所不受」的傳統，事事要由中央決定，如能跟隨中央的命令，打敗了也有功，否則勝了也有罪，這就是北宋一朝和外族戰爭經常戰敗的原因之一。難道那時沒有驍勇善戰的名將？原因就是一切戰略均由中央決定。到了南宋初年，容許將領便宜行事，所以十大名將勝多敗少，原因就是各人都容許有一定的專權。元朝由外族統治，更為專制。明清兩朝的君主專制更進一步。中國歷史和西方歷史的政治發展剛好相反，我們細心研讀歷史，就會明白。封建制度在周初這個歷史時刻施行是好的，絕對是促進歷史發展、維繫人民幸福的好制度。

《周易古經》是周初的著作，解釋它的《象傳》可能是戰國後期的著作，所用「先王」一辭，應指早於周朝的王者，可以推知它認為封建制度由來已久，周朝只不過是將封建制度完善化。但它在完善之後，也就是終結的開始。易學凡說好，其實暗中就蘊含着壞，壞就蘊含着好。因為既然已是最好，不能再好，就會走向另一個極端，即轉而向壞的方向發展。所以後來秦朝建立了郡縣制來取代封建制。因此說中國秦漢以至清代是封建社會是不讀歷史的人的說法。

初六：有孚比之，无咎；有孚盈缶，終來有他，吉。

「初六：」

「初」指爻位最下，「六」指它是陰爻。

「有孚比之，」

今天的新派註解家多把「孚」字解作俘虜，如以俘虜去解讀《周易古經》所有的「孚」字，大概百分之六、七十勉強解得通。但其中兩、三成仍難免是牽強附會。因此我寧願放棄採用「孚」字是俘虜的原義，而用戰國以來的解釋，把「孚」字解作誠懇信實，「有孚」就是一定要有誠懇信實之心。「之」字是代名詞，指九五一爻。這句是說初六具備誠懇信實，就可以和九五親比。

根據易學「應」的規律，初六和六四是敵應，是無法和九五相應比的。現在初六有甚麼辦法和九五親比呢？這是個例外，因為是五柔一剛的卦，五柔爻都和九五一陽親比的緣故，因此爻辭說如果初六通過後天人為的努力，具備極大的誠信，就可以打破規律，和九五親比。

「无咎；」

指出這要通過人為的努力才能達成，不是上天自然給予的，因此是「无咎」。

「有孚盈缶，」

同樣是「有孚」兩個字，跟上一句只不過隔了四個字，但嚴格說，意義已有所不同，這裏不是指初六，而是指九五一爻。不但五柔爻都想親近九五，九五何嘗不是要盡最大的努力去親比下面的四柔爻呢？尤其是它應先盡親比的心，做出實際行動，然後在下的人再去親比他，才更自然合理，因此是上下相互感應的事。在上的九五是陽爻，在卦爻中，陽是實，陰是虛，「實」代表中心的誠實，「虛」代表中心的謙虛。在上者應如陽爻之誠實，實質展現它愛護人民的誠意；在下者應如初六陰爻之虛心，撇除個人一切主觀的偏見，於是才可對在上者產生誠懇信實之心。因此「虛」是誠懇信實產生的來源；「實」是展現誠懇信實的關鍵。現在一虛一實，就將誠信的真義表現得深切無遺。《周易古經》文字精簡而義蘊深刻，令人佩服！

「盈」，充滿；「缶」是古代的陶器。在中國的新石器後期，人類已懂得用陶土造成陶器，考古發掘出土的陶器起碼有五、六千年的歷史。缶的形狀多是圓形，口小腹大。《比卦》下卦為坤，坤是泥土，泥土是製造缶的材料。坤在人身為腹部，腹部的作用是容納食物，陶器是古人用來容納食物或物件的器具，因此「缶」在這裏可象徵人體的腹部。九五是陽、主誠信，它與六二是正應，於是首先將它愛護親比萬民的誠意傳達給六二，由於六二和初六是親比的關係，再藉六二間接傳到初六。每個國家都有國內和國外的分別，國內是統治者權力直達的，國外則是他的權力間接才能達到的。現在說的不是小國家，而是象徵統一天下的萬國之君。他的影響力從權力中心一直傳到遠方，不單國內是他的權力所管轄，還進一步以他的仁政影響國外。因此初六在這裏是象徵中國以外的殊方異俗，它們有嚮往中國之心，受到中國文化德政的影響，心悅誠服來歸附，而不是因為被中國武力所征服而來親比。因此中國文化認為戰爭重義，國家重仁，仁義之道就通過《師》、《比》兩卦來表達，顯示統治者與被統治者的不同關係。最高級的統治者用仁，他只用仁政來感化人民；一般的統治者則用義，以法律嚴正管束人民。一是陽的做法，一是陰的做法，孤陰不是道，寡陽也不是道，一陰一陽之謂道，仁義並施，才是合理的政治之道。

「盈缶」，在上的君主九五好像外表其貌不揚的缶瓶，但裏面充滿了偉大崇高的親民仁愛之心。這種仁德之心不單國人受益，還會洋溢達至國外，令外國也甘心歸順中國，這才不愧為天下之王者。

「終來有他，吉。」

「他」，古代篆文寫作：

蛇頭

蛇尾

可見「他」就是古代的「蛇」字。古人大多穴居，而大地上長滿高與人齊的草叢，蛇往往藏身其中。穴居的古人除了面對人之外，最常見到的就是「他」（蛇），於是「他」成為第三者。古人見面時互相問候：「無它乎？」」意思是沒被蛇咬到罷？但春秋戰國之時，人類已忘記了蛇是可怕的東西，不再怕蛇，「它」字由經常遇到的第三者，變成了今天「你、我、他」中的「他」，已失去原來不好的含義了。

因此「他」字在遠古是含有貶義的辭，不是好事。「終來有他」如果按照字面解釋，原義是到了最後（「終」是結果），可能有意想不到的壞事，就好像被蛇咬。整句是說，最後可能出乎常理地不好。但卦辭接着說：「吉」，那就是儘管有不好，概括來說仍是好的。可能這就是原義。

「來」字在《周易古經》的專門術語中，爻從卦下面上升到上面叫「往」，從卦上面降下叫「來」。因此「來」字規範了「有孚盈缶」的「孚」必定是從上面降下，意指仁德從九五下降，令到初爻得到原本不應有的好處。這裏不採用「他」的原義，而是用了後世「他」等於「其他」的解釋，那整句的意思就更清楚了。

《象》曰：《比》之初六，「有他吉也。」

《小象傳》綜合說明初六爻辭之義為「有他吉也」，意指九五人君推廣親比及於殊方異俗，必有意想不到的吉祥。

詳細分析

初六的《小象傳》表面似乎沒有解釋或發揮爻辭的含義，其實不然。第一點，它說「比之初六」，文字和其他初爻的寫作體例不同，藉此強調《比卦》所說的親密互助的人際關係是一開始就應該具備的，所以在卦的初爻就指出這一點及實行這一點的好處。在講解《師卦》時，已特別強調了《周易》卦爻辭的初爻往往講述了整個卦中最需要注意的事物，這就是慎始。現在這個卦同樣強調它的關鍵精神也是在於最初，也是應慎始！因此，「親比」要一開始便須實行，不可遲疑落後。為甚麼？最上一爻上六是「比之无首，凶」，因為上六後比，遲遲都不去親比九五，所以是凶；而初六一早就去親比九五，所以是吉。通過最初最終兩爻的對比，說出了「比」須及早開始！但要注意，這「初」不是貿貿然的開始，在上面解釋《彖傳》時已說明「比」要通過「原筮」，即細心謹慎、一次又一次的分析考慮，然後才和人親比。所以這裏初六的親比，不是草率魯莽的做法，謹慎考慮的原則是「元永貞」。在上的君主要細心檢討自己是否具備「元永貞」的德性，而在下的萬國諸侯和人民要親比人君，就是要衡估人君有沒有「元永貞」之德，有「元永貞」之德才去歸附。因此所謂「先」，事前必須經過細心的考慮，才得出吉祥的後果。

另外，卦辭講到「有孚」，「孚」是誠懇信實。天地的規律一次又一次重演，春夏秋冬四季形成一個循環，有規律地重現，天地的重複不變叫做「誠」，因此天地的最高德性我們叫做「至誠」；人類的說話始終如一，受得起考驗，表示他所說的，在實踐中誠實重複，所以也是「誠」——誠實。天地至誠無息地運行，我們體會了天地的誠德，用於人道，這種德性就叫做「仁」。「仁」是人類思想行事的標準。「孚」，誠也。因此「誠」字較一般的誠懇信實高一級。要和人民親比，人君須具備仁德和誠信。孔子說：「自古皆有死，民無信不立」（《論語．顏淵》）。你對民眾沒有信用，民眾就對你所說的話、所做的事懷疑，即使你真心為人民做好事，人民也不信任你。

爻辭說「有他吉」，初爻只與四爻感應，不會和五爻感應，所以它用了「他」字，是指從意想不到被蛇所咬、引申為意想不到的事，所以出規而可相應，成為特例。它之得到吉，第一點是及早親比，第二點是具備誠信，以誠信感動誠信，因此它的出規，是以人力改變預定發生的事，所以出規是合理的。這個說法首先見於南宋林栗的著作《周易經傳集解》。

六二，比之自內，貞吉。

「六二，」

「六」指它是陰爻，「二」指由下往上數處身第二爻位。

「比之自內，」

「內」的正確意義是甚麼？很難說，漢朝的註解家認為是指內卦，另外六四爻辭「外比之」，「外」則是指外卦。兩千多年來的易學家都接受這個解釋。但今天的新派學者則不這樣解釋，例如張立文教授的《帛書周易注譯》把「內」解作國家內部，「外」指國家之外，便是一例，但亦有一定的道理。不過我們還是遵從兩千年來的解釋，解作內、外卦。「比之自內」的「之」字指九五。六二要與九五親比、輔助九五；「自」字有相從之義；「內」是內卦。六二本身從內卦向上親比、輔助九五。

「貞吉。」

能夠遵守正道才吉祥。

詳細分析

六二是下卦的中爻，因此是得中。六二爻位是陰，而爻的性質也是陰，陰爻在陰位是得正。一般得正都是好的，表示能發揮那陰爻或陽爻良好的德性。六二是既中且正，就發揮了陰爻最好的德性。其實陰和陽象徵了兩種不同的信息、力量、物質，或者兩種不同的德性。這兩種德性在宇宙天地萬物乃至人類都是具備的，但要環境、時間適當的配合，才會表現出好壞得失。如果環境對陰不利，陰的性質就會受到干擾、變壞；同樣，如果時間、機會不適當，陰同樣也不能發揮它美好的才幹或德性。因此我們可以將空間（環境）、時間（時機）簡化為六個不同的爻位來表述。當然人世間的事物太多，但如需一一認識就困難了。所以學習的人能據「易簡」的道理去認識複雜狀況，那才是學習之道。易學就是把世間表面繁複的事物簡化了，於是學習的時候「易簡」，應用的時候可根據自己的經驗和知識，將簡單事件作出非常準確深入的詳細解碼。今天的電腦其實也是用了這原理來認識了解事物的。

《象》曰：「比之自內」，不自失也。

《小象傳》說爻辭「比之自內」最重要是「不自失也」。推展其意，指臣民欲與君上親比，首先不要失去自己應遵守的合理做人方法（「自失」）。為甚麼？君主固然希望得到賢臣的輔助，而具備才華的平民亦希望得到君主的賞識，能夠在朝廷為國家做事。但要依據正道得到賞識任用，才心安理得；如不合乎正道，寧願隱居，也不能夠用不正當的方法來取得出仕的機會。例如歷史上的賢臣典範諸葛亮，寧願隱居隆中不仕，直至感於劉備的誠意，才出來為蜀漢効命，鞠躬盡瘁，完成一生的光輝事業。因此，第一點，六二和九五是正應，在整個卦中理所當然地互相感應，既然如此，何須用不正當的手段來謀取君主的賞識？第二點，只要守正道，待時而動，如出處是正的話，將來做事就可名正言順，人人都會聽從。假使你憑藉佞臣的推薦，或者自己用了不正當的手段，得到君主的任用，確是可更早出仕，可是出處有了瑕疵，以後要行正道，就難以服眾了。因此身為臣子，如懂得「比之自內，不自失也」的道理，將來一生都可問心無愧、頂天立地、堂堂正正地做人。因此不是故意慢吞吞，而是要等待時機。這裏講出「比」原則上是要「先」，但更高的原則是合理地等待。但在這個時候不是叫你無所事事，而是在此時更要好好地進德修業，等待時機。易卦六個爻位的時間和空間在天地人間根本是混合為一的。易卦六爻之中，二和五位是陰陽爻能夠發揮最高才華、德性的位置，無論陰或陽在二和五的位置都是好的。但如要最好，陰爻以二位為最好，陽爻以五位為最好。

《坤卦》的六二爻辭是「直方大，不習无不利」。「方」可以說是大地或坤陰所具備最關鍵的德性；「直」和「大」是上天或乾陽所具備的德性。「直、方、大」一方面說出了在這爻位，陰具備了最高、最偉大、本有的「方」的德性，又因為順從陽、追隨陽，完成陽未完成的工作，在這過程中也因而得到乾陽「直」和「大」的德性。因此是既有自己最偉大的德性，又能得到乾陽的德性，所以具備直、方、大三大德性。「不習无不利」，不需要後天人為勉強去學習，只要順從乾陽去做，自然就可得到，因此在任何環境條件之下，做任何事情都沒有不利的。

《乾卦》的九五爻辭是「飛龍在天，利見大人」。《乾卦》純陽，陽的性質是陽剛有為，最好的一爻是第五爻，因陽的德性在五位達到剛健、中正、純、粹、精，後世說人君須具備《乾卦》這種最高的德性才是理想的人君，所以用「九五至尊」來象徵人君，就是從這裏引申出來的。

陰和陽的德性在其他爻位則不能全部發展，受到不同的限制，就決定了它的才能、德性只可發展到某一程度。所以六二的爻辭說發展只要順乎乾陽的本性，盡情發揮，加上最適宜的環境，最適宜的時機，才幹和德性就會達到最好，因此是「不習无不利」。如果求好過甚，無所不用其極，那反而會碰壁。另外，一存了名利私心去做事，本來只是對人恭敬，結果變成諂媚；另一極端就是傲慢，也是違背了本性。所以要順乎本性，應做的就去做，不加不減就最好了。

正是六二行事只須順其本性發展，因此本卦的六二，只須注重內在本性合理的展現和比輔的原則，自然就吉。毋須急於着意追求親比九五，自然就能夠做到，親比九五。

易學說陰陽是兩種相反的物質或力量，相反的物質或力量往往有矛盾、爭鬥，但易學認為矛盾爭鬥是次要的，反而因為相反、矛盾甚至爭鬥，推動彼此繼續不停地向前發展。換言之，陰陽的相反性質是推動整個宇宙事物繼續運動發展的關鍵之所在，與西方因鬥爭而不能並存的想法不同。此外，陰陽的更高層次不是矛盾，是合一，「陰陽合一」就提升了陰陽原本的性質到達更高的層次，因此「陰陽合德」是宇宙繼續運動發展進步的關鍵之所在，也是人類做事之所以適當或成功的原因之所在。

明白了陰陽的特性，我們就明白《比卦》和《師卦》的特色。易學認為一個卦的卦爻如是一陰五陽或一陽五陰，陰必須求陽，陽必須求陰。在這種特殊的情況下，五陰爻就等同於一陰爻，是一陰爻和一陽爻的合德，因此這是陰陽的對待和陰陽的結合。唯一的陽爻象徵《乾》，而《乾卦》和《坤卦》的結合是從卦的下面開始。第一次結合是《復卦》，《復卦》一陽五陰，一陽在初爻，象徵人性的覺醒。第二次結合是《師卦》，《師卦》也是一陽五陰，一陽控制着五陰，五陰共事一陽，只不過陽在九二，是在臣子之位，故在軍隊裏象徵專權的元帥。第三次結合是《謙卦》，也是一陽五陰，陽在九三，在《周易古經》六十四卦中，六爻皆吉的只有《謙卦》（即使《乾卦》、《坤卦》兩卦都不是全吉），這是強調能夠謙虛則吉祥。第四次結合是《豫卦》，也是一陽五陰，陽在九四，爻辭是「由豫，大有得」，本來是說人類生活幸福之極，但結果太幸福了，反而驕奢淫逸，就好像今天文明國家的人民，舒服慣了，已不知發奮努力為何物，「豫」是安樂過甚，結果不妙。第五次結合是《比卦》，陽是在最好的第五爻位，因此是人君之象。這卦同樣是陰求陽，陽求陰，一陽要和五陰相合，五陰要順從一陽，因此「比」不是單方面的事，君主要親比人民，人民要擁護君主，是雙方面的親比。君主不可以崖岸自高、冷漠地對待百姓，卻要他們無條件地親附自己。最後一次結合變成《剝卦》，不過《剝卦》的一陽發展至極限，將會由好變壞，不是全吉而已，這或者是有些出規罷。

《復卦》

《師卦》

《謙卦》

《豫卦》

《比卦》

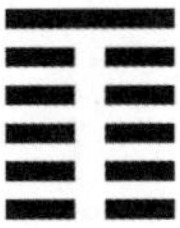
《剝卦》

（五陰一陽的卦共有六卦，以陽為主，因此《復卦》卦主是初九，《師卦》卦主是九二，《謙卦》卦主是九三，《豫卦》卦主是九四、《比卦》卦主是九五，《剝卦》卦主是上九）。

五四時代以後研究易學的學者認為古人最初想出來的《周易古經》規則一定是對的，不會有例外，所以不會出規，如果規律出規，一定是後人增加的規律，不是原有的。這想法其實違背了學術發展的規律。要是如此，牛頓的定律就不會出規了，何以故愛因斯坦能作出修正?任何一種學問最初產生時都以為考慮周密，萬無一失，但每被後人找出漏洞，所以無論原先規律如何周密，一定會出規。另外，文史哲科的規律，常受到各種變數的干擾，能有八九成準確已可成為規律，因此朱伯崑教授雖然是我佩服的易學家，但他認為凡是出規，這規律便非原來《周易古經》所有，這一點則是我無法贊同的。其實因各種變數而出規，如果細心檢察，有時是可發現其原因的，例如老師教導學生，是否每個學生都應訓勉他努力讀書？近代大學者劉師培自幼年開始，便日以繼夜，博覽群書，病重也手不釋卷，死時只有三十六歲，但《劉申叔先生遺書》七十四卷，所收著作本本都是精心之作。對於這類學生，父母或老師只應迫他去玩耍，不應叫他讀書，相反如是懶惰學生，老師才叫他不要外出玩耍，要好好留在家中讀書。對待兩個學生的處理方法截然不同，如果其中之一合規律，對另一人的做法是否出規呢？其實針對每個人的不同情況，就要有不同的做法。因此出不出規要從更高層次作出判斷。其實文史哲等科的學問不是科學，不應要求百分百是真理！即使是自然科學，也不一定是真理，所以才會被後人修正。所以文史哲學所說的規律，縱使偶有出規，也不應輕率地說這規律是不能成立的。

本卦的六二和九五一陰一陽，便是陰陽合德的一例，所以《象傳》說它「不自失也」。

六三，比之匪人。

「六三，」

「六」指它是陰爻，「三」指由下往上數處身第三爻位。

「比之匪人。」

「匪」，古代有很多版本都寫作「非」字，馬王堆帛書《周易》也是如此。「非人」即是不是人。在《周易古經》中，《否卦》亦有所謂「匪人」。但這裏的「匪人」指的是小人、普通人，而《否卦》的「匪人」是指歹人、非人道。整句之意是說親比小人。

六三想與六二相比，但六二是陰爻，和九五正應，所以它守本份，只和九五親比，不與六三親比；另外，六二、六三同是陰爻，相比有敵意；六三又想與六四相比，但六四接近九五，陰陽相應，自然選擇親比九五。何況。六四也是陰爻，所以六三和六二、六四兩爻都不能或不易相比。六三的應爻是上爻，而上六的爻辭是「比之无首，凶」。整個卦以上六為最差的一爻。而六三陰爻和上六陰爻是敵應，敵應即是不相應。縱使例外能相應，和它相應的上六是凶，因此是「比之匪人」。

《周易古經》的卦爻一般有個占辭（判斷詞），例如「吉凶悔吝」之類，讓占筮者知道占筮的結果，但這爻沒有判斷詞。古代版本中，這爻唯一有占辭的是三國曹魏王肅的版本，它有個「凶」字，至於馬王堆帛書《周易》也沒有「凶」字，因此原文應該是沒有「凶」字的。原因可能是文意已很清楚，可以推想而知不是吉祥，而可能是「凶、悔、吝」三種不好的情況之一。北宋張載提出「易為君子謀，不為小人謀」的命題，意指《易經》只為有道德的君子謀劃，不為奸邪小人謀劃。例如你占問打劫銀行好不好，《易經》一定不會回答你，它只會回答君子如何解決個人進德修業和國事等問題。張載這命題便成為學習《易經》一個關鍵性的說法。其實從最初開始，《周易古經》的性質便是如此，張載只不過將前人對《易經》的看法歸納成一句話。因此，上六是小人，不應比輔，六三應該用盡一切方法去親比九五人君才對，但他竟然不去親比九五，違背了做人的規律，那「凶悔吝」的結果不用多說而是必然的事了。

《象》曰：「比之匪人」，不亦傷乎！

《小象傳》說爻辭「比之匪人」，即比輔於行為不正當的小人，難道自己不會受到傷害嗎？

六四，外比之，貞吉。

「六四，」

「六」指它是陰爻，「四」指由下往上數處身第四爻位。

「外比之，」

「外」指外卦。四、五、上三爻組成外卦，所以四爻在外卦中。外卦也是由下向上發展的，《周易古經》說的「內外」除了內卦、外卦之義外，「內」亦象徵卦爻向下，「外」亦象徵卦爻向上。另外，「來」也是象徵卦爻向下，「往」也是象徵卦爻向上。所以「外」既指外卦，也有向上之義。前面講到「應」，六四和初六同是陰爻，因是敵應，所以不和初六親比感應，而據「比」的規律，向上和九五親比，因此是「外比之，貞吉」，在外卦向上和九五相比，假使能夠守持正道，才會得到吉祥的後果。

《象》曰：「外比於賢」，以從上也。

《小象傳》解釋爻辭「外比於賢」說它捨棄了親暱的同類，反而向外與賢德的九五相親。陽代表德，九五陽剛，既中且正，當然具備很高的道德，這就是「賢」或「賢德」的由來。

「以從上也。」

「以」是憑藉，憑藉親比賢德之君來順從在上者的措施。人類一定要順從君上，君上在今天其實等於國家的命令，遵守法令即是抑制個人的自由，使人不致放縱，妨害了他人。如果人人都能抑制一己過份的自由，社會上人人就能相安無事，安居樂業。「以從上也」，這外比是「從賢從上」，「從賢」固然是指九五，「從上」也是指九五，說出了親比的一個關鍵原則須從賢、從上。

為甚麼六二和六四這兩個陰爻在陰位已是得正，能夠發展陰的良好德性，何以仍說要守正？這是因為《周易古經》有更高層次的關注，那就是陰的性質容易變動。不過凡陰柔的變動都是一般人不易察覺的，只有深研易理的哲人才能見到，等到明顯可見時，其勢已然強盛，不可改變了。另外，易學說的從陰爻變向陽爻，從陽爻變向陰爻，時間的快慢，和那一爻在卦中的爻位、其他因素、尤其是卦時（事情的形勢和發展過程）、卦義很有關係。一個卦的時間可能是一萬年，亦可能是一小時，卦時決定了變化的快慢。這就是研讀《易經》最難於掌握的地方。哪個卦象徵卦時快呢？哪個卦象徵卦時慢呢？這一爻究竟受到甚麼因素推動而迅速發展？或者另一爻受了甚麼影響而延遲變化？於是時間也成為變數，即「時」也不是標準恆定的時，不能死板地看待，這是我們學習《易經》要達到更高層次應有的認識。因為陰性經常變動，雖然性質是靜，但怕它變得太急，因此提醒它要守着《比卦》的合理正道，這便是提醒六二和六四需要「貞」，才會「吉」的原因。更重要的是：人類在境遇壞的時候容易策勵自己進德修業，在幸福得意的時候品性反而容易變壞，因此在境遇不好的時候不一定須要提醒他，反而在他得意的時候一則要在消極方面提醒他小心可能會做錯甚麼事；二則更因為它現在是好，如果想長保不失，更要在積極方面提醒他通過人為努力，延緩變向相反性質的時間，所以要「貞」。「貞」是守持正固；守持正固才能定，定才能延緩變化。因此，能「貞」，才會得到吉祥。

九五，顯比；王用三驅，失前禽，邑人不誡，吉。

「九五，」

「九」指它是陽爻，「五」指由下往上數處身第五爻位。

「顯比；」

「顯」字右邊的「頁」字是人的頭部，左邊「㬎」根據《說文解字》是「頭明飾也」；由此引申為明、光明之意，再引申為正大的意思。

篆文「顯」字

處身於九五這爻位的人應發揮陽剛中正的德性。陽代表陽剛、光明，尤其是它既中且正，就更要發揮公平、正直、無私的德性，並將這些德性燭照天下。因此這一爻象徵人君親比萬國諸侯和萬民，表現得光明正直無私。不是親比一人，而是所有的人。因此人君不能親暱寵愛一兩個臣子，而是正直無私地唯才、唯賢是用，他對待所有民眾如一，有如太陽那樣無私地照臨大地，大人物固然被它照耀，就是乞丐也在冬天感受到它的溫暖。因此人君之親比，顯示出大公無私之愛。這種愛的背後，就是不愛（不顯示任何偏愛，所以表面似是不愛），這種不愛其實是最高層次的愛。因此，上天愛萬物，並不偏愛人類，否則就會對地球造成禍患，其他物種都會毀滅。再進一步是博愛，但不能期望所有物種同樣愛你。因此愛你的固然要關懷，甚至不愛你的也要關懷，不能因他不愛、不親比你而有所不同，應是來者歡迎，去者不惋惜、不強迫，才能代表這種大公無私之愛。所以下文它用了一個比喻來說明這道理。

「王用三驅，」

「用」是利用，「三驅」是三次驅逐。古代最重要的國事除了祭祀之外，就是戰爭。國家並不是在戰爭之時才訓練軍隊，而是經常都要訓練。訓練軍隊的最好方法是利用農耕閒暇之時，遵照最嚴格的軍事規律來教導農夫打獵，因此必須經常舉行田獵，一方面可以捕捉禽獸，減少牠們對人類的災害；另一方面則可以取得糧食和賴以製成器具的皮骨材料；更可以通過「寓兵於農」的政策，將平民百姓變成隨時可上戰場的士兵。因此田獵最關鍵的意義是訓練農夫成為士兵（周代士階層是兵眾的主要來源），第二是獵取禽獸，第三才是貴族的娛樂。

古代田獵是採用三面包圍的方法。王者從正面而入，左、右、前三面都受到包圍，王者三次開車進入的時候，驚動了禽獸，如果牠們面向王者跑出缺口之外，就讓牠們逃逸，不予殺戮，因此田獵一定不會出現射中禽獸前身部份的情況，只會出現禽獸因向三方逃跑、背部受創的情況；表示凡逆我，即向相反方向逃跑的都讓牠安全離去，而在其他三方自投羅網的才加以殺戮。這就是「三驅」背後的意義。今天的人一定不會做如此愚蠢的事。但如果沒有了這種愚蠢的仁心，人與人之間就會變得勾心鬥角、欠缺温情善意，沒有了慈悲惻隱之心，人類就會變得很可怕。所以這種傻事，在不怎樣損害利益的情況下，今天也應該去做的。

王在前面的時候，根據傳統「三驅」的形式，結果失去了逆你方向，即向你迎面跑來的禽獸（你不捕捉，即等於失去）。這是説親比我的人願者入網，抱着來者歡迎，去者不強迫的博大心胸，王者並非要用武力征服與我立場不同或利益不一致的國家，而是容許有反對我的國家和我共存。霸權主義不是中國人傳統的做法。古代中國國境之外有許多不歸附中國的國家，只要它不來侵略中國，中國也不理它，大家可以相安無事。順從中國者歡迎，不順從者自便，這就是「王者三驅，失前禽」之教。

「邑人不誡，吉。」

「邑人」指本國本邑的人；「誡」即警誡。君王的手下體會了他對禽獸的仁慈之心，明明見到禽獸，也不發聲，讓禽獸有機會逃去；「吉」，這是吉祥的。這裏是個比喻，說出王者的親比，就好像進行田獵，田獵等於征服萬國；凡是親比我的國家，我就接納它的歸附，但是反抗我的，只要它不侵略我，我也容許它的存在。這是偉大的親比之道。

《象》曰：「顯比之吉」，位正中也；舍逆取順，「失前禽也」；「邑人不誡」，上使中也。

「《象》曰：『顯比之吉』，位正中也；」

《小象傳》說爻辭中「顯比」的做法會得到吉祥的結果。為甚麼呢？原因這一爻處身於既中且正的位置。陽爻位於上卦之中，不只得中，而且得正，所以具備陽剛中正的德性。《師卦》是剛中，這個卦也是剛中，即是說在這爻位的事物或人把陽剛合理的德性和處事方法發揮盡致，自然成功吉利了。這裏已隱寓成功不是上天或神靈所賜，而是你在適當的時機做最適當的事，因此是吉祥的。相反，有些爻位限制了你，不能發展你的才幹，有些爻位甚至對你造成災害等，要視乎卦時和爻位對你的好壞影響而定。

「舍逆取順，」

「逆」指和你的田獵方向（行事趨向）相反，「順」指和你同一方向。這裏說放棄了方向相反的禽獸，選擇了同一方向往前跑的那些禽獸。

「失前禽也，」

因此失去迎面向你跑過來的禽獸。

「邑人不誡，」

「人」在古代是指貴族，如身份不是貴族，則用「民」字。「邑人」是指高低等級的貴族官吏，明明見到禽獸，也不向君主報告。

「上使中也。」

「使」是用，因為在上的君主用了陽剛中正、大公無私的態度，令到大小官吏都秉承他的心意繼續這種來者不拒、去者不追的親比之道。這爻之吉祥，也就不用多說了。

上六，比之无首，凶。

「上六，」

「上」指爻位最上，「六」指它是陰爻。

「比之无首，凶。」

想去親比，卻不領先居首，是凶象。

如從人身取象，初爻最低，象徵足，上爻最高，象徵首（頭）。如從陰陽屬性來說，《易經》認為陽是領導者，陰是追隨者，因此陽是陰之首。正因為陽是首，《乾卦》六陽爻應是六首，那豈不是領袖太多？因此《乾卦》九五雖是身為元首，但明白不要以自己為首，而要有謙抑之心，這是作為元首的最大德性，方能取得最大的成功。因此《乾卦》說出了「无首」是最大的吉祥。但是陰卻要以陽為首，所以《坤卦》卦辭說出了「先迷，後得主而有常」。如果坤陰自己作主，就會迷途，但如果追隨乾陽之後，得到乾陽作為首（主宰），就會大吉大利，因此乾無首，吉；坤無首，則凶。《比卦》本來五爻都應親比、順從九五，盡臣民服從國家、遵守法紀的義務，才是國家之福。現在上六位於九五人君之上，象徵它不肯降下身份服從九五。初、二、三、四以九五為親比的對象，就是陰有首；上六不親比九五，就是陰「无首」。它以為自己到了最高，陰發展到了極限會變陽，陽與陽相敵，於是不去親近九五，這就是「凶」的原因。

另外，《比卦》上卦是《坎卦》，《坎卦》卦德是險，四爻是剛入險，九五是處在危險中心，上六走到最危險之際，這時一就是脫離危險，一就是被危險毀滅。脫離危險不是柔弱、沒有才幹、昏暗的陰能做得到的，因此凡是《坎卦》要脫險，一定要陽剛有為，而且還要有應與相助；昏暗無能的陰則會被危險所吞噬，所以是「凶」。如果要求更嚴格一點，講到「乘剛乘柔」，它乘於尊貴的陽剛之上，象徵卑賤的小人處於地位高貴的人之上，是國家混亂之象，應該糾正，當然是不吉。這幾點，都說明了這爻在卦中是最差的一爻，所以出現了整個卦唯一的「凶」字的占（判斷）辭，說明情況的嚴重性。

《象》曰：「比之无首」，无所終也。

《小象傳》說爻辭「比之无首」將會「无所終也」，即沒有好結果。

「終」在商代甲骨文寫作：

甲骨文「冬」字，亦即「終」本字。

「終」即是冬天的「冬」字。冬天是一年的結束，由此引申變成事物的結束。本來冬天是悽慘的，但也有其優點。農事要到冬天才結束，外界環境雖是嚴寒，但對一般人來說，有了糧食收穫是幸福的，因此「終」字引申為有好的結果。一年辛苦，到了冬天有好的結束，就叫做「終」。故「終」字演變成有好的含義。

「无所終也」，即沒有好結果。因為乾陽代表開始，坤陰代表事情的結束。有了好的開始，才有好的結束。「无首」即是沒有陽為領袖，所以沒有開始，自然不會有結束，所以不好。這是隱寓的文義。另外有些註解家認為：「首」字與「先」字意義相通，「比之无首」是說親比沒有最先的開始，所以沒有好的結束，這個解釋也通。

總結

《比卦》一陽五陰，陰陽互相親比，《比卦》的卦義便從此義產生。但卦爻辭有一點很關鍵而未提到的是，為甚麼人要互相親比？

《周易．序卦傳》是解釋通行本易卦先後排列次序的一《傳》，最初的十二卦是「乾坤屯蒙需訟師，比小畜兮履泰否」，最先的《乾》、《坤》兩卦象徵天地初闢，天地定位之後，靜極而陽動，於是陰陽既相斥更相合。

陽第一次和陰相交，變成《屯卦》的下卦《震卦》，陽第二次和陰相交，變成《屯卦》的上卦《坎卦》，《震》、《坎》兩卦就組成《乾》、《坤》之後的第三卦《屯卦》。天地初闢之時，所有事物都在初生狀態，未上軌道，災難重重，因此《屯卦》象徵天地初闢時的各種艱辛危險阻塞情況。

第四卦《蒙卦》是坎下艮上，上卦《艮》是陰陽的第三次相交，《蒙卦》象徵了宇宙初開闢、植物剛生長、雜亂而沒有條理的情況。人類社會的開始，原始蒙昧到極點，因此要草木生長有序，人類能生存下去，最重要的是將人類的蒙昧解除，因此知識教育最為重要。所以接着《屯卦》的《蒙卦》就是講開啟蒙昧（知識教育）。《蒙卦》的下卦是《坎卦》，《坎》為險，人在原始階段，追求知識是困難之極的事情，但沒有知識又不能生存（跟後來人類有政府照顧不同），於是求取知識，接受教育很重要，因此需要啓蒙。但接受了教育，進入社會做事，受到環境的污染，好人也會變壞。所以教育令人變好，環境卻令人變壞。《蒙卦》的卦象是山下流出泉水。最初山下流出的泉水是清澈的，但泉水繼續流經其他地方，受到環境的影響，或能保持清澈，或會變得混濁，所以唐代偉大詩人杜甫所作的《佳人》一詩說：「在山泉水清，出山泉水濁」。其實杜甫這兩句的詩意也不是首創，戰國時代大詩人屈原任職三閭大夫的工作就是教育貴族子弟。當這些貴族子弟尚在學生階段，都很聽話，人人都是有前途的青年，怎知一做了官，都變了質，所以他在《離騷》痛心地寫下「何昔日之芳草兮，今直為此蕭艾也（當日的芳草變為野草）！」教育本身是偉大的，不過早年所受的教育雖然很好，但還需要日後的堅持，因此教育本身也是艱辛險阻重重。

啟蒙之後，人類知道如何做人做事。人類生活初步穩定後，就需求更多生活物質（《需》）。因此接着的第五卦《需卦》是乾下坎上，象徵追求物質。追求物質何嘗不是艱辛險阻重重？

有了衣食，大家就會爭奪衣食，於是產生了爭訟，所以第六卦《訟卦》接着《需卦》而來。《訟卦》的下卦也是《坎卦》，爭訟也是有危險的。

爭訟如不能和平解決，就會訴諸武力，因此緊接的《師卦》有軍隊之象。《師卦》是「行險而順」，它的下卦又是《坎卦》。

社會這種混亂現象是不可以繼續下去的，要建立一種合理制度，保護弱者不受強者的欺淩，於是有了封建或者君主統御群臣的制度，這就是親比（《比卦》）。但「親比」

何嘗容易？《比卦》同樣是有《坎》險。《比卦》表面上五陰都要與九五一陽相比，實則六爻中只有第二爻、第四爻真正與九五親比而已。想要得到人民的擁戴、群臣的協助，其實也不容易。因此《比卦》何嘗不是艱辛災難重重？

《乾》、《坤》兩卦之後，連續六卦都有《坎卦》處於上卦或下卦，六卦都因有《坎卦》而艱辛險阻重重，象徵天地初闢或人類原始時期不斷受着艱辛和各種災難，痛定思痛之餘，才知道人類需要建立國家、法制、做人的道德，然後人類才能從黑暗走到光明幸福的境地。闡明此義的是《師》、《比》兩卦。《師卦》是以武力征服，《比卦》是以文化統治。「馬上得天下，不能馬上治之」，因此以武力統一天下之後，要以文化來教育民眾，文治武功要並用。因此前此我們說《師卦》所重者為義，《比卦》所重者為仁，一仁一義，一文一武，互相協調，然後國家才能達至理想的治平。

在《比卦》之後，人類終於進步了，有了君主，建立了保民的制度，不用過着如禽獸般的生活，須時刻為着覓食而掙扎求存，開始有了積蓄和閒暇，便進入《小畜卦》的時代。有了積蓄後進一步，就要講求做人的道理，接着的《履卦》便是講禮法道德的，國家不能只用法律來統治人民，而是通過道德教育使人性覺醒，人類不能只靠外來的法律管束，而應發自內心道德的自我約束。因此有了好的物質基礎後，就應進行道德教育。從《乾》、《坤》到《履》共十卦，這十個卦共六十爻（每卦有六爻），剛好是陰爻三十、陽爻三十，象徵經過前此許多艱難險阻之後，人類社會終於步入了陰陽平衡的階段。陰陽平衡是天、地或人道最理想的狀態，因此接着的第十一個卦就是《泰卦》，它是乾下坤上，本身剛好是三陰三陽。《泰卦》是說人類經過無限那麼多災難後，終於享有幸福的生活。可見易卦卦序是據古人所了解的人類社會發展過程排列的，而這過程也符合今天所了解的人類社會發展過程。

回到正文，《師卦》繼之以《比卦》，原因是《師卦》代表人數眾多，當人數眾多、又人人平等，必會混亂、沒有秩序，為人群造成災難，因此需要形成國家，由在上者（古代是人君）統御官吏和萬民，然後人人才能得到法律的保護而安居樂業。這是統治者與眾多被統治者必須產生親比關係的關鍵，也就是《比卦》緊接《師卦》的由來。而其背後的原因則是由於人心的不安寧。人如不能有安定的生活，就隨時會有災難降臨，在街上行走可能被人綁架，坐在家中也許會被人縱火，強者欺凌弱者，人人都不能安居樂業。因此《比卦》的上卦《坎卦》本是象徵水之流動不休，通過水之流動不休得出它的屬性為勞。又因北方水流湍急，故坎水象徵災難，因此《坎卦》有勞及險之象。所以無論是《師卦》或《比卦》，本身都是「行險而順」；一方面是《坤卦》的順，另方面則是《坎卦》的險。表面上這一句只見於《師卦》，事實上《比卦》何嘗不是行險而順呢？因此《比卦》同樣象徵辛勞災難，不過這辛勞災難是隱而不發，變成了人人都有的心中憂慮，在下的民眾的憂慮需要在上君主的合理統治，獲得安居樂業後而解除；在上的君主身處《坎》險之中，何嘗不是在憂慮之中？因此他也需要臣子的協助、萬民的擁戴，然後君主的權力才能穩固。因此無論民眾或者君主在背後都基於這份憂患意識而要求互相親比。所以《比卦》有兩層意思：第一是緊密地互相親近；第二更為重要，是互相協助，在上的君主幫助人民達到安居樂業，在下的臣民協助君主共同完成國家管理萬民的工作，因此這二者是《比卦》要做的重要事情。要達成互相親比、互相協助的條件，在上的君主責任更重，他須具備「元永貞」的德性。但要具備「元永貞」的德性並不簡單。

凡一陽五陰的卦，這一陽爻便秉承了《乾卦》的德性。尤其《比卦》的唯一陽爻是在第五位，而《乾卦》發展至九五，乾天的德性最為純正，《比卦》的九五就具備了《乾卦》九五的德性。乾天的德性是「元」，「元」的作用是激發天地萬物的初生，乃至生生不息。當「元」的德性變成人君須仿效的德性時，就是「仁德」，即關懷、愛護萬民，並且推廣兼及萬物。另外，《比卦》的下卦是《坤卦》，《坤卦》用六爻辭說：「用六，利永貞」。因此《比卦》的下卦《坤卦》也須「利永貞」。上卦的九五是《乾卦》的「元」，下卦的《坤卦》是「永貞」，合起來是「乾坤合德」或「陰陽合德」，人君就是以它提升做事做人到更高的境界。當說到「元永貞」時，暗中已包含了中間的「亨」和「利」，實際已具備「元亨利貞」四德。乾以「元」生萬物，坤則是以「貞」完成萬物，中間就是整個卦在暗中推動發展的「亨」和「利」的過程。天地是這樣，人君也應該是這樣。因此要實行「元永貞」，一定要有第五爻既中且正具備乾陽陽剛的德性才能完成。坤陰之運行不休就是「永」，而順從陽永遠在糾正自己不合理的措施作為，使做任何事情都達到正道最合理的標準，就是「永貞」。人君本身要具備乾坤合德，才有資格要求別人親近自己、輔助自己。

同理，這個卦是要在上者親比在下者、在下者親比在上者。解釋卦辭的《彖傳》着重說明在下的五陰要親比在上的九五；而發揮上下兩卦結合成更高意義的《大象傳》則說明君主建立萬國之後，要親近在下的諸侯和萬民。《彖傳》是說下親上；《大象傳》

則是說上親下。而在整個卦中，初、二、三、四甚至上爻這五個陰爻，都是說在下者如何親近在上者九五的方法和好壞得失。而到了九五這一爻，就說明身為九五的人君如何親近在下的人。同樣通過卦中五陰一陽的組合，五陰爻是下順從上，一陽爻則是上親比下，整個卦很周密地說出上下親比的一個雙方相互協作的過程。如果再推展發揮，能夠達成上下親比的關鍵是「元」，「元」其實就是天的德性。「元」在《周易．繫辭傳》或《中庸》中叫「誠」、至誠無息的誠。因此《比卦》卦爻辭，特別着重「孚」義。「孚」是信，即是誠。「有孚」與否決定了是否親比的關鍵。「元」是整個卦的中心，誠信是它表現於外的德性。在人君就叫做「仁」，低一個層次就叫做「誠信」。

初爻講出了親比須先有誠信，而在上的九五爻也須具有誠信，結果本不能相比的殊方異俗的人都能夠親比。它說出了中國傳統思想中一個重要原則，「故遠人不服」（假使遠方國家不服中國），不是以武力征服它，而是「則修文德以來之」（《論語．季氏》），文德就是仁義禮樂的政教，「來」是招徠。這不是強迫，而是使他們心悅誠服而來。這不是以武功威嚇，如是霸權主義才會重武威。中國只講「文」、即文化，用高級合理的文化影響他國。中國到今都是希望以文化招徠外族，那麼自己本身就須要先修德，如果自己亂來，哪有人會服從你！正是因為先進的文化、國家合理的政治、人民幸福的生活、對全人類的關懷，感動了其他各國，所以才以歸附中國為榮。這就是中國古代立國精神之所在；而這種精神在《師卦》和《比卦》暗中反映了。因此我們今天還是要維持這份「愚蠢」的精神和作為才是。

注意：當你用武力征服別人時，天道循環，結果人家也會征服你。例如羅馬帝國一下子征服了所有國家，但一下子又倒下了。西方自從航海運動之後，霸權國家西班牙、葡萄牙、荷蘭、英國、法國、德國先後相繼成為霸主，征服了世界。但曾幾何時，又一個個地倒下了，只有「愚蠢」的中國從來不想征服人，雖然也被外族征服過、屈辱過，但由於文化深厚，結果反用文化同化了入侵的外族，使他們也成為中華民族的一分子！中國文化和人種都沒有因此改變或消失，這樣便維持了五千年，成為地球上唯一尚存傳統文明的古國！做「傻子」是否值得？霸權是否真的那麼可靠？中國傳統文化的精義，值得我們從歷史長河中去分析研究：究竟維繫國家長治久安的關鍵是甚麼？

明白了「誠信」是造成上下親比的關鍵之後，還要考慮到親比不是貿貿然便可以去做的。「比」要求永貞，大家要親比，不是一朝數夕的事，而是長久的，感情隨着歲月增長而更趨深厚，因此要「永貞」。「貞」是守正道。如是酒肉朋友，只講聲色犬馬，那友誼就難以長久了。故必須要守正道。君主固然要「元永貞」，在下者對君主也應如此，引申到平常人相處，也先要考慮這一點，然後才盡快和人結交。在此之前，要細心考慮，考慮過了，就不要慢吞吞，盡快去做。初爻就講出了「比」要快、要先，要有誠信。如你希望別人有誠信，自己先要對人有誠信，人家才會親比你，以更大的誠信回報你，於是彼此的誠信互相交感。這種交感會慢慢昇華。因此初爻出現兩次「有孚」。為甚麼爻辭本來用字簡約卻在此重複？須知這種重複是強調！「有孚」其一是指初六，另一是指九五，雙方互具誠信，都是「有孚」。

明白了這個關鍵後，下面就簡單了。六爻其實說出了在不同的時間、環境和身份地位的人如何與人親比，尤其通過實例說明如何親比才是合理或不合理，我們可從卦中體會到與人親比的方法要合適，才能得到親比的好處，自然就會吉利。這不是上天或神靈所賜予的，而是後天人為配合環境、時機努力達成的後果。因此依着這做法，已知道未來好壞的結果，因此你的作為就變成了依據做人的道理預測未來，你的作為是因，有這樣的因，就有這樣的果。因此《周易古經》就從占筮變成指導人通過適當的努力可獲得好結果的人生寶典，可見這本用於占筮的書籍，已蘊含着人力可以改變命運、改變吉凶的人生哲理。所以讀《周易古經》必須細心逐字研讀。例如「有他吉」三個字，就是用了最簡約的方式去表達深刻意義的一例。

在六爻中，初六一爻指出了如具備誠信，一早就肯去與人親比的話，原本沒有可能親比的對象都能親比，而且這種親比的結果較之本來可以親比的更好。因此在親比的五爻中，這一爻不單有個「吉」字，做得好的話，本來不可能親比的也會成為最親比的一爻。「有他吉」就很斬釘截鐵地說出背後豐富的意思。

二和五這兩爻是理所當然地可以親比，所以在這情況下，就不用急，應先進德修業，守持正道，靜以待時，自然能得到最穩固的親比，如古代之伊尹和三國時代的諸葛亮，這些歷史上偉大的賢臣，就是實行六二這種「比」，以進德修業為先，等候適當時機才出仕去協助君主，令到國家達到最理想的政治狀態。

六四是另一種情況，我們也可以引申六二「自內」的意思。在它受到君主的眷顧任用時，還會「自內」帶同初六一起向上到朝廷協助君主辦事。因此六二就是《坤卦》的「得朋」，得到同類朋友共同協助乾陽去完成乾陽交付的工作。六四本應與初六相比，因為同類相親，但它捨棄了同類的初六，與九五相親。這裏說出了另一種臣子協助君主的方法。臣子協助君主一定要大公無私，不能任用與自己有關係的人，而應任用與自己無關係的賢才，共同匡助國家，這叫做「喪朋」。六二「得朋」固然是利，六四「喪朋」同樣是利。用了這種大公無私的心態無論引進同類，或不任用私人，都是身為臣子所應有的胸襟和原則。它就通過六二和六四這兩爻交代了兩種不同的原則。兩個方法用得對都是好，用得不對都是錯。因此，「內」與「外」又產生更豐富意義，「內」是任用與自己有關的人，「外」是撇開和自己有關的人，任用民間有才能之士。

六三本來也想親比九五的。可惜它懷有異心，更親近上六。因為和它貼近的六二和六四同是陰爻，再加上二和四都去親比九五，而不親比它，因此它被逼要親近和它敵應的上六；而上六是個傲慢、無德、不肯親近九五的人。所以親近它就麻煩了。留意爻辭的文字很有分寸，六三的爻辭是「比之匪人」，王肅的版本有個「凶」字，可能是多餘的。其他各種古本、包括今天見到的馬王堆帛書《周易》都沒有「凶」字，可證。沒有「凶」的判斷辭是因為六三「比之匪人」，不能算是大錯，雖然有凶、悔、吝的可能性，但還要看它未來的發展，說明了結果不是神靈預定，而是六三自己以後如何作為才可以確定。如判斷為凶的話，人類很多時候就會自暴自棄，結果本來不致凶的亦變成凶了。所以《周易古經》要到了很嚴重的地步才判斷是「凶」。這是作者的一番苦心，讓占問的人對將來存有希望，鼓勵人努力進德修業，就可化禍為福。

到了九五這一爻，詳細說出人君「顯比」天下之道，是大公至正，光明無私，以田獵時對禽獸的仁心表現作為比喻，表現來者歡迎、去者不強留的態度。在這比喻背後說出仁者心胸之闊大，他以天下為心，不以個人為慮，人不知而不慍，對天下萬物一視同仁，對親比他或不親比他、甚至如「後夫」那樣反抗他的人都同等看待，他具備了「比」的美德「元永貞」，「修文德以來之」，用這種態度來完成他身為君主的責任。

這個卦不到兩百字，但已將作為人君、臣子、國民的關鍵精神都說明了。

【第三講】泰卦

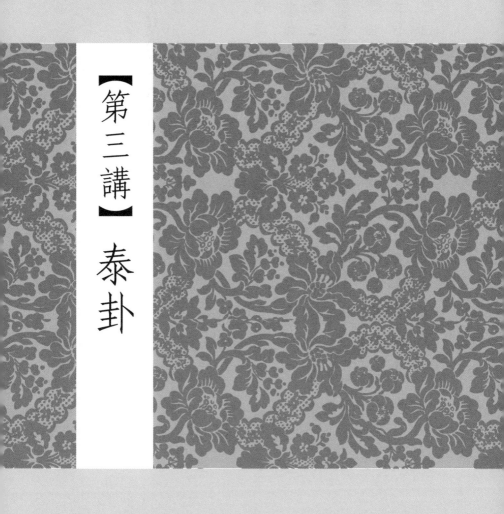

䷊（乾下坤上）

《泰》：小往大來，吉，亨。

《彖》曰：「《泰》，小往大來，吉，亨」，則是天地交而萬物通也，上下交而其志同也。內陽而外陰，內健而外順，內君子而外小人；君子道長，小人道消也。

《象》曰：天地交，《泰》；后以財成天地之道，輔相天地之宜，以左右民。

初九，拔茅茹，以其彙；征吉。

《象》曰：「拔茅征吉」，志在外也。

九二，包荒，用馮河，不遐遺，朋亡。得尚于中行。

《象》曰：「包荒」、「得尚于中行」，以光大也。

九三，无平不陂，无往不復；艱貞无咎。勿恤其孚，于食有福。

《象》曰：「无往不復」，天地際也。

六四，翩翩，不富，以其鄰，不戒以孚。

《象》曰：「翩翩不富」，皆失實也；「不戒以孚」，中心願也。

六五，帝乙歸妹，以祉元吉。

《象》曰：「以祉元吉」，中以行願也。

上六，城復于隍；勿用師。自邑告命，貞吝。

《象》曰：「城復于隍」，其命亂也。

卦名闡釋

我在講述《比卦》時，特別提到，今天易卦的排列次序是古人基於他對天地和人類社會發展的推想或認識，巧妙地把六十四卦組織為人類社會的發展過程，並藉此指出人類應付外界事物最適當的方法。為首的《乾》、《坤》兩卦象徵天地開闢，之後萬物和人類開始發展，接着的《屯卦》到《比卦》這六個卦，不是上卦就是下卦，都有經卦《坎卦》。《坎卦》象徵危險和阻礙，所以《屯卦》是說天地相交、萬物初生的艱難；接着蒙昧的初民需要啓蒙（《蒙》）；然後人類需要飲食之養（《需》）；由需而產生爭執，於是要以訴訟（《訟卦》）來平定這些爭執。當訴訟解決不了，則發生戰爭（《師》）；戰爭除了解決訴訟外、還有保衛人類繼續生存的作用。進行戰爭則需要聚眾（《比》）；將聚眾的意義提升，則國家社會必須有合理的管治；能聚眾則能聚集物質，享有更為豐富的生活資源（《小畜》），於是可以發展文明和精神生活；但其中最重要的是分辨上下之位和確定人民合理作為的《履卦》，《履卦》其實是講禮制的建立。由《乾卦》一直到《履卦》，一共有十個卦，十數是象徵一個階段的完成。《泰卦》是第十一個卦，是另一階段的開始。上一階段艱苦的發展，最後終於有了維持生活的物質，並發展了文化教育，尤其是建立了人類道德的規範，人類才可進入《泰卦》時期。

這個進程說出了任何事物如想到達幸福快樂的境地，先要經過艱難險阻，自個人以至國家都是這樣。但災難只不過是其中一個條件；另一更重要的條件是能夠建立人生的理想和人類道德的規範。《履卦》固然是說禮制，甚至是說文化，但更重要的是說人類道德的確立，有好的道德才是人類進步成功的關鍵。

我們或可約略檢視中國歷史，看看甚麼是「泰世」。傳說中唐虞堯舜的時代可能是。

此外，周朝到了「成康」的時代，由於周公所創的禮制和文化行之有效，「成康之治」勉強可說是「泰世」。但過此之後，中國至今仍未出現理想的《泰》世。漢朝「文景之治」使人民生活富足，但由於當時只崇尚道家的哲學思想，而道家認為發展人性是不合理的，人性只需順從天性已經足夠，因此對人的道德和文化的發展只做了很少功夫，所以「文景之治」勉強可稱為「小泰」。到了魏晉南北朝，禮法混亂，很難說是「泰世」。唐朝的建立，經過了「師」和「比」的階段，國家積聚了大量財富，但唐朝對禮制疏忽，宮闈對禮法不講究，不單造成女禍，更產生了不少問題。由於缺乏了禮，即使唐太宗的「貞觀之治」，也只可勉強稱為「小泰」。宋朝受到外族的威脅，每歲向遼金捐納大量金錢財帛以換取和平，在歷朝中，國力最弱，但由於不用打仗，結果國內的經濟文化得以蓬勃發展，因此在禮制方面較唐朝做得更好，壞在受外族壓迫，故亦不能稱為「泰世」，只能稱為「小泰」。元明清三朝則更難說是「泰世」。

現今中國已過了「師」和「比」的階段，甚至到達「小畜」了，如此時更能做到《履卦》的要求，可能歷史將會全部改寫，堯舜時代的「泰世」，可能就在今天出現。今天中國最大問題等同唐朝禮制的敗壞。我說的禮制主要是講人類的道德、人生價值觀的確立，是做人的實踐工夫，不是講述哲學。如能恢復中國傳統中禮義的標準的話，那我們此生、或在下一代，就能見到《泰卦》真正展現於中國。因此今天中國人的當前急務，是人人有責任恢復「禮」，亦即在個人和整體人類理想道德方面做功夫，等到人人都付出一些努力和實踐之後，微小水滴的滙聚就可成為巨大的江河，就能眞正影響整個國家，於是地球就有可能出現一個偉大的國家，達到《泰卦》的盛世。我們要多想想，也應為此努力！

《泰卦》所講述的義蘊在古代的註家中有分歧。今人如以原義來解説《泰卦》的話，分歧就更大了。近現代以原義解釋易卦的學者首推高亨教授。他的《周易古經今注》和《周易大傳今注》可説是比較合理地運用想像來解釋《周易》原義的著作。另一位學者是李鏡池教授，他的《周易通義》是從另一個角度去説明《周易》的古義，也有相當的影響力。但如根據稍後的宋祚胤教授所著的《周易注釋及考辨》，作者對這兩家的説法同意的少，反對的多，意見很是不同。後來張立文教授的《帛書周易注譯》，所採取的方法一方面是根據傳統，一方面又根據新的説法，介乎新舊兩者之間，又有不同的結論。在許多説法之中，其中最新奇的就是鄧球柏的《帛書周易校釋》。他的説法遠離了我們思維的常軌，所講的《周易》卦爻原義可說是完全超出我們的推想，非常新穎，但是否可取則不敢說。

在講述《泰卦》時，這幾本講原義的書分歧很大。由此可知今天研究《周易》原義並未成熟，反映學者未能以真正嚴謹的學術或科學研究方法來探討原義。另外，用他們探討到的原義來衡估《周易古經》的價值，也許會發現它並沒有甚麼了不起，我們實在不應浪費時間辛苦地學習它，更重要的是，只取信於這些原義，那就完全蔑視了學問的進步，更篾視了《易經》之學是經過二千多年來無數聰明才智之士的逐步改善擴充，變成中國了解宇宙規律和用作人生寶典這一偉大作用。因此看了他們對《泰卦》所作出的原義解釋，我們反而可以得出相反的結論。或者可以說，原義可由這群學者當作猜謎遊戲去追尋好了，真正關心中國文化、一心為了弘揚中國文化而學習《易經》的廣大讀者似乎不需要關心這些原義。所以我只是根據傳統二千多年來眾多研究的學者所發展出來的《易經》意義來講解，偶爾才會提到原義的說法。

首先請看《泰卦》的卦象。要了解《泰卦》，先要明白最初天和地的意義。在古人心中，總是認為天在上、地在下，因此當我們用卦爻來表達時，總是《乾卦》在上，《坤卦》在下，代表這是天地的定位。所謂「定位」，是說確定了天在上、地在下的位置，《繫辭上傳．第一章》文章一開始：「天尊地卑，乾坤定矣。卑高以陳，貴賤位矣」，就是說明這一點。任何事物有了定位，就會出現對立的情況，可能最初大家都沒有任何感應，但易學認為天地的萬事萬物都是互相感應的，只不過感應有強有弱，有遲有早而已，隨着時間的發展，即使沒有感應的事物，也會互相影響。因此最初天地定位，可能彼此漠不相關，隨着時間的發展，總會產生相互感應的作用，形成互相來往、互相推動彼此的變化。因此有了天地，就有天地交通的規律的產生。有了天地交通規律的產生，這規律自然就會內在推動天地交合、變化等。因此易學不是講一個死寂的宇宙，而講的是一個活潑潑、永恆在變化之中的宇宙。所以當它講到天地原理，一定講到天地定位是天地之體，而天地交合是天地的作用。易學的關鍵不是講體，而是講用。「即用以見體」，這是易學的精蘊。

在古人心目中，從來不會認為天在下面、地在上面，但為了要用易學卦爻來表達各種道理，那就需要「假象以見義」，意思是為了說明義理，便要運用比喻。首先，「假」是指真假的假，即是本來不存在的；而它的另一意義是利用、借給；「象」是抽象的符號。「假象以見義」是指假借存在或不存在的象來表達作者要表達的義理。因此在《周易古經》六十四卦中，其實有很多個卦象在現實世界中都找不到，卻被用來表述抽象的義理。古人為了要講天地交通變化這種作用．只好製造一個天下地上、現實世界所無的象出來。這個象說出了天地之所以有變化，就是由於天氣降到地上和地氣混合。本來在上的天和在下的地形體上是無法結合的；但天地之氣卻可以交合，交合的原則就是天氣下降，和地氣混合；地氣升到天上，和天氣混合。通過天地兩氣的升降，天地就能交會結合，產生變化。這個假象可用來說明《泰卦》就是天氣下降、地氣上升所產生的結果。

甚麼是「泰」？首先「泰」和「大」在古代是同一個字，泰者，大也。要了解「泰」字的意義，最好用和它相反相成的另一個卦即《否卦》來推測、比較。《否卦》是講天地兩氣不相交通，最後導致天地死寂，萬物不能相通。因此《否卦》的卦義就是阻塞不通。和《泰卦》相反的《否卦》意義如是不通，《泰卦》就應有交通的意義。如果《泰卦》有大的意義的話，《否卦》就應有小的意義。於是通過互相對比就可補充彼此意義的不足。

古人、尤其是易學，最喜歡以「比對」的方式來補充彼此不足的意義，後世修辭學上叫「互文見義」。例如卦爻的最下一爻叫「初」，最上一爻叫「上」，「初」是指時間，

「上」是指空間，互文見義，則每一爻都包含了時間和空間在內了。明白了這點，或者就可明白《泰卦》和《否卦》也可以互文見義了。

甚麼是「大」？它的意義很難解釋，只能說是廣大、眾多，「廣」和「多」背後都蘊含「好」的意義。「小」則相反。可能這是由古到今人類同有的一種想法。為甚麼叫「大」？可能就是由於這個卦象徵天地之氣交通，象徵萬物的生長從體積微小變為壯大，數量從少變多，兩者都有大的意義，因此是個極好的象。相反物件萎縮，量從多變少，當然是因為天地不交合，萬物就不能產生，或萎謝後不再生長，於是就由大變小，由多變少，由好變壞了。可能這就是《泰卦》「大」義的來源。

但《十翼．序卦傳》把「泰」解為通，引申《大象傳》解釋泰的文意，亦有通義，這是有道理的，因為它說出了所以「大」的原因就是通。凡是「大」，並不只是表面盛大，而是有更高的哲學涵義，而最關鍵的涵義是天地兩氣的交通，因此就將「泰」解作通，結果兩千年來都接受這個解釋。《泰卦》的意義就是通、暢通，是兩氣或兩物的互相混合交通。

《泰》：小往大來，吉，亨。

「《泰》：」

泰指《泰卦》，卦的意義是通泰。

「小往大來，」

「小」和「大」在這裏的真正意義是甚麼？同樣是難以確定。只不過從這卦的「小往大來」和《否卦》的「大往小來」推論，它們所講的「大小」，除了大小一般意義之外，可能還有特定的意義。當然我們首先須肯定卦的爻畫、卦名和整個卦的意義是密切相關的，如果跟隨高亨教授等的新派見解，認為卦的爻畫、卦名和卦義是沒有關係的話，那就無法說下去了。只不過人類做任何事情都想到有沒有意義的問題，這是人類常有的心理狀態。越是上古的人，就越注重事情的意義，可能今天的人做事不講意義，因此才推測古人不注重意義而已。如果古人是注重意義的話，那麼卦的爻畫、卦名和卦蘊含的意義應有一定的相關性。另外，用上了我們今天對卦爻辭的了解，卦爻、卦名和卦義息息相關的卦佔了大多數，只有極少數無關，無關可能是古人的疏忽，也可能是我們不明白古人要表達的意義而已，我們不能用少數的例外來否定多數的事實。

要注意人文科學不是自然科學，人文科學的學問有七、八成對的已是真理，容許有例外，只有十九、二十世紀的自然科學才不容許有例外。因此我們仍然相信古人的講法是有道理的。

首先，《泰卦》和《否卦》的爻畫恰好是顛倒的，那我們很容易就推想到：第一點，會不會《乾卦》叫「大」？《坤卦》叫「小」？第二點，會不會凡剛爻叫「大」？柔爻叫「小」？「大往小來」這一句，古今易學家都認為「往」是從內卦走到外卦去；而「來」則是由外卦走到內卦來。「小往」是指本來坤陰大地在內卦，現在就從內卦升到外卦去；「大來」則是原來乾天在上，現在從外卦降到內卦來。因此我們可以據此推論周初已有了陽大陰小的觀念。父系社會的確立是從周朝開始的，在此之前，從舊石器時代到新石器時代都是以母系社會為主，女性的地位較男性為高，而周朝父系社會的確立是以嫡長子繼承家業，因此陽尊陰卑、陽大陰小這些觀念周初肯定已有，反映在《周易古經》上，大叫做「陽」，小叫做「陰」是合理的。而《乾卦》是陽的最大代表，《坤卦》是陰的最大代表，因此乾大坤小、陽大陰小。「小往大來」。這裏用「往來」。是乾天陽氣先下「來」，和坤地陰氣交會；坤地陰氣上「往」，和乾天陽氣交會。

「吉，」

「吉，」是吉祥、吉利。當它只是說這卦是吉，即吉並不附帶任何條件。所謂條件，例如「貞吉」，就是說要守正道才會吉祥；又或者說要聰明或努力才是吉，那就叫做有條件。當它沒有任何文字在前面，只有「吉」字，那就是說它不附帶條件，所有事物都是吉祥的。

「亨。」

亨是暢通。《易經》特別注重事物的繼續發展，從天道來說，凡能發展的都是好的。當事物發展到最後停頓不前就叫做「窮」，這「窮」不是指金錢的匱乏，而是指走到窮途末路的窮，不能再走下去了，那就是最差的。當事物發展到停頓，再沒有前路可行的時候，一定要作出改變。從原本行不通的路，改走第二條路，就可行得通、可繼續行走下去。《繫辭下傳．第二章》將這最關鍵的易學理論概括為「易窮則變，變則通，通則久」。通了之後持續變化發展下去，就能長久。須知《易經》是贊成變動，反對靜止不變的。因此「亨」字就是說暢通。因為通才能持續發展。現代西方的說法就是「可持續發展」。

《彖》曰：「泰，小往大來，吉，亨」。則是天地交而萬物通也；上下交而其志同也；內陽而外陰，內健而外順；內君子而外小人，君子道長，小人道消也。

「彖曰：『泰，小往大來，吉，亨。』則是天地交而萬物通也；上下交而其志同也；」

《彖傳》解釋卦辭「泰，小往大來，吉，亨」，說《泰卦》是坤地往上，乾天來下，天地以陰陽兩氣交合，結果產生了「天地絪緼，萬物化醇」（《繫辭下傳．第五章》）的景象。天地相交，激發了萬物逐漸混合變化，於是萬物生長，在生長過程中的變化就是生的暢通。萬物有了生命，而且是暢通地順着生命規律的發展而長大，變得繁多。

「上」本是指上面的《乾卦》是天或是陽，「下」本是指下面的《坤卦》是地或是陰。本來在上的天和在下的地不能相交，但因大家有了相同的理想而能夠相交。這句和上句是用了對比的文字來互補彼此不足的意義。上句「天地交而萬物通也」，指真正的天地交泰，指天道之泰；再由天道而及人道，就是下句「上下交而其志同也」，君臣的名份是不能混亂的，好比天地的位置不能變動，人間君臣的尊卑也是定位的。但天地可以通過氣來交會，變成了天地之亨、天地之泰，而人間在上的君主和在下的臣民通過以心感動對方的心，心與心相互了解，明白彼此都是為了國家的正當合理秩序共同做一件事，就是人道之泰、國家之泰、或朝廷之泰。其實人類有個共同的目的，就是要生存，和生存得幸福快樂，大家都是為了這個目的而努力，人君的責任是領導所有人一起去完成它。「志」就是理想，大家精誠團結，為此而共同努力。

「內陽而外陰，」

這是直接用了卦體來解釋：下卦為內，它的卦體是純陽《乾卦》，上卦為外，它的卦體是純陰《坤卦》，因此它說《泰卦》的內卦是陽，外卦是陰。

「內健而外順，」

這是從卦德來解釋：《乾卦》的性質是健；《坤卦》的性質是順。因此它說內卦反映《乾卦》剛健有為、崇高的德性；外卦反映《坤卦》順從陽、完成陽生長萬物、變化萬物的偉大作用。因此這卦是說乾和坤共同合力來完成乾生長萬物的意圖和《坤卦》繼承《乾卦》這個意圖而令到萬物在天地人間展現出來。

「內陽而外陰」對陰陽德性不見得有褒貶之意；甚至「內健而外順」也沒有作出褒貶，它們只說出了要彼此協調，才能完成生成萬物的作用。在這裏我們可以知道《易經》雖是崇陽，也不絕對否定陰的作用。其實《易經》還有幾個卦說陽過了會有災害，當然《易經》講得更多的是陰過了變成邪惡，成了災害；關鍵就是陽必須求陰，陰必須求陽，陽而有陰，就能用剛而以柔濟之。濟即是增強它的好處，削弱它的壞處，這就是陰陽合一的好處。因此當陰扶助陽，陽就可發揮更高的功能，而陰就是最了不起的陰，所以陰而從陽，才能成就偉大的陰；但假如陰沒有陽，就會變成邪惡。現在這裏陰陽互相結合、協調，不是互相消滅，因此產生最神奇、偉大的產生萬物的作用和一切幸福的結果。所以陰和陽不要看得那麼死，陰也好，陽也好，都是好的，只是孤陽寡陰時就都會變成壞而已。

「內君子而外小人，」

易學以陽為君子，陰為小人（一般庶民），現在下卦或內卦是陽爻，象徵着內裏是君子；上卦或外卦是陰爻，象徵在外的是小人。由卦辭「內君子外小人」引申，變成了國家、朝廷的層次，「內」是朝廷之內，「外」是朝廷之外。所謂「內君子」，指掌握政權和負責執行各種政治職權的高低級貴族官吏是君子，「外小人」，指在朝廷之外的都是小人。

這句話我們要注意，因為在西周、甚至到了春秋時代，「君子」意指君主的兒子，因此君子就是指等級高低不一的貴族，與道德好壞沒有絕對關係。只不過古代的貴族都接受了比較良好的教育，而他的責任是處理整個家族的事務。要把事務處理得好，他須具備責任感和才能，故好人多而壞人少。所以「君子」背後略有道德意義。小人原本指庶民，不是貴族。因此所謂「君子小人」，如在西周到春秋，只是這個意義。但《彖傳》的作者處身戰國時代，經過孔子的重新界定，「君子小人」的意義已變，「君子」是指有道德的人，「小人」既是指庶民，更是道德較差的人，因此現在採用的是後世經過了「儒家修改」的意義，不是《周易古經》原有的本義。它是說在《泰卦》反映的時代，所有具備道德才幹的人都在朝廷做官，而一切沒有學問的普通人甚至小人都安份守己，沒有干擾國家的政治，反而是扶掖國家、令國家趨於穩定的基本支柱。「內君子而外小人」已帶有褒貶，說出這是個人之泰，是君子小人的分別。

「君子道長，小人道消也。」

這是最後出現的結果。在這個卦裏面，表面上是三陰三陽，但易學說任何事物都是從下面產生的，正好比樹木是從樹根向上生長到樹梢。因此當我們看到這些爻畫的時候，根據易學理論，它的產生可能是經過了以下的過程：最初本是純陰的《坤卦》，陰極陽生，這是一陽，即是《復卦》，陽一產生之後，就會持續向前發展，因此會變成二陽的《臨卦》、三陽的《泰卦》、四陽的《大壯卦》、五陽的《夬卦》和六陽的《乾卦》。

䷁ 《坤卦》

䷗ 《復卦》

䷒ 《臨卦》

䷊ 《泰卦》

䷡ 《大壯卦》

䷪ 《夬卦》

䷀ 《乾卦》

《易經》說變化是不會停止的，因此《泰卦》如順着陽長的過程，一定會向着四陽的《大壯卦》發展下去，因此它是陽長的卦；而內卦的陽代表了君子之道，這豈不是說君子之道蓬勃發展？相反，三陰的小人之道和三陽本是勢均力敵，但繼續發展的話，陰會減少，所以是「小人道消也」。它說出了這個卦的一個關鍵性質：表面上三陰三陽，但是陽長陰消，所以是朝着吉祥、吉利這一方向發展的。

小結

《彖傳》以「大」和「小」代表陰和陽、以德性的「健」和「順」象徵人間的君子和小人，進一步說這個卦象徵朝廷上是正人君子執掌政治，小人退位、不干擾政治。天地交通時，天地就是泰，人間君主與在下的民眾交通，就變成了朝廷國家之泰。說得更淺白一點，從人類國家社會來說，如果統治者高高在上，被統治者低低在下，在下者的願望要求不為在上位者所知或忽略，就會造成彼此的隔膜、不協調；再由疏離演變為誤會，由誤會產生敵對情緒，於是上下階層互相對抗，這個國家就會釀成動亂，人民便不能享有和平幸福的生活。因此要令統治者和被統治者這兩個相對立的階層由陰陽敵對變成天地交泰，在上的君主就應模仿天氣下降至大地與大地交通，他也應走到民間和民眾接觸、聽取民眾的意見；而在下的民眾也有機會走到上面反映意見，然後兩個敵對的階層互相了解、協調，互相合作，在上者就能享有長治久安的統治，在下的民眾也能安居樂業，甘心被統治，得到幸福的生活，這樣國家才會太平。現在《泰卦》就是通過天地規律反映人道的規律也應如此，因此這個卦的陰陽爻不是互相排斥、對抗，而是好像男女之間產生了愛情，生死以之。這個卦的三個陽爻和三個陰爻（初和四、二和五、三和上）互相感應，在下的三個陽爻都樂意和在上的三個陰爻相與，在上的三個陰爻都樂意順從在下的三個陽爻，和它們結合，於是產生上下融洽合作的理想國家的幸福狀態，關鍵就是人民和君主的互信互賴、和諧合作。

《象》曰：天地交，《泰》；后以財（裁）成天地之道，輔相天地之宜，以左右民。

「《象》曰：天地交，《泰》；」

《大象傳》認為結合上卦《坤》地、下卦《乾》天所形成的性質，便從實體的天地，成為抽象的「陰陽合德」產生萬物交泰之道。

「后以財成天地之道，」

「后」的字義是君主。《大象傳》往往藉「后」、「君子」、「先王」等實踐上下兩卦結合所寓的做人做事的規律，指導後人仿效他們，這裏說出了《泰卦》所指陳的做法是君主尤其是萬國之君應實踐的，因為只有身為統一天下的王者才有這種能力。「以」是憑藉、利用、根據。身為君主，就要根據這卦象背後蘊含的規律變成人類行事的重要規律，那就是「財成天地之道，輔相天地之宜，以左右民」。

漢末易學大師荀爽所傳的《易經》版本「財」字作「裁」字；另外，《漢書．食貨志》在引用這段文字時，也作「裁」字。但今本《易經》用的是「財」字。古代有百分之九十的註解家都認為「裁」字和「財」字是相通的。只有少數的註解家採用「財」字的解釋，例如三國時代的虞翻和清代的惠棟等註家。但我覺得用「裁」字更符合原文的意義。甚麼叫「裁」？「裁」是指做衣服的時候，從一匹布剪去不需要的部份，剩下有用的部份，因此「裁」字有以人為努力改善的意義；更重要的意義是有所減少。前面曾多次重複說由《乾》、《坤》兩卦到《履卦》，一共有十個卦、六十爻，計算之下，剛好是三十陽爻、三十陰爻。說出了從天地開始發展，陰陽要到了第十個卦才慢慢達到平衡，因此第十一卦的《泰卦》和第十二卦的《否卦》都是三陰爻、三陽爻，陰陽平衡，達到理想的狀態。前面那十個卦都為此作出了準備和努力。但剛才說《泰卦》會隨時間發展為四陽、五陽甚至六陽，所以在泰之時，陰陽相交、持續發展，就會從平衡轉向不平衡發展。由於《易經》是崇陽的，而陽的性質是擴散的，因此在發展過程中間會有過多的陽氣出現。如過了中的話，是否需要減少呢？因此「裁」字就是說當天地變化之道在發展過程過中的話，我們要人為減少它，使它合乎中道，因此叫「裁成天地之道」，成是成就之義。

「輔相天地之宜，」

「輔」是輔助；「相」是幫助，「相」字左面是木杖，右面是眼睛，整個字合起來義指盲人憑藉引路的工具，增加了盲人認路的能力，所以輔相都有增加之義。

甲骨文「相」字

「天地之道」和「天地之宜」是不同的。天上日月星辰的運行，四季寒暑的變化，這些運動變化的規則叫做「天之道」；而在大地上，山有山的性質和規律，河有河的性質和規律，這些不同的地域都會形成它特殊的性質、作用和規律，這就叫做「地之道」。因此「天地之道」概括來說，就是說大自然的規律。當天地規律通過萬物呈現時，如果出現過中的情況，聖人須要糾正它，令天地運行保持正常穩態，故須「裁成」。天地之道過中要人力略為抑制，不是隨個人的喜好，而是根據天地常規的規律作為基準的。

至於甚麼是「天地之宜」呢？「天之宜」比較難說，至於「地之宜」，則是說地球的氣候各處不同，生長的植物就不同了。例如寒帶的植物在寒帶栽種，它就生長得好；將寒帶的植物移種於熱帶，可能就活不成了。中國古代說高地乾燥，宜種黍稷，低地卑濕，宜種水稻等。「地之宜」是說人類明白了大地的規律，知道甚麼地方適宜種植甚麼，就照着去做，這是「地之宜」的第一個消極中的積極做法。更積極的做法例如開鑿人工河流進行灌溉，就可以解決原本乾旱的土地不適合耕種的問題。周朝當初就是這樣做，古代陝西的氣候固然比今天優勝，但須知那時多處地方開鑿了引水道灌溉農地。當到處有水，不單對農業有利，同時也改變了大地乾旱惡劣的環境，因此陝西的氣候改變，草木繁盛，適合農業的發展。

古人體會到天地的規律，掌握了春生夏長秋收冬藏之道，就把這規律教導農夫種植等。後世據此配合四季氣候，以《禮記．月令篇》作為指導思想，增加農業生產，使人類的生活更為幸福。這個「宜」就是指農作物有所增加。另外，如利用太陽光來曬晾藥材、在水塘養魚、在多草的低地養牧牲畜等，都是利用了適當的環境來做適當的事情，然後再在適當的時候，用了這規律來加強它。所以「輔相」是增加，原來沒那麼好，現在令到它更好。

「宜」是適宜，亦即等於「義」，「義」即是「中」。「中」是《泰卦》的關鍵。《泰卦》是陰陽適中的狀態，保持陰陽適中就永遠是泰。因此《泰卦》最重要的關鍵就是「中」，所以卦中主要的第二和第五爻都提到「中」字，要保持它不變。「中」是不能過，也不能不及，過則令它回到中；至於不足，雖然天地對所有生物都有關懷之心，但站在人類的立場來說，是不是要求所有的動植物都大量繁殖呢？人類只希望對我們有利的動植物能大量生長，大量生長即是增加的作用。

請注意：當只有財成天地之道一句或輔相天地之宜一句時，便是前面的解釋，但當兩句在一起時，則須互文見義，彼此互補，才是作者要表達的全部意義。即天地之道亦有增加之時；天地之宜亦有減少之候。

「以左右民。」

左，左手；右，右手。手可以幫助自己和他人，和佐佑同義。「左右民」指扶持幫助在下的民眾解決生活的需要，令他們生活得更幸福。

詳細分析

要了解「裁成輔相」之義，關鍵是《泰卦》的爻畫三陰三陽剛好平均、到達中的狀態。如能保持中，則天地、人間的泰就能夠保持。但無論是天地或人間，往往不是太過就是不及，因為只有在不平衡的狀態中，才有運行變化。易學認為運行變化是由於不平衡而去追求平衡，平衡就是「中」，它是陰陽的平衡。根據易學理論，在陰陽發展的過程中，陽初生是微小的，它會持續一直發展到極限，陽到了極限就會變為陰。陰便由微小持續發展到極限，到了極限就會變為陽。但在陽發展過程中間不是沒有陰，在陰發展過程中間不是沒有陽，只不過是陽增加一分，陰就減少一分，於是天地之間永遠是陰陽兩氣的消長過程。消是減少，長是增加。正是因為陰陽兩氣平衡或不平衡都是消長引致的，所以《彖傳》說「君子道長，小人道消」是《泰卦》，「小人道長，君子道消」是《否卦》。從宇宙到人生，泰否交替的原因就是消長的關係。

漢代易學以陽的增加為「息」，陰的增加為「消」，後世則以陰陽的減少都叫做「消」，陰陽的增加都叫做「息」，「消息」就是指陰陽變化中陰陽兩氣的增多為息、減少為消。因此在整個陰陽變化過程中間要求中的話，陽從微小發展到中時，陰則從極限消退至中，陰陽只有在此時位才呈現平衡的狀態，其他時位都在不平衡之中，即陽過中之後，陽會順勢發展到最大的極限，陰則會發展至最小的極限；同理，陰的發展亦是這樣，因此形成了否和泰必然交替地出現。而在尚未到泰之時，如果能以人力配合，可促使泰世提早出現。當處於泰世之時，人就要懂得通過人力保持陽的不再盈滿，便可盡量延長泰世的時間，這便是「持盈保泰」之道。因此「致泰」（致力使泰世出現）是第一階段，「治泰」（管治泰世）是第二階段，之後便是「保泰」（保持泰世不消退）的階段，但都需人力去配合自然的規律。

雖然現今科學發達，人類以為自己可以征服大自然，其實地球只輕微一抖，地震已奪去很多人的生命；天不下雨是災害，雨下得稍多也同樣造成災害。這些在地球來說都是小事，但是人類卻不能抵抗。因此自然規律不單控制着天地，甚至控制着人類。人類其實沒有多少自由，正好比以太陽為中心的行星，不能有半分自由去決定運行的快慢遠近。天順着規律運行是天命，人同樣接受天命，但人要學習《易經》之道，不要悲觀，不要失望，要致泰和保泰，便能略為改變自然規律或古希臘文化中不可抗拒的命運了。

人力如何改變自然規律或命運呢？過多的要減少，不足的則要增強。它是以「致中」（致力達到中道）、「守中」（守持中道、不失中道）作為標準的。在「中」字背後，是說人和大自然、人和萬物的關係要保持大和諧，《周易．乾卦．彖傳》就說「保合太和，乃利貞」。「太和」是最大的和，「和」原義是不同的聲音混合而成的最美麗聲音，引申不同事物的分工合作，組成天地的太和，乃至人類分工合作組成更偉大、幸福的社會、國家，這都是「和」的表現。求「和」是以「中」作為標準，不足者予以提升，過多者則要減少，永遠保持人與人之間、人與萬物之間，人與天地之間一個合理的和諧，這和諧就叫做「中」。因此「中」叫「中和」或「太和」或「中庸」，其實裏面牽涉到「義」，「義」就是事情最適當的做法。其實任何事情都隨着空間、時間、對象之不同，而有不同的適當做法。《易經》所講的變化、儒家所講的「義」都是說明這個道理。

兩千年來中國人承襲了「裁成輔相」之道，最初用以指導農耕，後來提升以此指導做人處事，遍及一切。中國是以農立國，所以以它作為關鍵思想是合理的。當然由指導農人如何適應大自然，再予以引申，就變成人如何與天地萬物相處得更圓滿之道。這相處之道在莊子的思想中就是「無以人滅天」（《莊子．秋水篇》），意指千萬不要以人的作為毀滅天然。莊子說話的原意可能指人性和人類的作為要順從天性；違背了天性，去改變人類的人性，或不順從天地規律來行事都是不合理的。從這個主張引申擴充，用現代語言來說，即人只能順從自然，不應改造、破壞自然，這就是老莊有關人應如何與大自然相處的關鍵思想。這種思想確是有其優點，尤其是到了今天，過份地利用人類的力量去改變大自然，已導致地球無言的反抗、為人類的未來帶來很多禍害，所以莊子這種思想雖過激，但卻是現今需要的。但從正常情況而言，荀子對此作出了中肯的批評，在《荀子．非十二子篇》中，他批評了連孟子在內的十二個古代哲學家，批評莊子時說他「蔽於天而不知人」，意思是只看到天的自然無為而對於人的作為疏忽了；儒家則剛好相反，它在順天的背後，認為同時以適當的人力改變天或大自然是增進人類幸福的關鍵，甚至人類應參與大自然的運作，有責任令大自然規律變得更合理。大自然規律一過的話，人應利用所掌握的自然規律適當地糾正大自然不合理的運作，令到大自然規律能夠更正常地持續運行。但更重要的是，站在人的立場，利用大自然的一切來增加人類的幸福，這就是「輔相」的作用。「裁成」是減少，以維持天地規律的正常；「輔相」則是「參贊天地化育」，「參贊」即是增加，例如天地產生萬物，人類通過合理規律，令它產生得更順利，令萬物更茂盛發展，這就是加以人力。但儒家並不是要征服自然，即使荀子說「制天」，「制」字之義其實是說利用自然，並不是等同今天西方的征服自然。而介乎孔子、孟子、荀子、老子、莊子儒道哲學中間的《易傳》，說法更為溫和，說的是協調自然、贊助自然，不是強以人力來改變自然。這種思想同樣是今天人類最應關注的智慧。其中最關鍵之點是「窮則變，變則通，通則久」，任何的增加都不要過份，因為事物過份就會向相反發展。「通則久」，今天西方則叫做「可持續發展」。能夠持續發展就是好，但一定只是增加少許，令泰不過份，那就永遠能夠保有泰了。今天西方的做法過份了，本來已是泰而不懂得保泰，因此可能很快就會變為否。因此「持盈保泰」或「裁成輔相」的思想今天應從中國傳播開去。「致中」、「守中」、「持盈保泰」可令人類持續發展，也可令到地球不會因為受到人類的損害而激出災禍。

初九，拔茅茹，以其彙；征吉。

「初九，」

指最下一爻是陽爻。

「拔茅茹，」

「拔」，拔起；「茅」，茅草；「茹」，茅根互相牽引之狀。《易經》是講變化的，當《泰卦》的初爻在發動時，它就會因變而向相反性質變動，因此初九並不能永遠維持是剛爻。由於物質、能量甚至信息，提升概括到最後只有陰陽兩類，這爻如要變化，就要由現在的剛爻變成柔爻，於是下卦就由《乾卦》變成《巽卦》。《巽卦》卦象為風、為木，木和茅草都屬植物類，所以可由木類籠統變成具體的茅。由於初爻處於最低，可以用來象徵植物的最低部份，即是根部。而易卦六爻，初和二爻屬地（三四兩爻為人，五上兩爻為天），所以初爻是在地面之下。據說茅在地面上各自生長，但根部在地底卻是密密麻麻糾結在一起的，因此如拔一棵白茅，它的根在被扯出來之時，會帶同其他白茅的根也被扯出來。

為甚麼說「拔茅」？先需知道每個六畫易卦中都蘊含着兩個甚至幾個互體卦，一般的互體，下卦由二、三、四爻組成，上卦由三、四、五爻組成。譬如一間房屋，我們往往只能見其外形，卻不知道它的內裏構造是甚麼材料、性質，互體就是一個卦的內部構造，它會告訴我們卦的關鍵性質等。從春秋時代開始，講到卦的時候，就喜歡用互體來說明卦的性質。《泰卦》的三、四、五爻組成《震卦》，《震卦》的作用是起。這是由於陽的性質是向上升，陰的性質是向下降，兩陰壓着一陽，不讓它上升，陽為了發揮它的本性，拼命掙扎，最初可能完全不能動彈，但猛地一掙脫，就會表現出很大的爆炸力，如在地底發生，那就是地震（今天的科學說地震源自大地板塊的移動，互相撞擊，西周末年的伯陽父卻認為是陰陽兩氣的掙扎，產生震動，所以有地震，見《國語·周語上》）。陽一掙脱陰的壓制，就會向上升，因此《震》是起（上升）。正是由於《震卦》有上升的作用，所以《泰卦》下卦三爻受它影響而上升，就是象徵拉動茅草向上。因此它説當我們拔茅草之時，由於茅草的根部互相連接，本來只是拔初九的茅，結果九二和九三的茅草因根部相連，都一齊拔起了。另外下卦三爻都是陽爻，同類相連在一起，陽的性質是上升，亦有拔茅上升之象。

「以其彙；」

「以」是根據，「彙」是同類事物；「以其彙」即是和它的同類。當拔茅的時候，不單拔起了初九，連它的同類、即同為陽的九二、九三也同時拔起，因此卦辭和卦象的內容是一致的，卦的文字內容就是它的象暗中表達的意義。

「征吉。」

《周易古經》用「征」字，有出征、遠行、行動之義。統計「征」字在《周易古經》

中用作戰爭出征較少，作為離家或向外行動較多。這裏也是解作向前或向外行動是吉祥、吉利的。

《象》曰：「拔茅征吉」，志在外也。

「《象》曰：『拔茅征吉』，」

《小象傳》要把初九爻辭「拔茅茹，以其彙，征吉」八個字濃縮成為合乎寫作體例的四字，所以只採用有關鍵意義的頭尾各二字，以綜括整段爻辭之意。

「志在外也。」

這句話是《小象傳》對初九爻辭的解釋。「志」是想法、願望；「外」是外卦，也即是上卦。引申有幾層意思，最低層次的意義是說志在和上卦的三陰相交會合，因為《泰卦》的卦義是說陰陽的結合交接，因此陽必求陰，陰必求陽是它們心中所祈求的理想、志願，或情感的所向，所以在下的三陽急於想和在上的三陰結合是這個卦的關鍵，因此它說初九一旦向上升，九二、九三也連接在一起急忙地和六五、上六結合。

第二個層次的解釋是，陽為君主，陰為人民，《坤卦》一般象徵國家、土地、人民，而在這裏則象徵人民，這裏說出了統治者最關心的是民眾。要跟民眾親善結合，是他最急切渴望的志願，因為要達到泰的關鍵是君臣上下互相親善交結。

第三個層次的解釋是，「內」是自己，「外」是自己身體之外的外間世界；「內」是自我，「外」是撇除了自我，為國家社會着想的公正之心。用古代術語來說，「志在外」即是「志在國家」、「志在天下」，即志在為國家做事，而不是志在一己的名利。當一個人要為國家做事，即使有很高的才能，也不一定得到任用，必須等待時機，即要等到否極、泰有機會出現的時候，人心渴望改變，賢才受命，於是你才有機會得到任用。但獨木不能支撐整座大廈，為了這麼偉大的目的，當你有機會上進的時候，你一定要同時引進一群志同道合、陽剛有為、光明正直之士共同去做這事情，而且不能拖延。因此當泰快將出現，你志在改否為泰，可以出仕之時，你就牽引志同道合之士同時上進朝廷，大家都是志在天下。這就是初九爻辭背後的意義。《小象傳》將它的關鍵意義說出來，就是「志在外」，人人不為一己之私，國家才會太平，這是「致泰」的關鍵。

九二，包荒，用馮河，不遐遺，朋亡，得尚于中行。

「九二，」

指第二爻是陽爻。

「包荒，」

「包」，傳統的解釋是包容、容納；「荒」，可解作廣大，亦可解作荒蕪。荒蕪是指雜草叢生，不是植物正常生長的狀態。「荒」從象徵荒蕪混亂的植物，引申為象徵混亂的人群，再進一步象徵不守規矩的小人。因此「包荒」是說包容所有不合理、不守規則的事物和人。

為甚麼說「包荒」呢？從卦象來說，《坤卦》的類象就是大荒，坤為土地，大地似乎沒甚麼規律地生長着各種植物，因此當說到植物雜生的荒蕪土地，整個大地的土地就是最大的荒田，所以坤就是最大的荒地。這裏，《泰卦》以第二爻為中心，包容整個卦的其他五爻，尤其是指君子包容小人，是陽和陰的結合，因此它本身包含着上三陰爻的

《坤卦》，由《坤卦》引申到這時萬物蓬勃地生長，大家互不相讓，所以植物雜生；再引申為混亂的人群。

身為致泰的大臣，首先要有寬容萬物的胸襟，正人君子固然要尊重，卑鄙小人、貧窮孤獨老小、反對黨你也要包容，傳統有句俗話：「宰相肚內好撐船」，意指宰相要有容納好壞萬物的量度。因此「包荒」就從具體的包容《坤卦》的雜草叢生，引申為人的心態能包容一切不好的事物、一切的反對黨、一切的小人。為甚麼要這樣做？第一點：卦的六爻有主從之分，《泰卦》是陰陽的互相結合，陽為主導，與陰交結，這是關鍵的性質，而在陽的三爻中，第二爻得中，最能發揮陽的德性，具備剛爻光明、有才、有魄力、能辨事的優越本性；而且在中位，表示它做任何事都合乎中道，剛是它的本性，位於二受位柔的影響，所以能用本身的剛而濟之以柔，因此或用剛而得剛的好處，或用柔而得柔的好處，或者用本身的剛配合柔，或者利用柔，以改變修正本身的剛暴，因此它在這個位置，可說是既能用剛，又能用柔，做任何事情都是恰到好處，合乎《泰卦》「致中」、「守中」的要求，所以他是致泰的大臣。為甚麼不是君主？因為它處於臣位，是幫助國家致泰、令到泰出現最重要的臣子。作為這樣的一個臣子，致泰有四個條件，第一個亦是最重要的條件是「包荒」、容納萬物，這種精神提升的話，就是儒家所說的仁德，它不是普通人的小恩小惠，而是仁者的博愛萬物。身為領袖或宰相，如沒有這種同情、關懷、善意、溫情之心來對待人民和萬物，便沒有令到泰世出現的可能。

「用馮（音憑）河，」

「用」是利用、憑藉；「馮」是在上面；「河」是河流，指以兩足涉水渡河。今天的人多能游泳，但古代北方水流湍急，人不習泳，如墮進水中每每遇溺身亡，《坎卦》類象為河流，因而象徵危險，這是和中國北方地理環境有關的。因此「馮河」有相反兩義，正面的含義，指勇敢面對危險，反面的意義則是膽大妄為。現在用的是正面之義，說要有用兩足涉水渡過危險河流的勇敢精神。為甚麼現在還不是泰而仍是否呢？一定是社會上有很多不合理的想法、做法、制度等。人類多是保守的，不易改變，要改變是因為受到很大的壓力，或有很大的需求，因此身為致泰的大臣要具備陽剛有為、堅毅、勇敢的精神來改變現狀，糾正以前或現在不合理的想法、做法、制度等，所以「用馮河」三字的背後，就是要具備大勇。這種勇不是我們今天常識所指的勇，而是後來儒家「三達德」——智仁勇中的「勇」。

如用象數來解釋「馮河」，第二爻是陽爻，一發動便由陽變陰，於是二三四三爻所組成的互體變成《坎卦》，坎為水、為河流，這就是「河」字的來源；而三四五三爻組所成的互體上卦是《震卦》，在人體的類象是足。現在足在河流之上，即是涉水渡河。「用馮河」就是把這個類象的象徵意義用文字說出來。

「不遐遺，」

「遐」是遠方；「遺」是遺棄。整句是說不遺棄遠方。卦中二爻與五爻正應，它的影響力本應只在五爻，那上六又如何呢？身為宰相的二爻只照顧到遠方第五爻的位置，上六本來是它影響範圍之外，但現在就如在下的三個陽爻組成一個合體，在上的三個陰爻也組成一個合體，當二爻能影響四、五爻的時候，其實並沒遺棄上六這一爻，九二一爻無所不包，在治理國家的時候，最遠方的人民、甚至窮苦無依受人忽略的都在它的照顧之內。所謂照顧遠方人民是它第二層的意義，更重要的意義是遠方賢能之士也沒遺漏，都招聘到政府來參與管治，共同協力進行致泰的工作。國無遺賢，就是「不遐遺」。

這種「不遐遺」是思慮的周到，對國家大大小小的事情都在他考慮之列。身為宰相，不必事事親力親為，但要目光如炬，能看清國家大小事情和人物的作為是否合理，並能糾正一切，改善一切。因此「不遐遺」最後的關鍵精神就是大智。引申其義，後來儒家所倡的「智仁勇」三達德已蘊含在這簡單的三個句子中了。

「朋亡，」

朋和黨都是同類朋友，互相親近的人。「朋」字是象形字，原義指貝殼，貝殼相類似，因此後世引申同門（同學）為朋，同志（擁有共同理想）曰友。另外有所謂「朋黨」，「朋」的褒意較多，「黨」的貶義較多。在這裏可能也同時具備褒貶的意思。「朋」是指三陽性質相同，因此是志同道合，為了國家而共同努力工作的人就叫做「朋」；如是三陰、以利益相結交的人就叫做「黨」。「亡」是沒有。「朋亡」，不會任用自己的同道去擔當不應擔當的職位，忘記了朋對他有特別的好處，不會因為是朋而組成一個大黨壟斷了國家的利益，這是大公無私的精神。因此「朋亡」這兩個字，義指「公」，跟上面所講的「智仁勇」配合。

「公」這種道德可高可低，例如北宋程頤認為它即是儒家所講的「仁德」，因為最高的仁德是博愛萬物，不單愛人，也愛萬物。具備這種最高的公心才是仁者的胸襟，因此就將這種仁德提升到等同於大公之德。當然在這裏未必能夠這樣比擬。不過從儒家所崇尚的人道來說，仁德是人道的最高典範，因此這個字已經勉強有了「道」的意義在內，加上前面所說的「智仁勇」，成為「智仁勇道」四個道德典範，即使這句話不能牽強附會作這個解釋，但下面那句「得尚于中行」就可解作「道」了。

「得尚于中行。」

「尚」字根據兩千年來的傳統註解多解作配或者合，即符合，「得」是能夠，整句是說能夠和中行配合。甚麼是「中行」？

甲骨文「行」字

可見它原是指四通八達的道路，義同道路的「道」字。所以「中行」等於中道，「中道」是儒家所崇尚的道德的最高標準。《易經》特別重視上卦和下卦之「中」，下卦的中爻是第二爻，上卦的中爻是第五爻，因此這兩爻特別得到重視。如剛好身處這個時機、環境、位置的話，那無論外界的客觀環境和個人的主觀條件想法作為，都是合乎中道了。易學最注重感應，而這個卦是所有卦中最有感應的一個卦，因為這個卦說陰陽上下交通，特別強調了天地人陰陽的交通才會有泰的出現。所謂交通，是互相感應、互相協調，所以這個卦以陰陽、上下、內外交通作為好壞得失的標準。二爻跟五爻的感應特別強烈，因此現在它說中道，是配合六五來說的。九二本身是合乎中道，再配合六五的中道，二者中道的互相配合，達到中道的極致。

即使「朋亡」不是指合乎道，這裏所說「得尚于中行」應是說合於道。爻辭說身為九二的國家大臣，和身為人君的六五互相感應，由於陽是實，陰是虛，陽象徵本身具備才幹、積極進取、永恆無息，因此他是個辛勞治理國家、努力向外開拓、改變一切不合理政制事務的宰輔大臣；而這個大臣之有這種專擅的權力來執行一切事務，原因是在上的六五是陰，陰代表虛，能夠虛心順從陽。當一個君主能夠虛心下聽大臣的建議，將治理國家的大權委託給信任的大臣，全力支持他，宰輔才能進行一切政治因革措施，在《泰卦》來說，這就是能夠治泰或致泰的關鍵。「治泰」是指現在已是泰、要保持泰；「致泰」

是說現在還不是泰，通過大臣努力的改革，這個國家就從尚未臻泰、最終出現泰的理想時世。因此「治泰」和「致泰」都是九二這個臣子應做或已經完成的工作。要完成「治泰」或者「致泰」，這大臣需要具備四種德性：包荒、用馮河、不遐遺、朋亡，這四項要求本已很難達成；即使能達成，但如不能達到「中」的話，仍會有問題，因此要以中道來制約或調節。以前已強調過《泰卦》是經過十個卦悠長時間和辛苦的努力，才使陰陽達到平均，初次呈現三陰三陽的平衡局面，另一方面，易學特別強調變，陰陽不能永恆不變，不是會增加，便是會減少，因此要保持泰就是怎樣保持中、保持平衡，所以《泰卦》特別說出要「持盈保泰」或「裁成輔相」，多者則減少，少者則增加，減少和增加都不是人的任意作為，是要合乎自然的規律，這是要達致長期的中、即長期的泰的重要條件。

九二爻辭其實古今有很多不同的解釋，例如「荒」字：

金文「荒」字

荒有大義，東漢末東吳的虞翻解作大川，「包荒」即是包容廣大的河流。河流的水面常是寬闊、茫無邊際的，因此河流本身有虛和大之意，包容廣大的河流即是包容無限那麼多的事物，後世引申為包容無限眾多荒蕪的事物，意思與此雖稍有不同，但更具哲理。另外近世有一個新派的解釋是由民初的聞一多提出來的，他認為「包」字是「匏瓜」的「匏」字，即今天的葫蘆瓜。他說其實古人觀察北斗星，覺得它的樣子就像葫蘆瓜，因此古籍每多用「匏」字比附北斗星，例如「吾豈匏瓜也哉？焉能繫而不食？（《論語．陽貨》）」就是說我不是形狀像葫蘆瓜的北斗星，只是懸掛在天上，徒有匏瓜之名，而沒有食用之實，不能摘下來吃。「匏荒」即是大的葫蘆瓜。葫蘆瓜除了裝水裝酒之外，還可把它密封綁在腰間，作為浮水的工具，那就可以渡過河流了。因此聞一多說這句應解作「我以大葫蘆瓜作為渡河工具，不會疏忽、遠遠遺棄朋友，讓他遇溺」。他這個解釋所採用的句讀是：「包荒，用馮河，不遐遺，朋亡，得尚于中行」。「尚」即賞賜；「中行」即正道，因此受到合乎正義的賞賜。

剛好馬王堆帛書《周易》這一句多了個「弗」字，寫作「弗亡」，意思即不亡，因為用大葫蘆瓜渡過河流，其間把朋友救了，大家都沒有死，結果受到最大的賞賜。這個說法後來也得到易學大師高亨教授的支持，甚至張立文教授的《帛書易經注譯》也採用了，以為這是原義，可見得它在近現代是個有影響的說法，各位可以參考。至於我的註解，其實是引申發揮其義。因為假如《易經》是講述自然規律、指導做人的合理做法的書，這個解釋似乎更有哲理，所以才這樣註解。

《象》曰：「包荒」，「得尚于中行」，以光大也。

「《象》曰：『包荒，得尚于中行』，」

《小象傳》只鈔錄爻辭頭尾兩句，藉此綜括整段爻辭的內容。但須注意：在九二爻辭所講的四種德性中，它特別強調了「包荒」，當然它可能沒有甚麼特別意思，只不過用它作個開頭；但亦可能有意，認為在四項德性中，「包荒」最具代表性、最為重要。因此古代的註解家認為它強調了如能具備包容萬物之心，就等於具備了《乾》陽的德性。《乾卦．象傳》說：「大哉乾元」，因此《乾》陽就是大，指乾具備偉大的德性。因為《泰卦》的下卦就是《乾卦》，而二爻可說代表了這個下卦的德性，因為乾是大，能包容一切，所以是「包荒」。又因為乾是剛健有為、勇猛精進的，因此能「用馮河」。另外，乾是天，萬物都在乾天的覆載之下，因此是「不遐遺」。因為是《乾卦》，具備乾陽之德，而九二又具備中爻中的德性，因此大公無私，具備「朋亡」的精神。另外，「朋亡」說出了初、二、三都是陽爻，本應結成朋黨，但現在只是九二上應六五，只有它接受六五君主的任命，與六五親近，即是它不和初、三兩陽爻親近，忘記了它的朋黨。所以如用《乾卦》來解釋，「荒」字具備了一切的德性，「馮河」、「不遐遺」、「朋亡」都是「包荒」的引申，這就是古人說的「一綱三目」。這解釋也是可取的。

凡陽剛的性質是上進的，陰柔的性質是退縮的，九二既是陽剛，再加上這卦爻要上應陰，必定上進，因此具備「馮河」之勇，是合理正常到極點的。陽是光明，陰則是黑暗，能明察事物是陽剛的優點之一。因此它如能剛而明的話，對遠近大小幽暗的事物都能明察，故「不遐遺」。陽剛恰好在二位，是剛而有中德以調節它，因此做事能大公無私，自然可以出現「朋亡」的現象。因此如用陽剛之德來解釋這段爻辭亦可以。這一說法也是可取的。

「以光大也。」

「以」，因為。是因為它具備光和大的德性。從象數來說，九二一爻，當它開始發展變動、從陽爻變成陰爻之後，才知道它的發展結果是好或是壞。當它變成陰爻，下卦就變成《離卦》。《離卦》在人間是火，在天上是太陽，象徵光明、聰明、文化、智慧等，因此離火具備了明察事物的能力。老子說：「知常曰明」，「常」就是永恆的真理或道。如能掌握最高的真理，才具備「明」。卦象既具備了像太陽的光明，又掌握了天地的知識，和明察人間事物的得失。「大」是廣大、廣闊，因《乾卦》為大，變為《離卦》就是光，所以它原本具備《乾卦》大的德性，而當它發展變為《離卦》的時候，又具備《離卦》明察萬物的最高智慧，因此能光明正直、大公無私地進行致泰的四個施政的關鍵性原則。另外，清儒釋光為廣，義亦可通。

《泰卦》九二變為六二，初爻、二爻、三爻組成《離卦》。

九三，无平不陂，无往不復；艱貞无咎。勿恤其孚，于食有福。

「九三，」

指第三爻是剛爻。

「无平不陂，」

「陂」，古音讀「披」或「叵」，原義是傾斜的山坡或土地。整句意指平地沒有不變為險陂的。這裏用了兩個否定詞：「无」、「不」，強調平坦安全必定會變為危險。

「无往不復；」

「往」是去了，「復」是回來。整句是說凡去了的一定會回來。這裏其實是指陰陽的往復，小者往上卦、大者來下卦。雖然現在小者去了，但將來一定會回來，那就變成小者來下卦，大者往上卦，變為《否卦》了。《泰卦》好，《否卦》相反，不好，所以「无平不陂」是說《泰卦》不可能永遠保持着泰；「无往不復」則是說走了的小最終會回來，指《泰卦》終會變成《否卦》。這兩句背後提醒我們要居安思危，泰是不可能常泰的。

這裏說出了一個很重要的哲學思想。《周易古經》是三千年前的著作。在三千年前，古人已體會到天地的變化、天地事物的多寡，甚至人生的盛衰得失都呈現出平陂往復、循環演變之象。這個道理是要經過對很多事物的統計、歸納才得出來的。明白了事物循環往復出現，再提升到知道循環的規律是甚麼，這已是很高的聰明智慧，所以不能小看三千年前的中國人。三千年前相等於西方的古希臘荷馬史詩《伊利亞德》（*Iliad*）和《奧德賽》（*Odyssey*）的時代。如將這種哲理與荷馬史詩比較，我們可以說《周易古經》的智慧較荷馬史詩深刻得多。

《復卦》已說「七日來復」。後來老子繼承了《周易古經》「反復」的說法，加以發展，他將「反復」提升為哲學的命題，說「反者，道之動也」《老子·第四十章》。「道」是指宇宙的運行變化，在它運行變化過程中間，向着相反方向、相反性質發展是它的必然規律，這就是平變陂、陂變平，往變復、復變往，它們都是向着相反的方向變動。三千年前的《周易古經》所說的循環往復，在循環中間沒有提升進展，但到了戰國時期的《十翼》，在解釋循環時，一方面繼承了以往的說法，認為循環之中沒有改變；但另一方面，提出「富有之謂大業，日新之謂盛德」《周易繫辭上傳·第五章》，在循環之中，品物較以前變得更為眾多，暗中已寓每次都有所改變之義，這是循環中有進展，是一種螺旋式上升的循環，只不過《十翼》是古代著作，它說得不夠清楚，或者不能確信循環是種進展。因此我們只能說它一方面沿襲舊說，另一方面提出循環之中有進展的理論。

首先，為甚麼爻辭說「无平不陂，无往不復」？因為當九三爻繼續進展至四爻，就會由陽變陰，或者可說是由《乾卦》變成《坤卦》。乾坤象徵兩種相反的信息、力量、物質、作用，從初九到九三，陽已發展到了最後階段，接着它一定會變為陰，這種變化是必然的。根據《易經》的規律，它順着初、二、三、四、五、上爻一直往上升，按照時間的發展帶來空間事物的變化，因此它面臨着未變而將變，自然產生「无平不陂，无往不復」這種體會和想法。這是從客觀物理上說明產生這兩句文字的原因。第二個原因更重要，《易經》是本指導我們做人或預測未來的書，因此最關心的是人類未來的發展，所以，預防壞事發生、盡快迎接幸福來臨是《易經》的作者和讀者共同關心的，因此防患未然是《易經》最重要的思想，等到事情發生了才去設法補救，就不是《易經》要說的內容了。現在九三是災患尚「未然」（還沒有實際產生），到了上爻，就是「已然」（已經產生了），到了那時就來不及了。所以就要在事情未發生之前把它消弭於未然。這個卦從初爻向上發展，陽氣從微小而至壯大，從人間實際事務來說，這卦到了第三爻，是《泰卦》真正出現的時候，由進入那一刻，就是泰世的開始，到它的結束，泰就發展到了極限，所以第三爻至上爻是泰從開始到結束的過程。環顧人生，人在最幸福的時候，不知「持盈保泰」，結果所有幸福最後都會變成災難，其實這兩句可說是暮鼓晨鐘，提醒我們要居安思危。《繫辭下傳．第五章》説到存亡、治亂、安危的關係，能夠「安而不忘危、存而不忘亡、治而不忘亂」，國家才能長治久安，但人類往往會被幸福、勝利沖昏了頭腦，最初幸福降臨可能尚不會如此，連續幾年都幸福地度過，戰戰兢兢的心態就會減少了，變得自大，以為自己無所不能，於是災禍就會出現。所以現在在災禍尚未曾發生之前，預先提出警告。

「艱貞无咎。」

「艱」是一事，「貞」是另一事，「无咎」是本來有過失，因為經過人為的努力才變得沒有過失。「艱」是甚麼？《乾卦》九三爻辭：「君子終日乾乾，夕惕若，厲无咎。」説的就是「艱」，從早到晚、無時無刻都不忘警惕自己，雖然重剛（本身為剛爻，位置在三，三為奇數，也是剛），一定有厲（即危險），但由於一己的警惕小心，通過人為的努力，將過失彌縫了。《泰卦》九三這一爻就等於《乾卦》的九三，因此應「終日乾乾，夕惕若」，然後才能「厲无咎」，這就是「艱」。「艱」是艱苦、艱難，主要是思想上要提醒自己，努力思考分析表面上似是沒有問題的事情；第二是行動上，不要被泰的幸福沖昏頭腦，明知道不對也不想改變，要艱苦地工作。

「貞」字則是指卦中的上卦《坤卦》。《坤卦》的用六爻辭是：「利永貞。」「貞」即是完成一切事物。《乾卦》是所有事物的開始；《坤卦》是所有事物的完成，完成事物即是「貞」。《坤卦》在它正常合理的時候就是「貞」、不正常時就叫做「邪」。凡幫助陽的陰是偉大的陰，凡與陽相抗的陰就是邪，因此上卦《坤卦》要保持是偉大的陰，關鍵是貞，即守持正道。「貞」指正而固；「永」即長久堅持固守。凡陰性的事物多變化，不容易堅持，故陰性事物最重要是「永貞」。一個人守正道要堅持長久才有意義，否則只守得一年半載是沒有用的。「艱貞」是說經常提點自己要有戰戰兢兢堅守正道之心。

《乾卦》上九爻辭「亢龍有悔」，指出任何事物到「盈滿」就會出現問題。「滿」有時世之滿和個人之滿。時世走到衰落是時世之滿，個人未必有災禍；但個人之滿就會有問題了。不過單獨時世之滿未必會大失敗，單獨個人之滿也未必會大失敗，但兩者皆滿，就一定會招致大失敗。不過個人之滿是自己可以克制不產生的，時世之滿則自己不能控制的，因此要艱，要使自己的心態和作為不會到達「滿」，這是我們令到壞的事情減弱或沒有那麼快出現、甚至不出現的關鍵做法。

「勿恤其孚，」

「孚」就是信，信即是誠，孚提升到天地的層次叫「至誠」，自然規律是至誠無息的。「恤」即憂慮，「勿」即不，「其」是虛詞。整句是說千萬不要憂慮物極必反（即陰極必陽、陽極必陰，或泰極必否的循環往復）的必然規律。身為學《易》的人或君子，面對客觀時世從泰變否的時候，雖然自然規律必然會如此發展，但站在人類的立場，不應該憂慮這種泰極必否的必然性而不付出努力，甚至自暴自棄。身為人類，應該「勿恤其孚」，我們雖然承認天道的必然性，但更應站在人道的立場，盡最大的努力以回天，即改變自然的規律。因此不能只執信於這規律的必然，而放棄人為努力改變它的當然（可能）。文字背後隱藏沒說的是要努力進行保泰的工作。保泰就要持盈，「持」是控制着，「盈」是盈滿，千萬不要盈滿，能夠心不盈滿，行動不盈滿，享受不盈滿，那就不會到達泰的極限。當泰不到達極限，它就不會變成否。這就是我們巧妙地利用自然的規律令泰不走到極限，於是它就不會向相反轉變。這就不單自己不自滿，甚至通過人為的努力令自然規律也不發展到極限的滿，於是泰就可長保了。這就是保泰的方法。

「于食有福。」

如能努力於保泰的一切作為，就可繼續保有食福。暗中表示仍可保有泰的幸福環境生活下去。食，食祿。古代卿大夫等都有食祿，有食祿即能保持其爵位，故以能夠保持食祿，繼續貴富為有福。這裏在泰的時世預先警告，保泰需要艱貞；另外，雖然知道自然的規律，但人類的努力，可以把它延遲，甚至改變它的到來，就可享有長期的食福。

《象》曰：「无往不復」，天地際也。

《小象傳》解釋九三爻辭「无往不復」的原因是「天地際也」。

這裏的行文方式有些奇怪。根據常例，如將全段文字濃縮簡化為四字的話，多用第一句「无平不陂」來代表整段文字，現在卻例外用了第二句「无往不復」！因此有些古本如唐代李鼎祚的《周易集解》就作「无平不陂，天地際也」。不過唐代官方孔穎達等所撰更具權威的《周易正義》正文則是用了第二句。

平心而論，「无平不陂」的哲學意義不及「无往不復」。「无平不陂」指的是大地，是具體的事物；而「往復」的意義則是抽象的。「无往不復」的深刻意義影響了老子，也一直影響了後人對反復觀念的發展。因此如作「无往不復」，哲學意義較「无平不陂」更好。因此相信孔穎達等所根據的版本是更有道理的。

九三爻辭所說的變化反映了天地一條重要規律，就是所有去了的東西都會回來，是從陰陽往復、循環往復、四季往復、日月往復、寒暑往復等等提升了的哲學觀點。「天地際也」，「際」是邊界，《泰卦》上卦坤陰和下卦乾陽剛好在三、四爻之間，成為兩者的交界，即是「際」；而「際」受到卦義的影響是互相交通往來的，所以「際」是說交際。天和地、陰和陽在這空間時間剛好到達了邊際，它們互相交換，彼此就會聯繫在一起。因此這名辭到了今天，從高級的天地陰陽交際引申為人際間的來往，就稱為「交際應酬」了。陰陽的交換是永恆地發生的，由於這是天地際的位置，因此最易反映出天地「无往不復」的規律。這是將具體的事實提升為天地抽象的「道」。再由這天道指導我們人類如何行事，講的是天道，實踐的是人道。

六四，翩翩，不富，以其鄰，不戒以孚。

「六四，」

指第四爻是陰爻。

「翩翩，」

「翩」字古本有作「篇」或「偏」的。由此可見古代通假字常可通用。今天有很多古代鈔本出土，例如《馬王堆帛書周易》，是漢文帝甚或以前的鈔本，我們讀得很辛苦，因為通假字連篇，要分辨出那個字的正字是哪個，先要知道別字的古音，再從古音去找出它當時的同音古字，再從那堆字找出一個最符合解釋的字來取代別字，才讀得通古本之義。反而今天我們讀的古書，都是經過漢朝人根據眾多古本校勘整理出來的正字或公用的通假字，所以大都不用在此勞心。「篇」或「偏」都是古代忠實流傳下來的別字，但實際上用「翩翩」較合理，因為「翩翩」是用來描寫鳥雀飛翔的形態。以下是篆文「翩」字的寫法。可見它用了鳥的兩翼羽毛作為象徵的。

篆文「翩」字

「翩翩」是形容上卦的三個陰爻。一般情況下，鳥在天空獨飛的情景是少見的，例如離群的孤雁通常只是文學作品中孤單可憐的象徵，正常一般鳥是群飛的。鳥雀向上飛不是牠的目的地，反而牠在天空飛翔，四處俯視，最後降落在某處，那才是牠的最終目的地。所以「翩翩」有由上而下之意，亦有快速之意，因為飛行總較走路快；另外，還有聯群結隊的含意。現在是說上卦的三陰聯群結隊、由上而下很快地下來，這與卦的意義密切相關。因為這個卦的卦義是陰陽交通，是天上的陽氣降到大地、大地的陰氣上升到天上，兩者相交，就變成《泰卦》的卦象。但卦除了卦象之外，還有爻象。初九的爻象是「拔茅茹，以其彙，征吉」，下卦的三個陽爻有志向上去，目的是和在上面的陰爻相交。卦義是陰上升和陽相交，陽下降和陰相交；爻義則相反，是陰在上下降和陽相交，陽在下上升和陰相交。《易經》專講相反相成之理，在任何一件事件發生的時候，它明顯的一面和暗中的一面往往是相反的，但這相反卻又是相成的。在人間來說，最幸福背後就蘊藏着最不幸，或最好蘊藏着最壞等，陰陽兩個因素就如老子所說的「萬物負陰而抱陽」，所有物件同時有陰有陽，當陽為主導，陰為追隨；當陰為主導，陽為追隨，兩者有如孿生兄弟姊妹一樣，同時存在。因此往往在卦爻中表達出這個深刻的哲理，很多時卦說的是一事，爻則和它相反，相反而相成。又如《屯卦》，在好壞得失之外，就講相反相成的道理。這是人生的道理，也是宇宙的道理，自己可多用些實例來體會，就可增進智慧了。

「不富，」

陽為實，陰為虛，實代表富有，虛代表貧窮，所以「不富」是指它們是陰爻。正是因為「不富」，是虛，因此自己虛心，降低身份，排除個人認為是對的見解，追隨別人。陰之能追隨陽，就是因為有這種虛心下人的德性。現在是說在空中飛翔的三陰因為本身的陰柔而具備虛己隨人的德性。

「以其鄰，」

「以」，與也，「其鄰」是指最為接近它的六五和上六。它說六四帶領它的鄰居六五和上六一同急忙地飛翔向下，和在下的三陽交際。

「不戒以孚。」

「戒」是警誡，警誡需要訂條約、講要求，因為有了某些約束或好處，大家取得互信就不會有戒心。「不戒」就是說不需要通過額外的條件或信約而能互信，相信在下的陽會接受自己、幫助自己。這裏是說六四帶領上面的二陰甘心降到下面和三陽結合，充滿信心認為三陽對它有助。在這裏可想到九三所說的「勿恤其孚」，表面上它是說不用憂慮陰會害陽。陽為君子，陰為小人，君子與小人是對立的。所以當君子以為小人是仇敵，排斥他們，小人就會反抗，結果就會造成君子和小人之間的矛盾、敵對、鬥爭。但假使在上的君子關懷愛護所有的人民，一視同仁，就如大地一樣，容許人參和砒霜同時並生。身為人君，擁有如此寬容的大度，像天地般厚德載物，關懷、教導、育畜小人，讓他們安居樂業，那小人就會慢慢變成君子，於是整個國家就會只有君子，沒有小人。這可說是中國儒家的政治理想。又或身為君子，不去逼害小人，而是教導、關懷小人，令他慢慢改變，朝廷之內，由君子主持政治，朝廷之外，小人能夠安居樂業，這才是泰的理想大同世界的出現。這是保泰的最關鍵之點。所以陰陽都應「勿恤其孚」，當小人感覺到君子是在關懷照顧他，他就不去逼害君子，和君子對抗。因此兩者都是孚，一是陽孚陰，是君子孚小人之道；一是陰孚陽，是小人孚君子之道，能夠做到這點，就有理想的泰世出現。

《象》曰：「翩翩不富」，皆失實也：「不戒以孚」，中心願也。

「《象》曰：『翩翩不富』，皆失實也：」

《小象傳》解釋六四爻辭「翩翩不富」的原因是「皆失實也」。這是指上面三爻都因為是陰爻、沒有陽之實的緣故。為了要和陽交際，所以要降到下面，那才會由沒有實變得有實。

「『不戒以孚』，中心願也。」

不需要互相警惕別人會來害你，而相信這個做法、樂意去做。因為三個陰爻內心最大的願望就是要和下面的三個陽爻交通，因此不需要任何的條款、任何的保證，而自然地相信對方，急速地飛翔而下和下面的陽爻相交。

古今對六四的註解分為兩大派，一派認為它含義不好，一派認為是好的。認為不好那派說《泰卦》之變為《否卦》，是因為陰爻下降、陽爻上升，所以《泰卦》就變為《否卦》，這樣，泰的治世就會變成否的亂世。從這個觀點出發，三陰下降得如此急促，是想去害陽，亦即小人急速想掌權，令君子受損。所以六四爻所講的是小人在泰到達極點之時，亦即否泰交接轉變之時，就急急下降，以實現心中想妨礙陽或君子的自私自利的想法。如是這樣，六四指的就是不好的事實。

但如我們細心分析《小象傳》對「中心願也」的解釋，可知這解釋不大合理，須知「易為君子謀，不為小人謀」，這是《易經》一貫的主旨，所以「中心願」應是君子的合理願望。原因是我們要從宏觀的整個卦來看，整個卦是講陰陽交際、陰陽交通產生《泰卦》。根據易學來說，凡陰陽不敵對，能互相協調、互相感應、互相混合都是好的，只有在陽排斥陰、陰排斥陽的時候才不好。現在這個卦強調感應，初與四、二與五、三與上都是陰陽感應；另外，本身已是陰上陽下，已可令陰陽產生感應，現在上卦的三陰下降，下卦的三陽上升，就是由於互相感應才會如此，所以這個關係是良好、幸福、合理的，不是邪惡的。既然爻辭說第五爻下降和九二結合，得到最大的元吉。為甚麼三個陰爻往下交結，四和上爻會是劣到極點？而五爻就好到極點？「皆」的意思是全部，因此應都是好，只不過因為爻位不同，有小好、中好、大好的分別而已，所以有部份的註解家說六四是吉祥的，是陰虛己以下陽，陰陽結合，得到幸福吉祥的後果。換言之，理論上六四是泰已到了極限，是由泰變否、好變壞的開始，但實際上，由於仍持續着泰的陰陽交際，因此這種壞只是理論上暗中慢慢產生，實際上社會國家仍保持着穩定持續的幸福發展，表面仍然是泰，只不過是向着否轉化，無論在正常人的感覺或實際上，仍然是泰，不知道它已走向否，這就合理了。我所採取的是這派易學家的觀點。

六五，帝乙歸妹，以祉元吉。

「六五，」

指第五爻是陰爻。

「帝乙歸妹，」

帝乙，殷高宗；歸妹，嫁出妹妹。「帝乙」是誰呢？這是有爭議的。東漢的京房、荀爽，甚至更早的《子夏易傳》都認為指天乙，亦即商代的開國君主成湯。商代帝王的名字多以在哪一天出生，就用哪一天的天干作為他的名字。成湯是乙日出世，所以叫「天乙」，所以可稱為「帝乙」。商中期另外有個君主也是乙日出世的，叫「祖乙」。而到了商朝的晚年，紂王的父親叫「帝乙」，則亦應可能是爻辭中的「帝乙」。京房、荀爽的說法是否可靠，難說得很，不過京房的《京房易傳》有段文字跟成湯嫁妹有關，教導她嫁到夫家要降低自己高貴的身份，好好守婦道。這段文字也見於《緯書》，所以可能京房是根據《緯書》鈔錄下來的。但那段文字一看就知道不是商代的文字。不過古代歷史後世史家往往改用當代文字重錄，因此單以文字作為偽託的理由，不一定對。這段文字就被古今易學註解家用作「帝乙」即成湯的證據，但仍有部份的註解家例如三國時代的虞翻則認為「帝乙」應指紂王的父親，後世學者考查古書，發覺《尚書．多士篇》曾約略提過，但其實《多士篇》也沒有明指「帝乙」即是紂王的父親。另一個說法見於《左傳》。根據《左傳》哀公九年的記載，宋伐鄭，晉為救鄭而求諸占筮，得「泰之需」。

《需卦》

《需卦》和《泰卦》，只有第五爻剛柔相反不同，可知變爻就是六五。春秋時期並沒有以「六五」作為爻題這種叫法。凡卦中哪一爻變，變成另一個卦，就以變成那一卦的卦來表示。「之」就是變為的意思。我們占筮時，可以很簡單地去查變爻爻辭的禍福吉凶，據此判斷所問事情的禍福吉凶。《泰卦》六五的爻辭是「帝乙歸妹，以祉元吉」，從此爻之占辭（判斷辭）為元吉，可知是吉利，所需決定的是自己還是對方吉利而已。由於春秋時解占法跟今天不同，要兼參詳本卦和所變成的卦的吉凶。它現在是《泰卦》，將來會發展成為《需卦》，所以要同時考慮《需卦》的好壞，才會知道未來的吉凶。

當時晉國陽虎提出微子是帝乙之子，他是庶出，商朝實行「兄終弟及」制度，所以可讓位予其弟紂王。紂王是辛日出世，所以他的名字是「帝辛」或「受辛」。這是《左傳》有名的一段記載，說出爻辭中的「帝乙」即是微子和紂王之父殷高宗。可是古代註家較相信《緯書》和《京房易傳》成湯嫁妹那段文字的記載，所以認為帝乙是成湯，但後世已有部份註解家開始相信虞翻帝乙是紂王之父的說法。今天的疑古派進一步還從《詩經．周頌．大雅篇》找到文王迎親的記錄，推想「帝乙歸妹」是嫁給周文王，甚至認為周武王是這位公主所生。這些全是推理，未必可信。但如說帝乙是紂王之父，有《左傳》「帝乙之元子」記載可證，女子凡出嫁叫「歸」，出嫁女子省視父母叫「歸寧」，被丈夫休棄稱為「大歸」，所以「帝乙歸妹」指的當是商末殷高宗嫁妹之事，虞翻的說法是可相信的。

但也有新的說法，例如專以商周史事解釋《周易古經》的黃凡先生，在他的《周易——商周之交史實錄（上下）》兩巨冊中，說法即不同於前人。他說從古到今，「帝乙歸妹」中的「歸」字都是解作女子出嫁，但「歸」還有回歸之意。另外他找到記載，原來商朝最後的首都是在朝歌，朝歌古代叫做「妹」，「朝歌」與「妹」或者同指一地，或者是兩個很接近的地方。因此「帝乙歸妹」並不是嫁妹，只不過是說帝乙現在回到朝歌。這是更新派的解釋，難於採信。古語有云：「眾疑則從古」，凡有很多爭議的說法，難以斷定孰對孰錯，我們認為暫時跟隨古代虞翻的說法較合理。

從象數來說，為甚麼叫「帝乙歸妹」呢？第三、四、五爻組成互體《震卦》。《十翼》中的《說卦傳》說：「帝出乎震」，因此互體上卦《震卦》有「帝」之象。又本卦上卦四、五、上爻為《坤卦》，漢代京房的八卦納甲法，即八經卦和天干配合之法，《周易參同契卷上》說：「壬癸配甲乙，乾坤括始終」，意指《乾卦》納甲壬，《坤卦》納乙癸，所以《坤卦》可配以「乙」，合起來就是「帝乙」。另外二、三、四爻組成互體《兑卦》，互體上卦是《震卦》，已見本段開始。因此互體《震卦》（雷）與《兑卦》（澤）就組成另一卦，就是《歸妹卦》，《歸妹卦》卦辭也有「帝乙歸妹」之文。另一說，《泰卦》三、四爻因為交際而互易，也組成《歸妹卦》。這就是古人所認為「帝乙」和《歸妹》的來源。

《歸妹卦》

五是君主之位，但六五是陰爻，所以是尊貴的帝「妹」。再者，當六五發動之時，陰爻會變陽爻，三、四、五爻互體組成《離卦》。乾坤生六子，《離卦》為中女，在姊妹排行之中是妹，因此也是「妹」。

「以祉元吉。」

「祉」，《左傳》在解釋占筮時説祉是祿，但很多註解家據字面解釋，解作福。「元吉」不是普通的吉，甚至不是普通的大吉，它比吉或大吉更高一級，因為「元」是開始，有偉大之意。整句是説因此得到的福澤是最大的吉祥。

《象》曰：「以祉元吉」，中以行願也。

《小象傳》解釋爻辭所以得出「以祉元吉」占辭的原因是「中以行願也」。「中」一方面是指內心，另方面是指它處身於上卦之中，即最適當的第五位；「願」是心中的願望。整句是說自己站在五位，即中位，而它與九二密切感應是心中最大的願望。這句説六五是柔爻在五位，身為人君，但只具備柔中的德性，正因為如此，故能虛己下從九二陽剛大臣。這種陰陽的結合正好比尊貴的婦女嫁給地位較她身份低的諸侯或者貴族，她並不以自己是尊貴的帝女而驕傲，反而降低原來身份，到了夫家之後恪守婦人順從丈夫之道。這種做法不是受到道德禮法的壓迫，而是內心願意這樣做。這個譬喻再進一步引申，是說尊貴的君主因是柔爻，所以變成帝妹，但仍是卦中的主宰。

《泰卦》的卦主是九二和六五，九二是致泰、治泰的卦主，而六五是保泰的卦主。在這兩個卦主之中，九二更具關鍵作用，它才是成卦之主，甚至可說是主卦之主。正因為這原因，這就違背了以九五爻為尊、為主的常例，如此一來，就要為此作出解釋：國家的體制是臣從君，但從更普遍的世俗層次來說則是婦從夫，所以六五不是帝乙，而是帝乙之妹，如此解釋方為合理。引申身為人君的六五絕對相信九二、樂意聽從九二，以九二為真正執政的大臣。九二得中，因為是陽爻，所以是剛中，六五則是柔中，因此是剛中和柔中的關係，彼此都得中，而陰陽合理地結合在一起，尤其是說出六五是「中以行願也」，更強調六五是真心實意地支持信任這位大臣，回應了九二爻辭「得尚于中行」。九二是「中行」，六五就是「中以行願」，兩者互相呼應。

上六，城復于隍；勿用師。自邑告命，貞吝。

「上六，」

指最上一爻是陰爻。

「城復于隍；」

這是一個譬喻，說出一件事的因果關係。古代建築城池，為了防禦敵人的進攻，往往在城牆外面把平地掘深成為壕塹，掘出來的泥土就堆在壕塹的另一邊，成為城牆的重要地基，城牆就是在這基礎上加高而成的。灌水於壕塹，於是整座城被水環繞，敵人就難以架雲梯進攻了。沒有水的壕塹叫做「隍」，有水的則叫做「池」。當然絕大多數的壕塹都會灌以水，所以通常建造一座很大的城門，平時放下來跨越城池以便出入。由平地築成城池是需要長時間慘淡經營才能完成的，有了城池就能保護城內的人安居樂業，象徵亂世經過長時間的努力才形成泰的治世；但泰卻很快會變成否。成泰是將《坤卦》

升到上面，象徵將大地的泥土升高，變成城牆。當《泰卦》變成《否卦》的時候，是《坤卦》降到下面、《乾卦》上升，本來升高了的大地降回低處，即「隍」的地方，城牆就消失了。通過這譬喻說出由泰變否，從治世變亂世。

「勿用師。」

「勿」是禁止之辭。整句是說千萬不要打仗。因為坤為眾、為師，在這個卦裏，坤本在上，現在下降，坤失去作用，即是不能用師。從實際情況來說，《泰卦》變成《否卦》是國內的亂事，因為小人當道，君子隱退，屬於內憂，不是外患。古代用兵多是為了對外，因為古代國家的疆域其實很小，所以國內不必行師，每逢出師必是對外。既然泰變成否是由於內憂，是國家政治上出了問題，又何須出師對外呢？有人因此聯想到唐玄宗的治績也可勉強說是由泰變否：開元至天寶之初可說是唐的盛世，倉庫糧食充裕，人民出門不用攜帶食糧，到任何地方投宿都有人家招待，人與人互相信賴，這時代勉强可稱為泰世。但安史之亂驟起，「漁陽鼙鼓動地來」，玄宗惟有命哥舒翰率領大軍抵禦安祿山的入侵。哥舒翰本是名將，他知道在這個時候只能防守等待，讓安祿山師老無功，才有轉勝之機。當時局勢本已穩定下來，但楊國忠向與哥舒翰不和，趁機向玄宗進讒，玄宗被他所蠱惑，以為哥舒翰堅守是有異心，逼他出戰。哥舒翰無可奈何聽命，一戰而潰，安祿山以迅雷不及掩耳的速度殺至長安，結果玄宗倉皇率領少數軍隊奔蜀。這也許是泰變否「用師」一個不太適當的比喻。歷史上，凡是國內大亂，當權者為了轉移國人視線，故意發動國外戰爭，使人人關心外事，不再攻擊自己，以為這樣便可逃過下台的命運。王莽篡漢後，在新朝之時發動戰爭，加速了新莽的滅亡。王安石的「熙寧新法」因受到大臣的攻擊，而發動國外戰爭，失敗後就不能不去職。因此我們可以引申，國內有了亂事，為了保護自己的祿位而發動國外的戰爭，到了最後，引致災禍連連，都是泰變否「勿用師」的一個個歷史教訓。古代帝王的「罪己詔」每能令國家復興；而統治者如為自己的過錯找出各種瞞騙的理由，只會令小錯變中錯，中錯變大錯，最終只會失敗覆亡！

「自邑告命，貞吝。」

「自」，從也。「邑」是國內自己管治的土地。「告」是發佈。「命」是命令。本來《泰卦》是萬國之君，但現在他的政令已不能施行於天下諸侯萬國之間，只能在自己政治勢力所能控制的邑內發佈。痛定思痛之餘，先在自己的邑內恢復正常秩序，再由此擴展到國外，才能由否恢復泰。「貞吝」，「吝」即羞恥，它不是凶或危，而是指不順暢或陽奉陰違、只有一半成功等等。整句是說在這情況下，如能堅持正確的做人道理、正確的施政方法，也不會做得完全妥當。

《象》曰：「城復于隍」，其命亂也。

《小象傳》說「城復于隍」是由於「其命亂也」。「命」一方面是人間的法令，更重要的是指天地的自然規律，由泰變否。「亂」是不正常，這是由於天命和國家的政令都是混亂之故。

總結

《象傳》作者綜合古義和他自己進一步的看法，對《泰卦》卦辭義蘊發揮得很深入。

《左傳》提到易卦筮例的記載有十九次，《國語》則有三次。幸運地《泰卦》佔了其中之二，一次見於《左傳》哀公九年，提到《泰卦》時內容較為簡略，另一見於《國語．晉語》，文字如左：

十月，惠公卒。十二月，秦伯納公子。董因迎公於河，公問焉，曰：「吾其濟乎？」對曰：「臣筮之，得泰之八，曰：『是謂天地配，亨，小往大來。』今及之矣，何不濟之有？」（中有節文）

魯僖公二十三年，晉惠公去世，國內為爭立繼位而大亂。秦穆公之前收容了因驪姬之亂而流亡在外的公子重耳，現在以武力護送他回晉國，擁立他為新的國君。重耳難以決定去留，在董因來到秦國迎接他之時，就問董因應否渡河回國。董因回答說：「我占筮過了，得到泰之八。」八是少陰，它的變化不大，是不變爻，因此一般的註解家都說他占到《泰卦》，應是六爻都沒有變化。凡六爻都不變的卦就以它本身的卦辭來說明未來的禍福吉凶。董因接着據卦辭說這個卦是天地互相配合，因此是好的。

他的說話給予我們很多信息。第一點，重耳回到晉國成為國君（晉文公）是公元前六三六年，如這個記載是可信的話，那麼距周初大約是四百年。古代的學術思想進步很慢，因此這種想法在此事之前的二、三百年可能已存在是不足為奇的。換言之，這種想法可能在《周易古經》撰寫時已有。《泰卦》由《乾卦》和《坤卦》組成，首先作者已認為乾是天，坤為地，這不是後人所發展的說法。第二點，他已明白到天地結合產生萬物是最吉祥的事情。因此追溯《彖傳》解釋卦辭文字的思想來源，最低限度已有二千六百年、甚或更古老。

由於它說「亨，小往大來」，在這個卦來說，「小」應是指陰或坤，「大」應是指陽或乾，再配合原文的「天地」，可推論天就是大，地就是小，乾大坤小，陽大陰小。「小往大來」是吉祥的現象。「今及之矣」，「及」是來到，現在將由不好的運走到好運，陽來陰往，因此是好現象。「何不濟之有？」為甚麼不渡過河回晉國呢？結果重耳成為春秋五霸中的晉文公。晉國成立的霸業較齊桓公、秦穆公更大，維持了百多年，由此可見，晉文公經過十九年苦難的磨煉，所獲取的幸福比一般輕易得來的幸福更為綿長。

從《國語》的記載，我們明白到《彖傳》的發揮是源自古舊，其中有四點深刻地表現了《泰卦》的精義。

第一，說到了大和小，它包括了天大地小、陽大陰小、君子大小人小，甚至健大順小等，統攝了上述各點。如再引申發揮，任何相反的事物都可用陰陽大小來歸類，後人就是再由此引申發揮的。

第二，它用了上下、內外來說明天地、尤其是陰陽兩氣交通的關鍵時，就用了內陽外陰來說明，陰陽是天地的層次，所以這是說天地的泰。當它用內健外順來說明，便從具體形象的天地抽象變成了天地的性質和作用，即健和順是乾坤反映天地的德性，因此內健外順是說乾坤之泰。「內君子而外小人」，這不是說普通的層次，而是說朝廷之內充滿君子，民眾就能安居樂業，因此這是朝廷之泰，用古代術語來說，就是天下之泰。作者以此說出了泰的不同層次。「上下」也同樣有不同的層次，首先是天地陰陽上下的結合，本來天地的具體形體不能結合，但陰陽兩氣上下往來就能使天地結合；落實到人道，君尊臣卑，名份地位上不能改變，就跟天尊地卑一樣，但君臣可以通過德和以共同治國的理想交泰。這是以上下、內外說明交泰。當然交泰的形式、方法極多，但概括來說，上下（上者下，下者上）、內外（內者向外，外者入內）是最關鍵的。

第三，它說君子小人的消長是人道泰否的原因。在這番說話的背後，我們可以作如下的發揮：天地的陰陽交通、混合、或人道的上下交通就是吉祥，不交通就是不吉祥，可以推知《周易古經》已有了這想法，後來的《十翼》、尤其是《繫辭傳》，更強調了事物的相互感應是宇宙最關鍵的原理。因此如以《易經》體例判斷天地萬物人事得失，「感應」是個關鍵要素。易卦中，初和四、二和五、三和上爻有沒有感應是吉凶的關鍵之一，但這只不過是《易經》感應原理的小應用而已。這種感應的背後，是說通過感應產生互相吸引、排斥、結合、推動萬事萬物變化等，甚至互相吸引混合為一，就可發揮和提升這種感應作用到更高層次。這就是「陰陽合德」。

「陰陽合德」經過一定時間穩定後，它和其他萬物之間又會產生感應的作用，例如吸引、排斥，推動（剛柔相推而生變化）。《否卦》就是一個例子，《泰卦》是天地交，天地運動，《否卦》是天地不交，天地靜止，所以萬物就不生長變化了。但是當天地定了位，就自自然然慢慢會產生感應而交通，有了交通的原理就會產生交通的事實。因此我們說「對待」、不說「對立」，凡「對立」的事物，是相反而相爭，但「對待」的待字是等待，即隨着時間的流逝，就會令原先靜止的事物產生感應，於是就有流行、交通了。

所謂「交通」，從二千六百年以前的占筮已說出天地的交通結合是吉祥來看，可見得這種思想由來已久。從哲學發展的層面來說，「交通」可用「和」來分析說明。

《國語．鄭語》記載了西周末年的太史史伯所說的話：「和實生物，同則不繼，以他平他謂之和。」他說「和」能產生新的事物，而「同」只能產生同樣的事物。「和」的定義就是「以他平他」，兩個「他」字是指不同物體，「平」字有平衡之義。當兩種或以上不同的事物混合在一起，能夠產生平衡的作用，就叫作「和」。這裏說出了多樣事物的不同，在一起時產生平衡協調的作用。多種事物的矛盾統一，就會產生新的思想、新的事物。同樣的思想、事物結合在一起，就只會是同一事物，不會有新的不同的事物產生，所以說是「同則不繼」。這可說是將「和」字提升到哲學層次上來解釋產生新事物，以及說出矛盾事物得到適當平衡處理就會到達統一的更高層次。

另外，《左傳》昭公二十年也記載了晏嬰對齊國君主所講的一番重要說話：「君所謂可而有否焉，臣獻其否以成其可；君所謂否而有可焉，臣獻其可以去其否。是以政平而不干，民無爭心。」他以「可」和「否」來解釋「和」，「可」是可行的政策，「否」是不可行的政策。他說君主提出「可」行的政策而其中有不可行的地方，臣子指出不可行（「否」）的部份而使「可」的部份更完備；相反，君主認為不可行（「否」）而其中有可行的，而臣子指出它可行的部份而棄去其不可行（否）的，因此政事平和而不違背禮儀，百姓沒有爭奪之心。「可否」的相反相成，巧妙的綜合就成為治理國家的合理政策。晏嬰說的「可否」，是相反相成思想的綜合提升，由矛盾變成統一，較黑格爾的「正反合」說還要早二千五百年。史伯是從實際事物上來講「和」，而晏嬰則是從思想上來講「和」，後來孔子在《論語．子路》上就講到「君子和而不同，小人同而不和」。遺憾魏晉時為《論語》作註的何晏解說得並不清楚。從文義來看，孔子對「和」的看法是繼承了史伯、尤其是晏嬰的說法，君子不是應聲蟲，小人則只會阿諛奉承，對君主的說話唯唯諾諾，所以他也是從思想上講「和」的。

但道家老子在講到宇宙生成論時就提到：「道生一，一生二，二生三，三生萬物」、「萬物負陰而抱陽，沖氣以為和」（老子．第四十二章）。宇宙中間有陰氣、有陽氣，兩者混合後所產生的叫「和氣」。宇宙的三生萬物，就是由陰陽兩氣的結合開始。史伯是講具體的萬物，但老子就提升至更抽象的哲學層次，用陰陽兩氣來說明整個宇宙的變化，萬物的生成毀滅，後來莊子的《田子方篇》繼承其說，講到「至陰肅肅，至陽赫赫」，說這至陰至陽兩種氣的平和結合就是「和」、能產生萬物。這種說法不獨是老子、莊子，甚至戰國時託名管子所撰的《內業篇》、乃至西漢武帝時的《淮南子．天文篇》，都有陰陽兩氣結合產生萬物的說法。《彖傳》可能繼承了更古老春秋時代天地結合的思想，再根據道家或陰陽家思想提升到陰陽的層次，用陰陽結合來說明宇宙萬事萬物的產生、形成、發展和變化，所以在這裏就以陰陽結合象徵吉祥、吉利。

陰陽結合除了形成萬物，令天地更通泰之外，有一個更為重要的作用就是推動萬物的變化。《彖傳》以天道闡明人道，最後落實到人道，所以用「消長」兩字說明陰陽變化增減，就是天地的規律，是天地事物變化關鍵之所在。《周易．豐卦．彖傳》對「消長」有更詳盡的發揮：「豐」代表豐足，就如今天的都市人，生活物質遠超日用所需，就是豐足之意。《豐卦．彖傳》說：「日中則昃，月盈則食，天地盈虛，與時消息」，當太陽升到中天，就會從最高一點傾側下降；當月到盈滿的時候，滿月就會慢慢縮小、直至沒有，甚至產生月食（月食往往是在月明之夜產生的）。這是說太陽和月亮在它們最高最盈滿之時，就開始轉向相反面。同理，豐足不會永遠豐足，下一步就會走到豐足的相反面。盈是充滿一切，虛是一無所有，萬事萬物充滿到極點就會變得空虛沒有。它是根據《易經》最重視的「時」這個觀點說的，陰陽兩氣會順着規律而「消息」，「消」是減少，「息」是增加，陰陽兩氣的增加和減少會順着一定的規律，必然產生，是人力所不能改變的。天地包括人道的泰否同樣顯現這種必然的規律，泰極必否，否極必泰，成為一種循環，泰運先須循規律產生，然後天地或人間才有泰運，因此成泰是必然的。但後來的《十翼》只承認這個規律是人力所不能抗拒的，不一定是必然的，否則《周易古經》或《十翼》就根本不用寫作。須知道原來的《周易古經》、尤其是後來的《十翼》經儒家提升了的哲學理論解釋發揮《周易古經》之義：人類在泰運出現時要盡量持盈保泰，通過艱貞努力來延長泰運。否運則往往是人類的作為帶來的，因此人間否運的主因——君主就要負上最大的責任，換言之，他應好好地領導全民持盈保泰，令到否運不出現，或者令到它更快過去。整個《否卦》其實就是說出如何以人力令否運快些過去，強調人為努力的重要性。

在這裏我們只能說《象傳》提出的「消長」是應用了《易經》陰陽消長理論作為根據；而這種陰陽消長理論其實背後有很多理論支持，令這簡單的理論內容變得豐富。第一點，《易經》之稱為「易」，關鍵的意義是變易，因此《周易古經》已隱寓陽爻會變陰爻，陰爻會變陽爻；或它稱為剛爻變柔爻、柔爻變剛爻。我們通過占筮得到某一個卦，那個卦的變爻遲早會變向相反性質，初步說出了天地的事物不停在變化，將它提升到陰陽的範疇，任何事物都會從最好變到最壞，或由最壞變到最好。

《泰卦》已在九三爻特別提出了「无往不復」，這就是《周易古經》對事物變化的看法。「无往不復」指凡是前往了的最後一定會回來，就如以前的時鐘，鐘擺一來一回，呈現出循環往復的規律。「无往不復」的思想也在《復卦》中反映，它說：「反（古代通「返」）復其道」。「反」的第一個意義是相反，第二個意義是回來，其實就是反復的運動。因此「反」和「復」在《周易古經》裏已很講究。而這種反復，在易卦中大都是到了最上一爻才產生的，往往是下面一直發展到第五爻位最好，最上一爻就會由好變壞；反之，如下面一直是壞的話，到了上爻就會向好發展。因此在創作《周易古經》的作者心中，已自覺或不自覺地體會到這種變化或反復的過程是有條件的，一般不會在九二就變好或變壞，而是要到了上九才會變好或變壞。因為任何事物要發展到極限才會產生變化，極限就是條件。例如《泰卦》九三爻辭是「无平不陂，无往不復」。其實《泰卦》六爻中，九三應是很好的，「平陂往復」所說的只是未來如何的不好，在哲學或實際中都是「未然」，它現在只是提醒人們要警覺，居安要思危，其實甚至到四爻、五爻還是好的，要到了上爻才變壞，到了那時才是發展至「已然」。

老子和孔子都繼承了遠古的中國思想、文化，老子繼承了《周易古經》「反」和「復」的思想，提升概括為：「反者道之動」，道在運行中一定向着相反性質發展，這是「消息盈虛」更高層次的概括。而他所說的「復」，見《老子·第十六章》：「致虛極，守靜篤，萬物並作，吾以觀復。夫物芸芸，各復歸其根。」這在後來的哲學中也常加引述，事物的「復」必定是回到它的根本（根本是樹木原始部份，由此長出樹幹、樹枝、樹梢）。老子雖認為事物是循環往復地變化，但最後總是回歸到本根、原始，因此老子的「循環」應是沒有進展的。他也沒說事物要發展到了極限才會有變化，他在第五十八章說到「禍兮福之所倚，福兮禍之所伏，孰知其極，其無正」，其中這個「極」字會不會表示老子也知道禍福要到了極限才向相反發展？從前後文來看，並不覺得文中的「極」字有此含義。從宏觀的角度來看，老子、莊子都講事物是相對的，但他們對相反的事物是採取和諧並存的看法，甚至泯合為一。例如「和」，老子說「沖氣以為和」（第四十二章），結合兩個矛盾成為一個新事物，矛盾就消失了，因此「和其光」、「同其塵」、「齊生死」、泯合是非，可說是道家的思想，其中以莊子說得更清楚。在這種哲學觀點中，是無法有極限的，因有極限即有鬥爭，不到極限就不會有鬥爭。反而《易經》講極限，後世的《易傳》更講極限。

「物極必反」這句話的最早來源是《鶡冠子．環流篇》，它應是戰國末年的著作。在《環流篇》中，鶡冠子提出了「物極必反，命曰環流」的說法，意指「物極必反」這現象為「環流」。這是文獻上找到這句話的最早記載，但不等於在此之前或同時沒有這種思想。例如《呂氏春秋．大樂篇》就說宇宙天地如車輪般轉動，「終則復始，極則復反」，這句話跟「物極必反」的涵義差不多。東漢的《京房易傳》首先引用「物極必反」這句話，後來直至唐朝的易學家也偶然用「物極必反」來說明其中道理，但在著作中重複引用的是北宋程頤的《易程傳》，因此很多人以為這句話是程頤首先提出的。這句話說出了陰陽轉化的其中一個條件就是要到極限；第二點，指出陰陽變化的特性，這簡單地可以從《繫辭下傳》所說的「窮則變，變則通，通則久」作出發揮。甚麼是「窮」？甚麼是「通」？「窮」是指陽發展到了極限，它仍是陽，尚沒有改變，不能再有所發展，不能再前進，便是走到窮途末路了。當陽發展到極限變成陰，陰繼續發展就叫做「通」。同理，陰亦這樣。因此「窮則變」這句話背後說出了歸納事物的變化都可概括為陰陽變化，換言之，任何事物都受到這變化原理的規範。「變則通」說出了凡陰陽能繼續變化就可以持續發展，萬事萬物的變化就是依着這規律持續發展下去。「通則久」，「久」指長久，這種陰陽變動可以長久發展下去。因此易學講的變動，第一，變動是天地萬事萬物所必須遵守的原理；第二，它會持續發展下去，而且是長久永恆的。第三是「致中」，我們已講過「和」是陰陽混合，但為甚麼要「裁成輔相」？就是因為過猶不及，要保泰就要保持中，過了中就要減少它，不及中就要增加它，「致中」其實是對待變化的關鍵。《象傳》說出了易學幾個關鍵的哲理。然後在《象傳》裏，它提出了「裁成輔相」的說法，關鍵就是「致中」。

宇宙基本原理的幾個關鍵因素：變、反、和、致中，它們其實是同一原理在不同時勢的不同作用。「致中」在易學裏是很重要的思想，而且從中國文化來說，「中」的哲理亦最為重要。細看周初的文告，或者《尚書》，在用到「中」字時，往往和事物是否適當、是否合乎道德，已有模糊類似的關聯。由此可見，在孔子之前的中國古人對「中」已有一定的意義，它代表一種標準，或是道德的教訓。

孔子就是繼承了古代「中」的文化，再將它發展。《論語．堯曰篇》：「咨！爾舜！天之曆數在爾躬，允執其中！」這是堯對舜的一番訓話，叫他好好地執掌中，舜再將這道理傳給禹。究竟甚麼是「中」呢？可說很簡單，但也複雜之極。孔子如何看待「中」？《論語》有「兩端」之說，後人解釋為兩極端，孔子每通過事物的兩端來教導人。另外，《論語》也提到「中庸」和「中行」。「中庸」和「中行」的意義同是既簡單、又複雜。孔子說要找到中行的學生來教是很難的，只好找些狂和狷的學生來教導，因為「狂者進取，狷者有所不為」（《論語．子路篇》），所以中行不是狂，也不是狷，猜想應是指中道的人。另外，孔子常說「過」和「不及」都是不好的，因此「中」應是在「過」和「不及」中間的位置。後來子思著有《中庸》一書。《中庸．第六章》引孔子之言：「舜其大知也與！舜好問而好察邇言；隱惡而揚善，執其兩端，用其中於民，其斯以為舜乎！」這是說孔子說舜好問，也很重視別人的意見，他往往就是執其兩端，用其中於民，這是舜追求知識、判斷道理的方法，這句話簡稱為「執兩用中」。「執其兩端」是說一定要體察、了解事物的兩個極端，然後選擇兩極端中間一個最適合的道理，將這道理推行於政治，就是治理人民最適當的方法。這裏所謂兩端中間，那就是「中」。如把它應用於《泰卦》就簡單了，《泰卦》剛好是三陰三陽，因此得到天地陰陽兩氣之中，所以《泰卦》是個吉祥的好卦。相反不好的《否卦》同樣是三陰三陽，只不過它們是顛倒了的。但不好的《否卦》中也是完全沒有「凶」、「悔」、「吝」的判斷辭，反而從更高的哲學層次來說，《否卦》的初爻到上爻是一個從否變泰的人類努力的過程，也是剋制否運、改變否運的過程，雖然辛苦，卻未言「凶、悔、吝」，只是說努力去發展而已，因為它也是中。

孔子所講的「中」，有很豐富的意義。第一點，兩極端即是矛盾，會產生鬥爭，但在好壞兩極端中間那一點，根本沒有矛盾，如向好的那端發展會變好，向壞那端發展會變壞，中間那一點是不好也不壞。道家的哲學固然要把矛盾混合為一，「和其光」、「同其塵」，孔子同樣不注重矛盾、鬥爭，但他注重在矛盾中間、推動事物繼續變化的那種狀態，他主要是說矛盾的統一，就可提升事理到更高的境界。因此孔子所講的「中」，是將矛盾統一，於是矛盾就不存在了。但他說的「中」是以義作為標準，義即是適當。所謂「適當」，不一定是事物之一半，既不是平均數，也不是中位數。時間、空間和人有所不同，做法便不同，做法適當才合乎「義」。孔子所寫的《春秋》其實是通過歷史人物的行事作為具體例子，說明為甚麼這樣做法是對或是不對，教導我們立身處事之道，而《易經》則是通過抽象的道理教導我們立身處事之道，綜合兩本經典之義，便真正懂得如何立身處事了。

綜合了「和」、「反」、「致中」，易學把「和」發展至「大和」或「太和」。從天道來說，整個天地的運行互相協調所產生的大和諧，可以叫「太和」；而從地道來說，萬物都能順着它的本性生長到最圓滿而互不侵害，反而互相補益，也就是太和；而從人道來說，人間事物的分工合作，互補互助，也就是太和。「太和」這名辭，可說是儒家的後學綜合了道家的觀點，提升到同時對天地人都適用的名辭。這名辭在莊子的《天運篇》也曾出現，說是「太和萬物」，只不過《天運篇》可能是莊子後學的著作。因此「太和」這名詞應是《文言傳》在解釋《乾卦》時首先提出來，而成為兩千年來中國人所信奉的哲理。北宋的張載對這名辭作出哲學意義上的提升。他認為天地之間的陰陽兩氣混合，在混合之時，陽氣上升、陰氣下降，陰陽兩氣互相推動，事物到了一個發展極之和諧的狀態，就叫做「太和」。因此張載認為「太和」就是「道」，就是「太極」。「道」固然是宇宙的實體，也是宇宙的規律，更是宇宙事物變化的一個過程，他的說法把《文言傳》的「太和」概念發展到更高的哲學層次。到了他的後學、明末清初的王夫之再將「太和」這哲學概念發展到更完美的境界。

「裁成輔相」的說法其實在《繫辭傳》裏有另一個哲學命題跟它差不多，意義可能較它更為豐富，就是「天地設位，聖人成能」（《周易．繫辭下傳．第十二章》）。「天地設位」是指天地形成了一個嚴謹、和諧、運動不息的天地。不過天地之能（功能、功用）是為整個天地萬物着想的，不是只為人類着想的。從人類的立場來說，天地這種「能」只能說是天地的本性，這種天地規律的作用可以啓發人類的智慧，亦可以促進人類體會天地的規律、用以建立人類的道德標準，以提升人性和道德高度，但當我們從天地接收了知識和智慧，通過天地的作為，啓發、改進了人類的德性，我們就要利用得到的智慧和德性，由最聰明的聖人根據天地的性質和規律，想出和做出一些更能改善人生的事情。這才是體會了天地之理和精於《易》學的聖人所完成的「能」。天地所有的「性」，人類就要利用自然、改善自然的性，其中最關鍵的是改善人類的生活，增進人類的幸福。這就是《易經》從高層次教導我們要達到的理想和目的。這是「裁成輔相」更高的理論根據。其實《周易．乾卦文言傳》所說的「夫聖人者，與天地合其德，與日月合其明，與四時合其序，與鬼神合其吉凶。先天而天弗違，後天而奉天時。」最後兩句：「先天而天弗違，後天而奉天時。」與此是相通的。天地規律在發展形成之前，我們做一些事令地球規律得到改善或人類得到更大的幸福，這些事上天是不會反對抗拒的，就是「先天而天弗違」；形成了天地規律之後，我們了解了天地的自然規律，順從它來改善人生的做法，就是「後天而奉天時」。一個是順天，一個是改善天，用今天的術語來說就是，一方面人類要遵從地球上各種自然規律，因為人類是不能違背自然規律的；另一方面，在順從自然規律的同時，人類應站在人道的立場，利用這些規律來改善人生，但這些做法是要以順從自然規律為最高原則。意思是，我們所謂改善民生，是在與地球協調的同時，不損害地球，令人類和地球彼此都得到利益，是一種和諧的協作，而不是征服的協作。

因此這種哲學觀與西方天地對立的想法是不同的，西方因了解自然，而利用自然，到最後征服自然；中國古代是在了解、利用自然之後，和自然和諧相處。這種思想可說是等同「裁成輔相」或「先天後天」或「天地設位，聖人成能」這些哲學命題。這是中國古代對待人、尤其是天地、外界的關鍵性想法。從前不覺得這想法偉大，今天目睹人類對地球的作為所帶來的嚴重後果，才知道它是個更崇高、更合理的想法。

【第四講】否卦

䷋（坤下乾上）

「《否》」：否之匪人，不利君子貞；大往小來。

《彖》曰：「否之匪人，不利君子貞；大往小來」，則是天地不交而萬物不通也，上下不交而天下无邦也。內陰而外陽，內柔而外剛，內小人而外君子；小人道長，君子道消也。

《象》曰：「天地不交」，否；君子以儉德辟難，不可榮以祿。

初六，拔茅茹，以其彙；貞吉，亨。

《象》曰：「拔茅貞吉」，志在君也。

六二，包承，小人吉；大人否，亨。

《象》曰：「大人否，亨」，不亂群也。

六三，包羞。

《象》曰：「包羞」，位不當也。

九四，有命无咎，疇離祉。

《象》曰：「有命无咎」，志行也。

九五，休否，大人吉；其亡其亡，繫于苞桑。

《象》曰：「大人之吉」，位正當也。

上九，傾否；先否後喜。

《象》曰：「否終則傾」，何可長也。

卦名闡釋

《否卦》的否字，和不字相通。將否字拆開，是口中說不。所以原義有反對之義，再由彼此因反對而僵持，以致事情行不通，而有閉塞不通之義。因此解釋《周易古經》的《象傳》、《彖傳》甚至《序卦傳》都以不交通為《否卦》之義。

從《乾》、《坤》兩卦開始，經歷了十卦，備嚐艱苦之後，才到《泰卦》，可見泰世出現之不易！而《泰卦》之後，跟着的就是《否卦》，可見泰世之不易長保！研習《易經》的學者應在此處細心體會，才是善於學習！

「《否》」：否之匪人，不利君子貞；大往小來。

「《否》」：

這裏的「否」字加上了括號，表示這個字是通行本《易經》原文所無。根據高亨教授的分析，他說每個卦應是先列出卦名，再以文字說明其意義，因此「否之匪人」的「否」字是卦辭文字說明的部份，不是卦名，所以須在此之前加「否」字，以表示這是《否卦》。他的說法言之成理，不過馬王堆的《帛書周易》也沒有這個字，所以是否應加「否」字，尚需斟酌。

「否之匪人，」

「匪」非兩字相通，匪人即非人，是小人、壞人。北宋程頤提升到哲學的層次，以為「匪人」是非人道，即不合乎人道。先就字面來說，「否」，閉塞，引申為不暢通，不能運行。整句的意義是，《否卦》講的是天地否塞不通、以致在政治方面也是上下否塞不通，是不合乎人道的。

「不利君子貞；」

不利於君子守正道；古義可能「貞」指占問，那麼這句是說不利君子占問未來，即將來不吉利，也勉強可通。

「大往小來。」

《十翼》中的《雜卦傳》將意義相反的兩卦臚列，排成三十二對，再簡單地以一兩個字說明其意義，例如「乾剛坤柔，比樂師憂」；有關《泰》、《否》，則是「《否》、《泰》，反其類也」，指《否》和《泰》在類屬上剛好是相反的，各位細心比較《否卦》和《泰卦》的卦辭和《彖傳》的解釋便可知道。既然兩個卦是相反相成的，《泰卦》卦辭首先講「小往大來」，而《否卦》卦辭則首先講「否之匪人」，後來才說「大往小來」，為甚麼不相對成文，這是作者的疏忽還是有特殊含義呢？《泰卦》先講「小往大來」是講陰陽的來往，這是天地的層次，說的是天地的規律，因此講出《泰卦》之「來」是自然規律之必然發展；而《否卦》先講人，再講自然規律，顯示出「否」雖也是自然規律之必然結果，但是人的作為是產生「否」的更重要的原因，這個原因就是「匪人」。

《彖》曰：「否之匪人，不利君子貞；大往小來。」則是天地不交而萬物不通也；上下不交而天下无邦也；內陰而外陽；內柔而外剛；內小人而外君子，小人道長，君子道消也。

「《彖》曰：『否之匪人，不利君子貞；大往小來。』則是天地不交而萬物不通也；」

《彖傳》解釋卦辭：「否之匪人，不利君子貞，大往小來」，主要是因為「天地不交、萬物不通」。須注意：《泰卦．彖傳》說：「天地交，萬物通」，《否卦．彖傳》和它剛好相反。「天地不交」是指天地不交通，就是天地之否。

「上下不交而天下无邦也；」

這裏的「上下」雖也勉強可指天地，但主要「上」是指人間在上的君主，而「下」指在下的人民，彼此情志不交，在上者得不到民眾的信任，在下的民眾無法反映他們的疾苦和訴求，因此天下沒有了國家，邦和國二字同義。一個國家的存在，土地、人民、主權是三個關鍵因素。雖然有了土地和人民，但如在上者不能治理下民，在下者得不到在上者的保護，生活得不到安寧，這國家也就不成為國家了。現在就是說出了上下互不信任，在上者信用蕩然，在下者不服從法令，表面上國家存在，實質上是不存在的。請注意：國家和天下涵義不同，天下指萬國之君所統率的萬國、萬物、萬民等。

「內陰而外陽；」

陰在內，陽在外。上下內外，都是說明結合的形式。陰陽是天道的層次，剛柔是地道的層次，仁義是人道的層次，《說卦傳》特別做了這界定。因此在易學上，講天道用陰陽的概念闡釋，講地道用剛柔的概念闡釋，講人道就以仁義的概念闡釋。天道是抽象無為的，但地道是具體可見的，在易學來說，天道規律足以指導人類，而地道是人類資生所利用的，因此人類在低層次了解禍福吉凶，不需要講天道，最重要是講具體的地道，所以《周易古經》稱陽爻為「剛爻」、陰爻為「柔爻」。另外，正因為天道是無形無象的，當變成卦爻的象徵符號，已是有形有象，落在地道的層次，所以就用「剛柔」而不用「陰陽」了。但是也有例外，《乾卦》、《坤卦》、《泰卦》、《否卦》這四卦在《十翼》中就用陰陽來解釋，如「陽在下也」（《乾卦》）、「陰始凝也」（《坤卦》）之類。但是《乾卦》沒講陰，《坤卦》沒講陽，同時講到陰陽的只有《泰卦》、《否卦》，因為只有這兩卦同時有乾、也有坤，因此解釋時可陰陽並用。可見古人用字的嚴謹精密。陰在內、陽在外，是天道的否。

「內柔而外剛，」

柔在內、剛在外，是地道的否。

「內小人而外君子：」

朝廷之內全是小人，君子則全被排斥到朝廷之外，這是天下之否或朝廷之否，因此是講人道之否，所以程頤說「匪人」，是非人道也。作者同時以天地人三道之否來解釋《否卦》。原本卦辭「否之匪人」只是講由於天地不交通，人也不交通，結果不合乎人道的要求。

「小人道長，君子道消也。」

道家用的「道」字，是指宇宙的本體、規律和變化運行，是屬於高層次的；但儒家從一開始所着重的是人道（其實亦即是仁道），由此引申至各種不同的道，高如仁道，低如博弈之道，所以有君子之道，小人之道。道家不會有小人之道，它說的天道是崇高偉大、高不可攀的，怎會有博弈之道、小人之道？但儒家可以，因為人道將人類的一切作為都包括在內，所以它說君子之道消退了，而小人之道增長了。

小結

《否卦．彖傳》和《泰卦．彖傳》的文字幾乎全部對應，但《泰卦》用的是「內健外順」，這裏用的是「內柔外剛」。《繫辭下傳．十二章》曾說「乾健」「恆易以知險」、「坤順」「恆簡以知阻」，把天地人生之道變作乾坤健順之道，健順可以上通天道、中通地道、下通人道。「健」和「順」這兩個觀念是《易經》最關鍵的哲學思想，「乾易坤簡」即等於「乾健坤順」。張立文教授在《中國哲學範疇發展史（人道篇）》的〈健順論〉（中國人民大學出版社一九九五年出版），闡述「健順」的概念如何從《易經》的「健順」一直發展到宋明理學的「健順」，成為儒家哲學的關鍵焦點。他是第一個搜羅有關資料、並作出詳細闡述的人，或許仍未夠完善，但已可令我們知道「健順」在哲學上的重要性。

「柔剛」是指物質的性質，「健順」可兼指天地人的德性，而尤以人的德性為主。《否卦》是小人當道，因此沒有人道的德性，所以不能採用有道德意義的「健順」，只好改用沒有道德意義的物質性「柔剛」來代替；其實剛柔本身也含有道德性，只不過沒有「健順」那麼明顯。在這裏特定解作地道，所以道德性減到最低，避免我們誤會《否卦》的小人也有「健順」的德性。

《象》曰：「天地不交」，否；君子以儉德辟難，不可榮以祿。

「《象》曰：『天地不交』，否；」

《大象傳》解釋說：體會到《乾》《坤》這兩卦這樣排列所形成的象徵事物，就是天地不交通、不結合，就是《否卦》的來源和意義之所在。

「君子以儉德辟難，」

這裏又與《泰卦》不同了，《泰卦．象傳》說的是「后以裁成、輔相」，「后」指元后、人間最高的君主，現在只說是「君子」，原因是到了這個卦，已沒有國家的存在，君主已不是君主，所以不再用「后」，而用「君子」兩字。其實古代的君子高可指國家的君主，低可指執掌國政的卿大夫，因此「君子」是統治階層的籠統稱呼。「以」，是憑藉，君子體會了這卦象所指示的哲理，跟着它去做。

「儉德辟難」，「辟」在古代與「避」相通，這裏是指逃避時世的災難。唐代以前的傳統解釋，「儉德」指節儉的德性。人如能節儉，追求財富和名利之心就會減少。這裏說的對象是貴族。身為貴族的君子，處身在否的時代，以節儉作為他最重要的德性，就可避免各種災難的來臨，因此作者告誡貴族不要奢侈，盡量收斂自己的各種物質慾望。唐初孔穎達等的《周易正義》就是如此解釋的。一直到北宋程頤等，仍採用此義。之後，由於陰陽學理論的繼續發展，「儉德」才多了收斂道德才能這層意義。原因是陽的性質是擴散的，而陰的性質是收斂的，例如《坤卦》的六四是陰中之陰，因此爻辭是「括囊无咎无譽」，意思是好像用袋子包裹着自己，收藏密封，像是失了蹤。《小象傳》解釋：這樣才可以「慎不害也。」《文言傳》亦說：「蓋言謹也。」《坤卦》六四爻講出在多災多難的時世，人最需要謹慎小心，收斂自己的才能、道德，不表現於外，使到自己沒有名譽，也就不會有過錯、沒有災禍，相反就是後世所說的「人怕出名豬怕壯」；因為《否卦》是陰長的卦，所以陰的收斂性質在這卦成為主導。《大象傳》根據卦象中乾坤性質互相混合的結果來指導人類進德修業，因此提升了原來意義，變成「儉德」是指收斂其德，「德」是指道德、德性，但除此之外，亦指由此德性引申出來的各種正面、值得讚揚的才能知識在內。所以所謂「儉德」，是指將人類所推崇的道德行為、聰明才智盡量收斂到不為人所覺。因為如表現出來的話，是會遭人妒忌的，你的品德為別人所無，或者令他自愧不如的話，你這位有道德的君子就會成為眾人妒忌攻擊的對象，直至你被貶低至和他們同一水平，於是他們心理上就平衡了；才能也是一樣。因此在亂世、小人當道的時候，就千萬不要展現過人的道德才能，否則就容易受到迫害，孔子讚揚蘧伯玉說：「君子哉蘧伯玉！邦有道，則仕；邦無道，則可卷而懷之」（《論語·衛靈公》），「卷而懷之」便是「儉德」。因此宋朝以後，「儉德」就多數解作收斂個人的才能道德了。

「不可榮以祿。」

榮，唐初孔穎達等解為「榮華其身」，即不以仕祿為榮。南宋朱熹《周易本義》則從不以仕祿為榮，進一步以「人不得以祿位榮之」說明其義蘊，後來的註解都根據他立說。但三國東吳虞翻註本「榮」字作「營」。唐李鼎祚的《周易集解》是研讀《易經》必備的書，它也作「營」字，可是並沒引起其他學者的注意。一直到了清代清學大師王引之，他說很多古籍和漢代文章在引述這一句時，都作「營」字，而「營」字的古義是惑也，「惑」是迷惑，因此「不可營以祿」，意義是千萬不要受到爵祿、名譽、權力的引誘而出來做官。

「祿」是食祿，「祿」與「福」最大的不同是「福」指福份，而「祿」指可以食用的東西。古代以穀物作為俸祿，秦朝以前，所有官吏與君主都有血緣關係，得到君主的封地，就以封地（食邑）生產的穀物等作為他的收入。到了秦始皇統一天下，改為郡縣制，官吏不再享有封地的稅收，改為食祿，以米糧為單位。穀物的稱量單位是石（讀為「擔」），例如漢代宰相年薪萬石，九卿和郡守是二千石，刺史原本是六百石等。上面講過「于食有福」，食指「食祿」，表示為官者仍保有食祿，享有幸福。再從俸祿是有官職，引申為名譽、權力、金錢。另外，「榮」是別人加於己的，「營」則是自己內心的抉擇。

究竟原文應作榮字還是營字呢？可能營字接近原文一些，但從道德哲學的層次來說，則「榮」字較「營」字好。「營」字指不受誘惑出仕，表示心中仍有名利的想法，不受官爵所誘惑是自己道德的堅持；但假如心中全無名利之念，小人想給官位爵祿，也無動於中，道德修養的層次就更高了。後人覺得這樣更能顯示出君子的人格道德修為的超卓。所以兩千年來都作「榮」字，不用「營」字。這個人不以名利為榮，默默無聞、無求於世，不為人所知，能在「否世」全身遠禍，成為遁世無悶的真君子，這才是真正的君子。孔子曾説「賢者辟世」（見《論語·憲問》），指天下無道而隱，像伯夷、叔齊等人，便是「不可榮以祿」的實例。

詳細分析

在《大象傳》中，「儉德避難」是指藉此逃避時世的一切災難。如用陰和陽應交通來説，利和害本應交通，而現在則是説利不與害或陰交通；害也不與利或陽交通。為甚麼？這是配合了卦時、天運來説的。《否卦》説出了陰陽不交，既然天地陰陽不交，人道亦應如此，因此既不與陽（利）交，也不與陰（害）交。這兩句句子相反相成，從正反兩面説出了體會了《否卦》的卦象，身為君子，在積極消極、好與壞兩方面，都要同時斟酌考慮，才合乎君子之道。這點同樣説出了《易經》、尤其是後來的《易傳》不採取兩極端，而要採取中道（「執其兩端用其中」）的原因。

初六，拔茅茹，以其彙；貞吉，亨。

「初六，」

指最下一爻是陰爻。

「拔茅茹，以其彙；」

「茅茹」，茅是茅草；茹是根部。用手拔茅草，連帶把其他茅草的根也拔起來了。《泰卦》的初爻也是說「拔茅茹」。為甚麼《否卦》亦有此卦象？從象數學來說，東漢末三國虞翻指三、四、五三爻組成互體中的上卦《巽卦》，巽為風、為木，茅茹就是木的類象。

三、四、五三爻組成《巽卦》

雖然後世有些註解家接受這個說法，但理由是有點勉強的，因為互體《巽卦》在上面，而茅茹在最下面的緣故。因此少數易學家認為應從下卦來解釋，因為茅茹在地下，而每卦的初二兩爻為地，初爻在地下，可象徵埋在地下的茅根。《否卦》的下卦是《坤卦》，初爻是陰，當初爻變化發動的時候，就會由陰變陽，於是下卦就會變成《震卦》。

初、二、三三爻組成《震卦》

在八卦中，《震卦》屬木，可取象為植物叢生。以此解釋茅茹，就較合理了。另外，二、三、四三爻組成互體中的下卦《艮卦》。二、三陰爻不動，在上的四爻陽爻動，象徵在人體上部的手，所以有手在上面下拔之義。結合這個互體和下卦的意義，就是用手拔起茅茹。

二、三、四三爻組成《艮卦》

「以」，及也。「彙」是同類。連及其同類。因根部相連，拔一棵茅茹就連帶其他同類的茅也拔起來了。

「貞吉，亨。」

守正道就會吉祥。亨，暢通，順利。

這可從卦象分析：當初爻發展，就由陰爻變為陽爻，下卦就變成《震卦》，於是整個卦就變成《无妄卦》。

《无妄卦》

《无妄卦》是說天地的運行合乎規律，因此「无妄」就是不妄動，凡妄動之爻為不好，合乎正義而動之爻才好，《无妄卦》就是指導做人不能妄動，卦以初爻爻辭「貞吉，亨」，就是從《无妄卦》之義而來。凡是變卦，其意義當然會跟本卦有所不同。後世的占筮不講變卦的意義，但在春秋時代卻要考慮，因它跟未來的發展很有關係。後來的人雖不大講究變卦，但仍有一批易學家講究變卦，其中說得簡明扼要的是南宋曾任宰相的沈該，他的《易小傳》用了象數學、尤其是春秋時代兼論變卦的傳統象數學來解釋。我的解釋有部份採用了他的說法。

詳細分析

《泰卦》和《否卦》是相反相成的兩個卦，以相反互補彼此不足之義。在哲學的高層次上，通過兩極端更可體會中道的深層意義。《泰》、《否》兩個卦的初爻都同說「拔茅茹」，說出了無論在泰的盛世還是否的衰世，君子和小人都是聯群結黨，共同協力辦事。《泰卦》是三陽為朋，《否卦》是三陰為黨，「朋」含有褒義，「黨」則相反，含有貶義；其次，通過陰陽的意義來解釋通與不通，《泰卦》的三個陽爻是從初九開始暢順向上，象徵泰一開始就亨通，而《否卦》的三個陰爻聯群欲上進而不能上進，象徵初六一開始就是否塞不通，所以《泰卦》是一開始就可以亨通上進，《否卦》一開始就是欲上進而阻塞難於上進，剛好是相反的。三陽是君子任事，不會為了一時利益而魯莽行事，所以做事慎重，因此爻辭勉勵君子不要遲疑，應當仁不讓，快些出來為國家、人類從事有益民生的工作，所以《泰卦》初九爻辭是「征吉」。而《否卦》三陰是小人任事，急於為自己利益着想，所以爻辭說「貞吉」，說明要守正，方為吉利。守正的背後，有行事穩重，不急於求成之意。因為「貞」和「鼎」在商周時可能是通假字，鼎是穩定不動的，「貞」也有靜止不動之意。因為三陰如果迅速上進，否世就會更快來到，所以在這裏提出了三陰同類並進，應要守正道，才會亨通、吉利。亨通的條件就是守正。

前面說過易學最重感應，《泰卦》是陰陽感應特別強的卦，三陽要上進、三陰要下降，都是順乎感應的自然規律樂意去做的；但《否卦》剛好相反，表面上，初與四、二與五、三與上都是陰陽相感應，但是由於《否卦》上卦的三陽的性質向上升、下卦的三陰的性質向下降，因此下面的三陰是繼續向下，遠離上面的三陽；同理，上面的三陽繼續向上，遠離下面的三陰。由於彼此遠離，表面上雖有感應，實際上卻感應極弱甚至無感應。因此，由於彼此無感應，結果就沒有互相吸引、摩擦、推動的力量，沒有外力的推動，大家都會靜止下來。當所有事物都靜止，也即是天地所有事物的靜止。因此《否卦》就是象徵整個天地失去生機、萬物都在靜止的時刻。既然三陰只有向下的本性，和上面只是向上的三陽沒有感應，因此《泰卦》的三陽根據本性要上升，再因受到三陰的感應向上升，《否卦》在下的三陰也因本性下降和沒有感應相對地少運行或不向上運行。本來我們說小人陷害君子，但如小人和君子兩不相干，小人也就不能主動、直接陷害君子了，即使有所行動，力量也是有限的。沒有陷害君子，也即是說沒有推行一些不合理的措施，令國家政治走向更壞的境地，因此他對國家造成的災害是比較小的。

要明白《否卦》，須了解陰陽消長之道。《乾卦》六爻純陽，代表最好的狀態。然後陰慢慢從最下一爻入侵，第一次進入形成《姤卦》；陰繼續侵陽，第二次進入形成《遯卦》；陰勢力繼續增長，第三次進入就形成《否卦》。

《姤卦》

《遯卦》

《否卦》

《觀卦》

《剝卦》

一陰，陰是微小的，二陰，陰也不強，到了《否卦》三陰，侵陽就比較明顯了。但所謂明顯，只是說陰陽平均，還說不上好壞，壞的是《否卦》的陰在未來還會繼續增加，那就會變成四陰二陽的《觀卦》、五陰一陽的《剝卦》。不過，即使發展至《觀卦》，《觀卦．彖傳》說：「大觀在上」，九五陽爻在君主之位，陰雖強，但還未足以作惡。要到了《剝卦》，侵陽的情況才真正嚴重。在《否卦》時，陰陽本是相等的，但由於將來陰會繼續發展，陽會繼續減退，所以陰的力量強一點，但君子小人的比例仍是平均的。明白了卦義，陰長代表小人道長，但為甚麼說不嚴重呢？關鍵是，任何事物在它開始發展的時候，都是從最微弱開始逐漸增至最強，易學上，卦爻的位置同時包含了時間、地位、環境空間，所以《否卦》初六是微弱的陰開始發動，力量還微弱，那當然不會造成大災害。另外，由於初是陽的位置，陰處身其中，它的力量受到時位是陽的影響而減弱。還有易學凡陰會變陽，陽會變陰，而陰象徵小人，陽象徵君子，假使初六在發展的過程中由陰變陽，那麼它就有可能由小人變為君子。所以衡估這許多可能，理論上初爻應是不好，但受到整個卦時（即大局發展形勢）的影響，陰並不是那麼可怕，因為此時並未發展到極限，陰陽之間並沒有鬥爭，只是對峙，等於沒有實際行動的冷戰，既然《否卦》陰陽相等，陰不能進，只能在有限範圍內活動，不能上進害陽，因此在陰發展為陽的整個過程中間，陰並沒有逼害陽，發展到最後甚至可能會變陽，變為陽就是君子。這爻就是特別強調守持正道，就不會對人對己造成災害了，故提出初六要靜守。將來會變陽，就會變為君子，所以靜守就是吉，能夠亨通。

這裏說出了初六陰爻象徵的小人在卦中發展的可能情況，變壞的可能性比較小，變好的可能性比較大，所以「貞吉亨」的可能性很大。另外，亦借此說出君子和小人其實在最初相差不遠，小人不是一開始就是小人，他要慢慢發展，然後才會變成真正的小人。在否世的時候，初六等於小人初出來做官，凡初做官的人往往都是戰戰兢兢守着正道，後來才發現正道之外，旁門左道會得到更多利益；或者受到同僚的影響，結果慢慢變質。變質之後，發現利害牽連太大，已是身不由己，於是由不壞變小壞，小壞變中壞，中壞變大壞，一直沉淪下去。這可說是人性發展的常態，也是年輕人最初出來做官的寫照，古今如是。初六雖或是小人，但他的作為只是有限的壞，與好人相差無幾，如能立心保持原先的做人信念，他就會向君子方面發展，所以年輕人多有正義感，但今天沒有得到父母老師用正道教誨的年輕人則難說了。

《象》曰：「拔茅貞吉」，志在君也。

《小象傳》把爻辭「拔茅茹，以其彙，貞吉」綜括縮減為常規的「拔茅貞吉」四字，解釋說是「志在君也」，意指他的理想和志願乃是為國家着想。說這些初出茅廬、性格陰柔的臣子聯群到朝廷做官，最初還懷有少許的理想和抱負。

「志在君」的字面解釋是念念不忘君主。從語意學來說，「志」是尚未實際為國家、君主効力之時。因為《否卦》陰和陽不交通，陽為君，陰為民，君民相隔。《泰卦》初九要上升，「志在民也」（是想着六四，六四是陰，是人民）。身為國家君主、或仕宦的都不應為自己名利着想，而是為了人民的福祉。現在《否卦》則是「志在君也」，說希望自己將來得到君主任用的時候，能夠為君主効力，因此這時他尚未處身朝廷之內。北宋范仲淹不單是偉大的政治家，更是復興儒學最有貢獻的功臣之一。例如張載青年時往見范仲淹，上書言兵事，得到范仲淹的賞識，授予《中庸》一書，勸喻他努力研習儒學。張載受到范仲淹的感召，改而致力儒學，後來成為理學大儒。另外，范仲淹也是有名的文學家，也是當時的易學大師，可能他傳誦後世的《岳陽樓記》所說的：「居廟堂之高，則憂其民」，其意就是源自《泰卦》的「志在民」；「處江湖之遠，則憂其君」，就是源自《否卦》的「志在君」。憂慮君主的主要原因是「君」代表國家，古代稱為「君」，今天則稱為「國家」，即是憂慮這個國家的安危得失。

《泰卦》和《否卦》中的初爻，泰否相對成文，互補文義之不足，所以兩卦要合起來，比對細參，意義才會更明晰。

六二，包承。小人吉；大人否，亨。

「六二，」

指第二爻是陰爻。

「包承。小人吉；」

六二與九五相應，因此「包承」是六二主動去包承九五，「包」是包圍、包容；「承」是承順、承擔，接受命令。這是說六二在下承順在上的九五。六二是陰爻，象徵小人，雖然是小人，但從初爻升到六二，地位已有所提高，理論上為害君子應較厲害，但要考慮六二所處的爻位。是得中得正：得正可以發揮陰正常合理的性質，所以是助陽、順陽，而不是害陽；得中則具備陰爻一切美好的德性。因此六二雖是小人，卻是小人中的君子，而且是助陽的，所以能包容正人君子對邪道的指責，不去逼害正人君子，而且還順從地接受九五的指責，改變不合理的措施和行為。小人能夠這樣做，當然對他來說是非常吉祥的事情。

「大人否，亨。」

大人，指卦中的第五爻九五；否，不也，否定也，指九五雖然得到六二的包容順承，但並沒有因此改變其志節，曲從六二。《周易古經》中，「君子」兩字出現的次數較多，「大人」出現的次數較少。《乾卦》九二和九五的爻辭都是「利見（音現jin6）大人」，「大人」象徵《乾卦》中有德有位的君子，最高級的君子再提升就是大人，大人可以指具備崇高智慧道德而無位的人，例如孔子；又或者有孔子之才德，而兼有君主之位的人，例如堯舜，引申是所有具備才德的人君。《乾卦》九二有人君之德，沒有人君之位，稱為「大人」有些勉強。《否卦》的「大人」，是《周易古經》原本的文字，應與君子不同。君子受到小人的包容承順，應該很開心，可能會和小人接近。但高一個層次的大人雖然得到小人的包容承順，卻不會因為他們恭敬謙卑的表現、或感情等因素，而最後和小人同流合污，或變得不好意思駁斥他們，於是行動和思想都偏離了正道，他會堅持在否的時代所應有的做法，那就是：「儉德辟難，不可榮以祿」，這才是大人的亨通。這種亨通，古人說是「身否道亨」，「身」是指自身遭遇雖是否，但你所追求的人生理想，反而因為受到艱辛的磨煉而能發出更強烈的光輝。處於今天這個幸福時代，要表現儒家最崇高的道德，不是那麼容易，反而在艱難的時世，才會顯現人類最崇高的德行。例如宋末的文天祥，當年被元軍拘禁，輾轉來到香港海域零丁洋一帶，元軍統帥張弘範勸他投降，他就寫下了傳頌千古的《過零丁洋》詩，其中「人生自古誰無死，留取丹心照汗青」兩句，最能顯示他高超的人格。正是因為在否的時世，文天祥的品德才能突顯，留名青史。

另有一種解釋是：這個卦和其他的卦不同，感應是不存在或很微弱的。常規六二和九五是正應，但在《否卦》，雙方卻是越走越遠。既然沒有感應，六二怎能包承九五？因此後來小部份發揮易學陰陽理論的註解家覺得這種包承與《否卦》的卦時不合，所以提出不同的解釋。他們認為「包承」，「包」是指包容初六，「承」是指六二承接六、六三，因為三陰並進，因此六二在陰類同群中，包容處身他下面的初六，又承順在他之上的六三，三陰同類並進。但六二因為得中得正，和這些同類有不同的想法、做法，初六、六三想陷害正人君子、搞垮國家，而六二想庇護正人君子，撥亂反正。如此一來，六二等於是叛徒，會受到同類嚴厲的制裁，因此雖有既中且正的德性，表面上和同類和睦相處，順着《否卦》的時勢，但暗中的作為則是守持中正之道，做中正之事，那麼雖身為小人，既沒有和同類破裂，又能幫助正人君子，改善政治，可說是小人中的君子。這種解釋，很有哲學意義，可取。

《象》曰：「大人否亨」，不亂群也。

假使第二種解釋更合理，如何解釋「大人否，亨」呢？《小象傳》在解釋爻象時說：「『大人否亨』，不亂群也」，指的是大人不會與陰類為群；縱使不得已和陰類同群，亦不會改變自己的立場和行事原則。

當說到《否卦》第二爻時，它就開始變，在它的發展過程中，就會由陰變陽，於是這個卦就變成《訟卦》。《訟卦》下卦為《坎卦》，坎代表危險，上卦為《乾卦》，乾代表剛健，因此《訟卦》象徵外表剛健，內心凶險憤怒，於是訟事就多了。如外表順從，根本就不會提出訴訟。六二爻等於是《訟卦》的心態，象徵小人。

《訟卦》

其實《訟卦》不是教人訴訟，而是指出訴訟是有害無益的（後來，《論語・顏淵》記載了孔子所說的：「必也，使無訟乎！」便是承此義發揮而更合理，即國家以道德教化民眾，人人守德，自然沒有訴訟，但陳義過高，很難做到），因為訴訟的結果往往是兩敗俱傷，除非是為了極大的正義，否則為了小小的不合理而提出訴訟，雙方所受的損失比訴訟所得的可能還要大。所以《訟卦》是說最好由動而靜。下卦三陰這群小人鬥爭的對象是上卦的三陽。六二應要停止，不要鬥爭，互相包容退讓，於是大家分為兩群。這是第一點。

另外，原本這卦象徵小人聯群結隊，現在第二爻由陰變陽，它就由表面是小人變為暗中行君子之事，在亂世中，包承九五。至於九五，在混亂的否世中，不同流合污，只能暗中呈現出他的道德情操，通過「儉德辟難」，可以遠「害」；「不可榮以祿」，可以遠離不應得之「利」，這需要是大人，才能在這環境中做到「身否道亨」。這是說大人身雖然否塞，所實踐的正道卻可以亨通。能做到如此，彼此雙方都有福。

《泰卦》的九二又如何呢？《泰卦》九二爻辭說「包荒」，即是包容所有小人。一是包容小人，一是包容君子。《泰卦》九二是治泰、致泰的大臣，他的陽剛有為令《泰卦》到了九三，進入泰世最理想的狀況，而《否卦》六二則繼續發展否運，使否運到六三發展到了極限，因此這兩爻在這位置同樣是推動兩卦發展，只不過好壞相反而已。

六三，包羞。

「六三」，指第三爻是陰爻。「包」是包藏；「羞」是羞恥。《否卦》初六和六二表面上是小人當道，實際上是包容着君子，在政治上所作所為也不是太過份。但到了六三，否已發展到了極限，因此否的害處就出現了，而小人由卑微的初位和二位發展到三的高位，也就是小人在這時世發展到最高的地位。我們甚至可以說六三會由陰變陽，下卦《坤卦》於是變為《艮卦》，《艮卦》代表高山，引申是高高在上的位置。

䷠《否卦》六三變九三，成《遯卦》

六三已發展到否的極限，它肯定在政治上做了許多不合理的事，也明明知道自己的所作所為不合乎正義，所以隱藏或包藏着羞恥。正因為否運發展到了極限，正道反而會慢慢萌芽，輿論開始讚揚正義，責備邪惡。有了這種意識，跟着就會有行動，於是否運會逐漸變為泰世。因此在否極的時候，正義思想雖然微弱，就好比黑夜中的小燈，照耀着人間。這種道德覺醒的力量會令到在上的奸邪小人內心覺得自己不對，因此有了羞恥之心，感到自己身為朝廷大臣，為了貪戀祿位而不肯讓位予有才幹的人，為國家効力，正是尸位素餐，是可羞恥的事。

研習這一爻辭，須注意只有「包羞」兩字，而沒有吉、凶、悔、吝、无咎等判斷好壞的占辭。一般來說，沒有明言吉凶的占辭，可能爻辭文義已說明吉凶，所以無需辭費；但亦有可能「吉凶由人」，即由占得這一爻的人的心意和行動，決定未來的吉凶。本爻便是很好的一個例子：假使他知道羞恥而能改過，則是无咎甚至吉利的；假使他老羞成怒而害人，便是吝甚至是凶了。

在這包羞的過程中，小人追求不應有的富貴，不肯捨棄名位利祿，對君子的損害不會太大。這種損害的大小，要看正人君子作出甚麼相應，才能判斷其吉凶。這要回到《大象傳》所說的「儉德辟難」的教訓。在大亂世中，君子須收斂他的才德，和光同塵，不單個人可避免生命名譽上的損害，更重要的是，使到同類不會受到極度摧殘，以致人間的正義消失，對整個國家的人才和道德傳承造成極壞的後果。否則將來否運過後，沒有了這些正人君子，下一個朝代也難有盛世出現。東漢的宦官和外戚亂政，清流之士大力予以抨擊，在黑暗的時代顯現出強烈的光輝，照亮了黑暗，但也因為這原因，受到宦官的迫害，結果有「黨錮之禍」，正人君子或被殺、或被禁錮，令到一般人覺得遵行正道會受到摧殘。本來經過漢代兩、三百年提倡、實踐道德，當時社會的一般道德水平已是很高，可是因為「黨錮之禍」而道德一朝淪喪。再加上曹操用人不論品德，唯才是用，道德觀念更逐漸寖廢，到了晉朝及其後，政治黑暗極了，士人只好以清談為務。因此正人君子如不收斂隱藏其德，不單本人受害，更會造成國家社會未來長遠的災害。

又如北宋的元祐黨人，雖則他們沒有被殺，只是受到貶逐，但名字被刻在石碑上，凡是碑上有名字的人，本人和他的子孫三代都不許做官。石碑曾豎立天下各處，後來才被人民全部砸毀（尚有《元祐黨人碑》存桂林龍隱洞內），後來南宋之積弱，跟這段時間正人君子受到摧殘有關係。

明末同樣出現了「東林黨爭」，對國家的知識分子和文化的摧殘同樣也很大。因此在亂世中，和光同塵應是適當的做法。但君子不應受到小小迫害就畏縮不前，而是在極端否運的時候才收斂其德，在此之前，在正常的時代，仁人志士應挺身而出，發出正義的呼聲，及時制止小人的作為，因為如到了否運，已是小人當道，這時才加以制裁，反而更使正義蕩然無存。「殺身成仁」是儒家思想最關鍵的道德所在。雖然正人君子結成朋黨對他本人和後世都有不良影響，但在歷史長河中，這種作為照亮了後世中國人的心，使到中國人遇到危險災難之際，在外族的統治或迫害下都能堅忍，中國成為地球上唯一五千年文明傳承至今的古國，同樣也是這種精神的影響。《易經》是講事物有相反兩面的，因此「儉德辟難」有其優點；但能夠殺身成仁，完成個人的人生理想，可能對自己是件好事，對後世的人更有振聾發聵的力量！因此我們亦可以不必理會「儉德辟難」的教訓，而以殺身成仁為人道追求的最高目的。

「包羞」須跟《泰卦》九三比較。《泰卦》九三是泰到了最好的階段，但卻在此時，爻辭提出了警告，說出「无平不陂，无往不復」的天地運化原則，說出泰極會轉向否。其實九三是泰發展到最好的時候，到六四才逐漸轉為否，但在最好之時，爻辭卻提出警告，要盡人力去持盈保泰。《序卦傳》特別提出宇宙開闢，有天地、人類、萬物之後，需要經過六個《坎卦》的艱難險阻，然後再經過《小畜》、《履》，才到《泰卦》。說明達到泰世需經過悠長的時間和艱苦的努力，但《泰》之後就是《否》，轉變得非常快，可見幸福的不易保持！甚至還沒有到《否卦》，在《泰卦》的後期已經有否出現的徵兆，因此這裏提醒人類要居安思危，具備憂患意識。《否卦》的六三是否已發展到最壞的階段，對此，爻辭的作者沒有明確說出，只用了「包羞」（包藏羞恥的行為）暗中點出。

《象》曰：「包羞」，位不當也。

《小象傳》解釋爻辭「包羞」的原因是「位不當也」，指時位不妥當。這有多層相關的意義。

第一層指它在三位，三位可說是下卦的最上爻之所在。凡高位就容易有危險，因此三爻和上爻都是有危險的，只不過三爻還不是最高，上面還有四、五、上三爻，上爻才是最高，所以在卦中上爻一般才是最凶險的。這是位置的第一個不當。

第二個不當就是，下卦是《坤卦》，發展到最後，《坤卦》就會由順陽的性質變為不順陽，因此失去了坤順從陽的德性。其實凡是微陰到三陰，表示它並不全是陰，其中仍有陽。陰陽的混合，令到陰不會是假陰（壞的陰），尤其是如陰陽混合得好，叫「真陰」；但當陰發展到極限，沒有了陽，往往就由順陽助陽的性質變成害陽，例如《坤卦》上六一爻，便有陰與龍（象徵陽）交戰的跡象（「龍戰於野」）。現在六三雖沒有像《坤卦》上六那麼嚴重，但也因陰極，自然產生妨礙陽的不好作為，因此在初二三這三爻之中，真正對陽、對君子有損害的是六三。

第三，它本身是陰爻，但三是陽位，因此既不在中，又不得正，不正就是違背了陰正常、美好的性質，而發展了陰邪惡的性質，不中則是沒有受到道德和思想的制衡，令到它所想所做都違背了中道，走入了邪道。

第四，它本身是陰爻。陽代表道德、才幹、聰明、智慧；陰則代表黑暗、昏庸、思想行為邪惡。既然知識短淺、才能低劣，又處身在高位，擁有權力，他的作為所帶來的危害機會就更大了。「位不當」是說它在這個位置是不適當的。他的才能德性不應在政府高位而在高位，那就會對整個國家造成極大的損害，所以最後只落得包藏着羞恥而已。

九四，有命无咎，疇離祉。

「九四，」

指第四爻是陽爻。

「有命无咎，」

「命」，北宋程頤解作君命，但《周易古經》作者的想法，人力並不是那麼強，命運的力量更大，所以如照原意，「命」應是指天命。天命不是指宗教上神秘的力量，而是指天的自然規律，它比人的力量大得多。講到泰否的循環，本身就是命（自然的規律），因此人力雖可略為改變，但大體來說，天命的力量更大，因此「有命」是說因為天的自然規律是否極則變泰，有了這命，有了這趨勢，就是「无咎」。但无咎來自人本身人為的力量，自己的作為沒有過錯，有此條件才可進行改革，將否變為泰。

正是因為「命」原本有天命的意思，朱熹的《周易本義》解作天命是合理的，但站在後來發展《易經》的哲學意義來說，由於《周易古經》本已有人為的努力可以改變天命的想法，後世發展這種想法，更強調人為的力量，因此程頤便是站在這觀點來發揮的。

其實早在春秋時代，已提到：天定勝人，人定亦可勝天，天所決定的命運人不能戰勝，但人努力堅持的作為亦可戰勝上天、改變上天的決定。這個說法從《左傳》開始，慢慢形成中國的傳統信念，甚至連最迷信的各種命運術數之學，都會強調積德可改變命運。因此我們可同時採用兩種解釋，一方面認為「有命」是說天的自然規律是否極必泰，人趁着這時勢做事，就更容易成功。另一方面，則須知個人的力量雖然薄弱，但人君可號召大量人民共同做一件事，就可改變天命，因此說人定勝天，是指在君主帶領之下，滙聚全民的力量去做才能成功。所以兩個解釋都是對的，「命」既代表天命，亦代表君主之命令。

「疇離祉。」

「疇」，同類事物、同一類人。由於九四是陽，它的同類應是上卦的三個陽爻。「離」

是附屬，原文可能是「羅」字，即捕獵用的羅網，獵物便黏附在它上面，由此引申，《離卦》的離，就是指陰爻附在兩個陽爻之中。「祉」是福氣。整句是說同類三陽爻連繫在一起，共同得到福澤。

甲骨文「離」字，甲骨文「羅」字，兩字原義都指禽鳥附於網上。

《易》學最講相反相成的道理，每個卦有正面的意義，也有背後的意義，黏附的背後意義就是離開。那究竟甚麼時候才採用正面的意義或背後的意義？這就不容易決定了。但總之學習《易經》的人都要明白事物必有顯隱、正反兩面，不能只看一面。在泰之時看到否，否之時看到泰，千萬不要看到泰就以為只是泰，或者看到否就以為只是否。

《象》曰：「有命无咎」，志行也。

《小象傳》解釋爻辭「有命无咎」的意義是「志行也」，他們改否為泰的理想現在得到實行了。這裏先要與《泰卦》六四作比較。《泰卦》說「翩翩，不富」，在上的三個陰爻像一群鳥雀那樣，不需要契約、不需要得到好處，大家共同的願望是飛到下面初、二、三的位置。因為雖然它們現在升到上面，但它們的屬性還是驅使它們向下，因此下降是它們的共同願望。

《否卦》上卦三爻是陽爻，希望有所作為是它們的共同願望。最初否運當道，陽受抑制，現在否轉為泰，陽剛的君子開始冒出頭來，有機會為國家効力，謀求改變否運的局面，因此三陽並進，處於在上的位置是它們的共同願望。假使達成三陰心中的願望，《泰卦》最後就變成否運；假使達成三陽的願望，否運最後就會變成泰世，兩者相反而相成。

另外，請注意，《泰卦》九三講到无咎才可致泰和保泰，現在《否卦》六四同樣要无咎才能改否為泰。所謂「无咎」，是本來有咎，因為人的努力，糾正過錯，才變成沒有過錯。因此无咎指人力所致，要令自己改正過錯，然後才可致泰。這說明人的力量在推動泰否的轉化是關鍵的。

從象數來說，三、四、五三爻組成互體中的《巽卦》。《巽卦》象徵申命、行權。

申命即是向民眾申述君主的命令，因為《巽卦》為風，風能吹向遠方，是無形、無定向的，正如口中的話，聲音能傳播到遠方去。風也是一種作為、行動，所以有行使權力的意義。九四是互體《巽卦》的中爻，所以「有命」，就是來自《巽卦》的卦象，指接受了君主的命令。在任何時代，做任何事情都要具備一定條件，九四之能夠「有命」，是因為它最接近九五，九五象徵君主，因此四位就是最接近君主的大臣，即是宰輔。他發施命令，權力是來自君主的付託。如是他自己行權，不是權臣，便是胡作非為，最終會受到君主的懲罰。而在否運將轉為泰世時，正人君子剛開始從政，陰的勢力仍極大，即使名正言順也會被人指責，因此必須秉承君主的命令施政，才可以減少阻礙，令小人慢慢願意接受，否則他們不是陽奉陰違，便是反抗。因此一定要「有命」，這是第一點。

第二點，改革之時，要既得利益者放棄既有的利益，很難！如果出之以霸道手段，又會激起全國的反對；又或者要人民改變長久固有的習慣，一時之間也是難以奏效的。因此執政大臣負責改革，本身一定要陽剛有為，有堅強的信念、持久的意志，然後才能抵擋得住各種反對的聲音，否則很快就會動搖。但陽剛過甚，就會變成霸道，雖然改革合理，也會造成一些混亂。幸運的是九四是陽剛之才，處身的四位是陰位，因此剛而能柔，做任何事情既能堅持自己主張，但又不是剛愎自用，能在某程度上有所包容，能够審時度世，採取柔道去實行，這種改革於是能得到多數人的接受，就可以真正實行了。

「无咎」說出他在施政時須隨時糾正自己，才可做到无咎。不要以為无咎很容易做到，它其實是很高的要求，只有聖人才能「无咎」！无咎才是這爻得到好處的原因。正因為這樣，他才能聯同正人君子一起晉升到朝廷之上，執掌國家政治。

講到變卦，當四爻由陽變陰，就變成《觀卦》，陰已由三陰增加為四陰，陰的勢力似乎加強了，但《觀卦．彖傳》說：「大觀在上」，意指人君具備陽剛中正美盛的道德，為在下的臣民所瞻仰崇敬，可見帝王的權力並沒有降低。《左傳》莊公二十二年有一段記載，提到陳厲公為其子陳完的未來占筮，得《觀》之（變）《否》，周太史認為吉祥極了，便是明證。《觀卦》的初、二、三、四四爻都是陰爻，陰的勢力好像很強大，其勢似乎會損害陽，但如陰強大而能夠扶助陽的話，象徵無數民眾擁戴人君，陽的力量反而就更大了。《觀卦》就是顯示出陰相反的一面，表面是陰長，實際陰是扶助陽的真陰，不是害陽的假陰，「大觀在上」，指君主的權力得以實際施行。

九五，休否，大人吉；其亡其亡，繫于苞桑。

「九五，」

指第五爻是陽爻。

「休否，大人吉；」

「休」是會意字，左邊是「人」，右邊是「木」。

甲骨文「休」字

「休」字綜合「人」、「木」之義是說人依附在樹木上休息。這個字的字義可能是源於有巢氏的時代，人在樹上結巢而居。當然這個字義的來源不一定如此，或者古代以樹木搭建房屋，人住在木屋裏，也是依附在木上，當然也有休息之意。因此「休」字由人在屋內休息，引申指停止了行動作為。再引申為美好、幸福。所以傳統對「休」字的解釋，一是美好，一是息，即停止。現在是用停止之義，即不好政治的情況停止。今天的註家可能有其他解釋，但個人覺得「停止」更符合傳統要發揮的人生哲理。另外，人由日間的工作、運動回歸到晚上的休息，是個緩慢、自然合理的過程。因此「休」字在這裏引申由否變泰的過程千萬不要急驟，也不要出於霸道的手段。處於九四的時位要剛柔並用，升至九五時位同樣要從容、有計劃，慢慢地去改變否。既然如此，這改變過程就是「漸」。在緩慢改變的過程中，是一步步走向好，而不是馬上完全變好，偶一不慎，或因懶惰，或做錯了某件事，這改變否運的做法就會弄砸了，或者即使表面上已經解除了否，但須知積習難改，很容易重蹈覆轍，泰就會變回否，因此特別提出「大人吉」，意思是要有大人的德、才、位，然後才能從容、有程序地完成轉否成泰的偉大事業，因此是「大人吉」。這大人其實就是六二爻辭中「大人否亨」的「大人」。如果現在這個轉否成泰的大人當年在最黑暗的否運的時代，不能進德修業，有「身否道亨」的磨煉，具備了最高德性和才能的話，那現在想轉否為泰就困難了。

「其亡其亡，繫于苞桑。」

「其」，文言助詞，表示揣測；亡，這裏指國家滅亡。其亡，指國家將會滅亡！當執政者或君主經常想到國家將會滅亡，那他就會想出各種維繫國家不致滅亡的措施，國家反而不會滅亡。「繫于苞桑」，「繫」是連繫；「苞」是初生、叢生的植物；「桑」是桑樹。桑樹的根部重重糾結在一起，所以桑樹表面柔弱，實質極為堅韌。另外，桑樹樹梢的葉子很易枯萎，如將枯萎葉子剪去，桑樹就會長得更茂盛，這是桑樹的特色。現在這句是說用繩子把國家繫於柔弱的桑樹上面，表面上搖搖欲墜，但由於根部牢固，國家其實是穩固的。這是一個比喻。因此「其亡其亡，繫于苞桑」就是在這一爻的時位須注意的關鍵之點，不單在成功之後要有「其亡其亡，繫于苞桑」的想法，甚至在「休否」過程中，也要保持這心態，才能夠保持成功，不至有失。

《象》曰：「大人之吉」，位正當也。

《小象傳》解釋九五爻辭「大人之吉」的原因是「位正當也」。「正」是指他的爻位、地位，「當」是指做事適當。

要深入了解這一爻的意義，應參考、比對《乾卦》。首先，《乾卦》九三爻辭：「君子終日乾乾，夕惕若，厲无咎。」明文似乎整個《乾卦》只有九三才注重警惕，其實整個《乾卦》各爻都應注重警惕。《繫辭下傳》特別講到「乾易知險，坤簡知阻」，正是因為《乾》預先知道有危險，就能消弭危險，事情就能平易進行；《坤》預先知道有阻塞，就能解決阻塞，事情就能簡約易於處理。《乾卦》知險即須警惕，因此《乾卦》或陽爻最注重的是不要讓勝利沖昏了頭腦，所以九五強調現在雖然處於最適合的時位，但是仍需要保持警惕。這是第一點。

第二點，五位既是人君之位，又是中位陽位，因此九五是既中且正，既能發揮《乾卦》的美好德性、才能，又能以中來制衡陽剛過亢，令到事情達到中道，因此這個人君的作為有能力轉否成泰。相反，《泰卦》六五一方面虛己將權力交託九二，讓九二變成致泰的大臣，達成泰世，但由於本身是柔中，不夠剛強，《泰》之所以變成《否》，六五作為君主需負上一定的責任。同理，《否》之所以變成《泰》，九五君主之陽剛有為，與他能夠執持中道、做事妥當，也有密切關係。另外，當這爻發展的話，九五的陽爻變成陰爻，《乾卦》於是變成《離卦》，《離卦》象徵明，因此九五（本是九五，變為《離卦》就是六五）既具備陽剛有為的才能德性，又能明察事物、明白事情成功的原因。所以他明察六二的「包承」而避開「包承」，能夠做到身否道亨；他又明察六三的「包羞」，不單止明察，甚至由於他的剛健有為，有能力制止六二的「包承」、六三的「包羞」，即是說它能抑制否的發展。當上卦變成《離卦》，整個卦就變成《晉卦》。《晉卦》下卦《坤卦》為地，上卦《離卦》為日，所以卦象是太陽從大地上升，普照人間，人間充滿光明和希望，變成幸福的太平盛世。但即使這麼吉祥，他仍然須日夜不忘國家的前途，常懷「其亡其亡，繫于苞桑」的憂患意識，才能真正達成理想。

《晉卦》，四、五、上三爻組成《離卦》

另外，離為槁上之木，意思是樹梢乾枯的樹木。《觀卦》上卦為巽，巽也是樹木，兩者都象徵桑，尤其是指樹梢枯槁的桑樹，當剪去枯槁部份，樹木就可長得更堅實了。從樹木來說，是去末固本，「本」即根部，「末」即樹梢，剪去樹梢能令根部更為牢固。九五的作為就是要除去枯槁、即一切不合理的政治措施，令國家的根本好像桑樹那樣堅固。古代所謂「根本」即是民眾，即是說要做愛民、濟民的措施，泰世就會出現。

「位正當也」這句話包含了兩點。第一點是位的問題。所謂「位」，就是《繫辭下傳．第一章》所說的「聖人之大寶曰位」的「寶位」。凡是人君，要有合法身份和地位，然後才能執行政務。九五之位，就是人君的寶位。有了這位置，才可進行「休否」的偉大事業。因此，從古到今，「位」都是非常重要的。第二點，「正」和「當」兩個字說出了要得正得中。「得正」代表有位，「得中」代表有才有德。「位正當」這三個字背後所包含的意義是既需要有人君的地位，還需要有君主之才之德，才能令「休否」的工作得到成功，這三字反映了「休否」須有寶位、才、德三個重要的條件。第二點，大人不單是君主，還要是偉大的君主，才叫「大人」；而這大人當年在否運時不亂群，雖受到小人抑制、迫害，但仍能保持自己的道德操守，不同流合污。經過艱難困苦，他磨煉出更高的才華和德性，現在有適當的寶位，然後才能有所表現。因此治亂世的英雄，就是來自這些不同流合污的人。

上九，傾否；先否後喜。

「上九，」

指最上一爻是陽爻。

「傾否；」

「傾」是指用人力把東西倒出去。凡傾倒東西之時，必將盛載的器皿反轉。在卦，就是將整個卦形顛倒過來。《否卦》是天在上，地在下，假使把整個卦顛倒過來，就是地在上，天在下的《泰卦》。換言之，把《否卦》變成《泰卦》就叫做「傾否」。傾覆事物不是事物本身能做到的，而是外力（人力）促成的。因此用了「傾」字有兩層意義：第一，說出了《否卦》整體顛倒，回復到《泰卦》的政治清明狀態；第二點，人力是傾否的關鍵。

「先否後喜。」

說出本來是《否卦》，但通過人為的努力和經歷時運的轉變，到最後出現「喜」，「喜」其實就是指轉變成《泰卦》。

《象》曰：否極則傾，何可長也。

《小象傳》解釋上九爻辭為「否極則傾」，指出《否卦》發展到極限就會顛倒，回復到《泰卦》的理想政治狀態；「何可長也」，怎可能延長否運的時間呢！這並不是疑問句，而是由疑問轉而成為肯定，是說不應該延長，也不可以延長。這裏說出了要到了上九一爻，才真正完成由否運變為泰世的過程，也即是說，這個卦由初爻發展到五爻，都是《否卦》的發展過程。到了五爻，《否卦》發展到了極限，到了上爻，才出現否極則泰的現象。當然從實際情況來說，是要從第四爻開始進行傾否的工作，到了上九才真正完成。

總結

陰陽相交為泰，陰陽不交是否，在《泰》《否》兩卦中，高層次的天道以「陰陽」的概念來闡釋，中層次的地道以「柔剛」的概念闡釋，低層次的人道就以「上下」的概念闡釋。但天道、地道、人道三道其實相通，可合為一道來分析。《周易古經》便是這樣把陰陽交泰簡化為兩種情況，一是上下，一是內外。

從上下來說：陽的本性上行，陰的本性下行；逆其性，陽亦可下行，陰亦可上行。所謂「上下」這種陰陽交通，最初似乎局限在天地、君臣，但引申可概括天地萬事萬物。向上的陽必需自下而上，向下的陰必需自上而下；或相反逆行。陰陽上下，就是陰陽能夠相交而變化發展的原因。

從內外來說：陽的性質是向外發展，所以在外；陰的性質是向內收斂，所以在內。因此正常的狀態是陰在內，陽在外，那是代表穩態，萬事萬物沒有變化的情況。如果「陽在內，陰在外」，則剛好和這種正常穩態相反，變成動態。於是陽自內向外擴展，陰自外向內收斂，陰陽相交，萬物就發生成長。而從人類常識來說，可想像當陰氣充塞天地之內，寒冷到了極點，萬物便沒有生長之意。反之，當陽氣充塞天地之內，生命就開始了，萬物於是蓬勃發展。所以陰陽內外，簡單來說，陽內陰外就是泰，象徵生長；陽外陰內象徵否，是萬物閉塞不通的時候。這是讀《泰》、《否》兩卦第一件要了解的事。

第二件事就是：《否卦》不是好卦，但為甚麼爻辭中沒有出現凶、悔、吝的判斷辭呢？其中有兩個原因，第一點，《否卦》是三陰三陽，陰陽表面是平衡的，在這一點和《泰卦》是相同的，只不過《泰卦》，陽可以繼續發展；《否卦》則陰可以繼續發展，這則是兩卦不同的。但所謂繼續發展，是未來的事，現在仍是平衡的，並不是如《剝卦》的五陰一陽，所以尚沒有發展至凶、悔、吝。

其次，這是更為重要的：《泰卦》是陰陽交通，互相影響、來往；《否卦》則是天地不交、上下不交，換言之，《否卦》上面的三陽順着陽的本性繼續向上，下面的三陰順着陰的本性繼續向下，所以下面的三陰爻和上面的三陽爻表面上是互相感應，實際上是沒有感應，造成靜止狀態。《繫辭下傳．第一章》說：「吉凶悔吝者，生乎動者也」。「動」是《易經》所着重的。《易經》作出吉凶悔吝的判斷，都是由於「動」，如不動的話，吉凶悔吝都不會產生，假如宇宙完全靜止，萬物完全靜止，還會產生吉凶悔吝嗎？

《否卦》就是象徵天地不交，萬物靜止，所以吉凶悔吝當然都不顯著。明乎此，就可以明白初六的爻辭為甚麼說守正道靜止則吉，因為它和上面的三陽毫無感應，所以不能上進有所行動。這是以整個卦關乎某事的時勢發展情況（即卦時）作為判斷的根據，它可決定一切規律之有效或沒有效，其實所謂出規或規律得以加強都是「卦時」所導致的。在這情況下，所謂乘承比應，都可能會有出規的情況，出規才合乎更高的「卦時」的規律。

復次，《否卦》最後說出了「傾否」就會變為《泰卦》；而《泰卦》發展到了盡頭就會變成《否卦》，這說明了宇宙規律變化的循環反復。因此《泰卦》九三爻辭說：「无平不陂，无往不復」，說出宇宙的規律變化形成了一種循環往復的過程，泰極必否，否極必泰，這是自然的規律，是天道的規律，它是人類、甚至天地都不能改變的，大家只有服從。《泰》、《否》兩卦首先講出了天地存在着這規律，天地之內，任何具體或抽象的事物其實都受到某種規律的限制，事物的盛衰必然有個發展的反復過程，這是《周易古經》所蘊含的觀點。猶如古希臘思想最重視的命運，不用說人類，就是神祇也受制於命運，這一點似乎令我們很感到氣餒，但人類須明白，宇宙規律是人力所不能抗拒的，就如古希臘悲劇伊底帕斯（*Oedipus*）的故事，伊底帕斯知道了神諭對他的未來所作的預測，故意逃避，但他以後的一切作為都在不知不覺中依照神諭的命運一一實現。這是古希臘對命運的看法，古代中國略有不同。前已提到，在《泰》、《否》兩卦，《泰卦》的來臨，命運的力量較大；但要發展、鞏固、保持泰世，人力更重要。至於《否卦》的來臨，命運的力量較小，人力就較大。因此通過君子小人的消長，說出這是泰否的關鍵。小人得到任用，君子受到壓抑，否運就會出現，因此否運的來臨，固然與命運有關，人的作為更重要。《泰卦》到了最後，以上六陰爻說出不能維持泰，是由於在上的人力不足，而《否卦》上九是陽爻，這是說有剛強之才之德之位才能徹底地顛覆了《否卦》，回復到《泰卦》。從這些地方，可見三千年前的《周易古經》的作者，在承認命運力量不能抗拒的同時，已經認為人的修德和努力可以扭轉命運的發展。這種哲理在《十翼》中有進一步的發展。由此可見，古人的想法已很超卓！

最後，可說是題外話。《易》學最着重的陰陽對待，今天則稱為矛盾、衝突；陰陽合德，今天則稱為矛盾統一。這種相反事物對待或對立但又能夠統一的現象，是事物發展之道，也是任何事物得以提升的關鍵因素。所以《易經》老早就將人間的萬事萬物歸納，分成陰陽，它們是既相反、又相成。傳承了兩千多年通行本的《易經》，六十四卦卦序是每兩個卦組成一對，例如《乾》和《坤》，一純陰、一純陽，陽極必陰，陰極必陽，乾極必坤，坤極必乾。六十四卦變成三十二對，其中有些是陰陽爻畫恰巧相反，即在相同位置的六爻剛好是剛柔性質相反（春秋時期稱這類對卦為「變卦」，後來稱為反卦，明代來知德等改稱它為「錯卦」），例如《泰》、《否》，就是典型的「反卦」或錯卦；另一種，整個卦顛倒，稱為「覆卦」（這類覆轉的對卦，來知德等則稱為「綜卦」），例如《師》、《比》，《比卦》六爻顛倒即成《師卦》，可以明顯見到這也是一種循環變化的過程。循環就是一件事情從陰變陽、再從陽變陰的發展過程。天道可見的循環規律是春夏秋冬的更替，四季過後又是另一個四季的開始，可見起碼兩千年來《易經》的卦序蘊含了三十二條天地、萬事、萬物乃至人道最典型的循環規律。卦序始於《乾》、《坤》兩卦，象徵天和地，天在上，地在下，因此陰不與陽交，陽不與陰交，宇宙是個靜止不動的世界，但在這種本來不動的情況下，隨着時間的發展，就會從互不感應，變成陽向下（向上者，極則向下），陰向上（向下者，極則向上），靜止的天地之所以演變成運行相交就是因為物極必反，所以古人說天地定位，就必定產生相交的規律。今天西方的天文學說宇宙規律是慢慢發展形成的，有了宇宙，就自然產生合乎這宇宙生存發展的規律，這跟易學的想法不同。易學則以為未有宇宙之前，規律已經存在，宇宙就是根據此規律依次產生的。誰的說法對呢？可能在遙遠的將來我們才能找到答案。

天地萬事萬物的每一次循環，並不是沒有進步，否則宇宙也不會像今天所知的發展下去。就說四季吧！表面上春去秋來，一元復始，似乎年年如是，其實在微不可覺之中，春夏秋冬已有改變。只不過人的壽命太短，而宇宙創生至今差不多將近一百五十億年，時間太悠久了，所以我們可能要一千年或一萬年後才可覺察到宇宙或天地較明顯的變化。雖然古人不容易看到任何變化，今天天文學進步了，我們卻可觀測得知。這種循環一方面說出了它是規律，但它其實也是在演進之中。天地、萬物或人類一直向前發展，發展到了最後，通行本《易經》卦序不是以最後一卦來象徵，而是以其前一卦即第六十三卦《既濟》來說明，意指已渡過危險的河流，代表最大的成功。但最末一卦叫《未濟》，「未濟」即尚未能渡過河流，即不成功，為甚麼會有此編排呢？它們象徵整個宇宙經過六十三卦，這一階段已發展至圓滿成功了。但這成功只是下一階段發展的開始，這便是《未濟》，如要百尺竿頭更進一步，便須重新努力。完成六十三卦象徵一次成功，而這一次的成功就是未來更大努力的開始。因此《易經》的卦序已說出了循環之中有進步。另外，《繫辭上傳．第五章》說：「日新之謂盛德，生生之謂易」，意指天天有革新，就是天地最大的功能。「德」在人事來說是道德，在天地來說就是功能作用。天地和萬物（包括人）最了不起的就是推陳出新，生而又生，生物越來越多，越來越進步。「五四運動」的學者攻擊易學循環論，認為永遠不會有進步，這是因為他們有成見，讀書也不夠認真。

馬王堆出土的帛書《周易》卦序跟通行本不同，有系統、有邏輯，但只方便於占筮，而通行本卦序隱寓高層次的哲學思想，較之《馬王堆帛書易經》卦序，擁有更多優點。

【第五講】剝卦

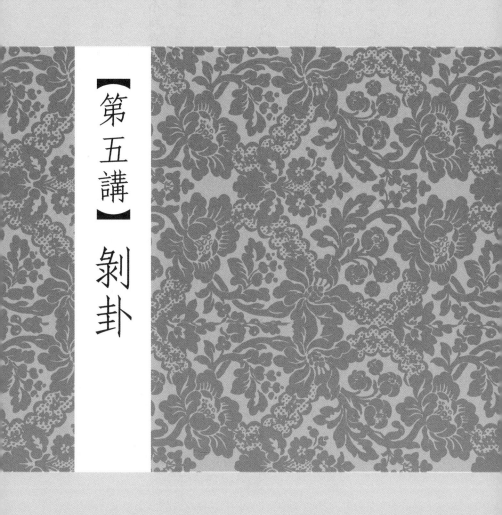

䷖（坤下艮上）

《剝》：不利有攸往。

《彖》曰：《剝》，剝也，柔變剛也。「不利有攸往」，小人長也。順而止之，觀象也；君子尚消息盈虛，天行也。

《象》曰：山附于地，《剝》；上以厚下安宅。

初六，剝床以足，蔑貞凶。

《象》曰：「剝床以足」，以滅下也。

六二，剝床以辨，蔑貞凶。

《象》曰：「剝床以辨」，未有與也。

六三，剝之无咎。

《象》曰：「剝之无咎」，失上下也。

六四，剝床以膚，凶。

《象》曰：「剝床以膚」，切近災也。

六五，貫魚以宮人寵，无不利。

《象》曰：「以宮人寵」，終无尤也。

上九，碩果不食，君子得輿，小人剝廬。

《象》曰：「君子得輿」，民所載也；「小人剝廬」，終不可用也。

卦名闡釋

「剝」字右邊偏旁是「刀」字，因此「剝」字指用刀砍削事物，引致事物的部份脱離，或由大變小，所以《周易正義》釋「剝」為剝落。進一步引申，凡用刀砍某件東西，那件東西必會損毀，所以《雜卦傳》釋剝為爛，即剝爛之意。另外，砍的時候要用力，「剝」字另一讀音是「檗」，與用力打擊東西的「搏」字讀音相近，因此「剝」亦有打擊之義。《詩經．豳風．七月》「八月剝棗」，提到如何採摘北方常見的大棗：當棗樹結滿果實的時候，最簡單的採摘方法是敲打樹枝，使棗跌落地上，然後撿拾。所以「剝」字有三義：剝落、剝爛、敲擊。在這裏，「剝」字的傳統解釋是剝落，今天的新派解釋則採用了敲擊之義。

《剝》：不利有攸往。

「《剝》：」

指《剝卦》。

「不利有攸往。」

「攸」即所，整句指不利有所往。「往」的低層次是指旅行、出外，或行走，引申凡離家（包括國家）在外、出外做事都是不利的。這裏所講的「往」，先要明白指的是甚麼性質的事。周初君臣認為能取代商朝，是因為商失德而周有德，有德才能維持國家政權的存在，因此「尚德」的思想在三千年前，隨着周朝的建立，已在周初君主的腦海中紮根，並以此來教導他們的子孫。《尚書．周書》的《大誥》、《康誥》、《酒誥》、

《召誥》、《多士》、《無逸》、《君奭》、《多方》等篇文章，都記載了這些訓誨。《周易古經》既是周初的創作，自然也包含了「尚德」的思想，所以凡說到事，指的是正當、合乎道德的行動。「不利有攸往」是說在剝的時世中，不利做合乎道德的行動。

《彖》曰：「《剝》」，剝也。柔變剛也。「不利有攸往」，小人長也。順而止之，觀象也；君子尚消息盈虛，天行也。

「《彖》曰：『《剝》』，剝也。」

《彖傳》在解釋《剝卦》時說《剝》就是剝落之意。為甚麼《彖傳》的解釋如此簡單？可能是他細心考慮之後，覺得只有仍用「剝」字來解釋《剝卦》，才能夠完整地表達出《剝卦》的意義。在此讀者也應有所體會，須細心據此確定地《剝卦》所說的內容。

「柔變剛也。」

這是通過卦體來說明《剝卦》的內容。《彖傳》作者一看卦體就說，這是柔爻為主改變了剛爻，也即是說柔爻改變剛爻為柔父，才造成這個卦體。追溯《剝卦》的來源，最初是《乾卦》，陰爻第一次剝陽，初爻變成陰（易卦卦爻從下面開始），一陰生，成為《姤卦》；接着再剝陽，兩陰生，成為《遯卦》；接着再剝的是：三陰生，成為《否卦》；四陰生，成為《觀卦》；到了五陰生，就成為《剝卦》。原來這卦體暗寓了天地兩種最基本的信息、物質或力量的變化，這變化的過程是正面的陽被反面的陰慢慢剝奪改變，到了《剝卦》之時，已從原本的純陽一步步由剛變柔，變成五陰一陽。易學說出了物質或力量的變化是在一陰或一陽產生之後，就會持續發展下去，所以會由一陰發展到五陰，最後變成純陰的《坤卦》，於是全部的陽就會變成相反面的陰。現在《剝卦》正處於陰陽交替最嚴峻的關鍵時刻，陽雖然未盡，但已岌岌可危了。所謂「剝」就是說陰爻剝奪了陽，陽消退了，將全為陰所取代。

「『不利有攸往』，」

這是卦辭，解釋見前文。

「小人長也。」

《易經》縱使講天道，但總是藉天道以明人道，人道才是《易經》所注重的。人類所發展的學問，甚至是天文學，都應是為人類服務、着想，才有研究、存在的價值。人道之中，最重要的是君子小人，因此以陽代表君子，以陰代表小人。《剝卦》從柔變剛，到了五陰將剝最後一陽，卦象從抽象的象徵意義變成了人間的具體事情，是指小人持續增長的過程。所以它說最初全是君子，然後由《姤》一陰，慢慢增至《剝卦》五陰，「五陰」增長，代表無數小人充斥朝廷之內。

「順而止之，」

這是從卦德來說明，《剝卦》下卦是《坤卦》，《坤》的卦德是順；上卦是《艮卦》，《艮》的卦德是止（因《艮》象為山，而山是停止不動的）。易卦總是從下面發展至上面，因此先要學習《坤卦》順從的德性，但又要體會《艮卦》靜止的德性。坤不是任何陽都順從的，它只順從乾陽，乾陽即天道的規律，規律認為不應做的，就要在那兒停止。《剝卦》已發展到陽差不多剝盡的情況，再剝下去就會變成純陰的《坤卦》，這是規律向前發展的必然結果。因此處身在這惡劣環境中，如想以獨臂挽狂瀾之將傾，可能做不到，所以人的作為就要斟酌情況，不要勉強而為，順乎規律，應該停止就停止。以上是說個人的作為，是第一個層次。再從引申的發展層次來說，如冀力挽狂瀾，和命運對抗，只會被洪水淹沒，因此可運用太極拳的原理，順着它的來勢，令到它的勢順着發展而停止；如一開始就勉力擋着來勢，那只是蠻牛的做法。太極拳講究「化」，能化，對方的來勢已卸，再引進落空，對方就會跌出去，這就是以柔化剛之法，是第二個層次。配合這兩層次，先要順着時勢，但又不是隨波逐流，同流合污，在表面順勢之下，找出扭轉惡劣時勢的方法，令它不再發展。

「觀象也；」

看了《剝卦》卦象，就知道如何「順而止之」。

東漢末年的漢易大師虞翻則認為「觀象也」的「觀」應解作《觀卦》，要細心體察《觀卦》如何變成《剝卦》，就會知道「順而止之」之道，因為《剝卦》（五陰一陽）是從《觀卦》（四陰二陽）發展而來的。虞翻的說法後世也有註解家追隨，但這不是最正確的解釋。

「君子尚消息盈虛，」

「君子」，周初指的是貴族（君主之子），孔子之後指有道德的人，後世則凡是學《易》者，都可稱為「君子」。「尚」是崇尚、尊尚，引申有遵守、服從之義。「消息盈虛」，「消」是消滅，「息」是生長，「盈」是充滿，「虛」是空虛。這四個字非常重要，主要都是針對陽來說的。最初的《乾卦》是純陽，然後陰在初爻開始消陽、取代陽，是陽減少的開始。以下卦的三畫卦來說，變成了《巽卦》，巽是消；以整個六畫卦來說，變成了《姤卦》，也是消。相反，最初是純陰的《坤卦》，陽在初爻開始取代陰，以下卦的三畫卦來說，變成了《震卦》，震是息；以整個六畫卦來說，變成了《復卦》，也是息。《乾卦》六爻純陽，叫做「盈」。相反，《坤卦》六爻純陰，叫做「虛」。因此「消息盈虛」這些名詞，都是從陽立義，以陽作為標準。簡單地說，《復卦》是《乾卦》的開始，或者說「息」就是「盈」的開始；同理，《姤卦》是《坤卦》的開始，而消就是虛的開始。

「消息盈虛」簡單來說，就是陰由微小發展到極盛，陰極生陽。陽一生出，便會由微小發展到極盛，陽極生陰，陰一生出，亦會由微陰發展至陰極。陰陽循環往復的過程，是天地推動萬物發展、變化的關鍵原因；也就是陰陽這兩種力量的交替，造成事物的循環。但「消息盈虛」的循環可以很短，可在一秒或更短時間內完成；亦可慢如一年四季的交替，或如地球環繞銀河系一周，用上幾億年，又或如銀河系環繞超銀河系一周，更可能用上幾十億年。所以我們不需論循環時間的長短，只需明白循環的過程就是「消息盈虛」。一個學《易》或真有知識學問的君子，一定要尊重、服從宇宙主宰着萬事萬物陰陽變化的規律。

「天行也。」

這是天運行的必然結果。「天行」兩個字，傳統都解天為物理之天，自然之天，即天體；行，運動、運行。但清代王引之通過對《周易．彖傳》多處天行文字的綜合、分析，認為「天行」即天道。民初學者都深受清代漢學的影響，所以近代的易學大師如高亨《周易大傳今注》解釋《乾卦》時便採用了他的說法。王引之引用了不少古代文獻以支持他的說法，其中最重要的證據是《周易．乾．坤象傳》：「天行健，君子以自強不息」；「地勢坤，君子以厚德載物。」他說「天行」和「地勢」相對，作「天道健，地勢順」解才解得通。

但《周易．象傳》的意義往往是隱藏的，「象傳」在講到「天行健」時，暗中強調天體之動永恆無息；在講「地勢坤」時，強調大地之靜，「勢」是指形成高下靜止的形勢。如用「天道」的話，「天道」可包括天的物質性，也可包括天的規律及它的運行變化，有多種不同的意義，但「天行」只能解作天體有規律的運動，從運行中呈現出必然的變化。所以不用「天道」而用「天行」，更精密、更準確說出天的運行是健而又健（「天行健」）的特性。從這一觀點看，古代註解似乎較王引之更精確反映文字背後的深層意義。

《象》曰：山附於地，《剝》；上以厚下安宅。

「《象》曰：山附於地，《剝》；」

《大象傳》指出，組成《剝卦》卦體的上卦是《艮》，卦象是山，下卦是《坤》，卦象是大地。「附」是依附，即貼近的意思。這個卦象說出原本高出地面的山現在竟然低附着大地。原因是經過風雨長久的侵蝕，山上的泥土剝落，結果高山慢慢變成丘陵，丘陵再變成高低不一的土地。這個卦的卦象象徵高山剝落，所以叫做「剝」。《彖傳》只是從卦體剛柔爻的消長，說出《剝卦》是由於陰爻剝陽；而《大象傳》則從卦象補充了高山頹落的具體現象，加深了剝落的意義。

「上以厚下安宅。」

為甚麼不用「君主」一類的名詞而只用「上」字？第一點，它泛指所有在上之人，包括君主、王侯、貴族。第二點，為何要包括王侯、貴族、甚至卿大夫在內？關鍵就是只有上九一爻是陽爻，也即是說只有這爻可稱為君子。根據易學規例，五位才是君主之位，上爻之位按照魏晉王弼的說法是「無位」，即是不涉及尊卑貴賤之位。但在這裏是特例，變成高高在上而有位，因此用來泛指在上的統治者。「以」是根據、憑藉。體會了這規律之後，根據這規律來做人。「厚下安宅」，「厚」和「安」都當動詞用，「厚」是增加厚度，「安」是令民眾安寧。「下」泛指在下者，如是山之下，指大地；如是貴族之下，就是指人民。如「厚」用於大地，就是指增加泥土，令大地泥層更厚；如用於人民，就是在上的統治者減輕人民的賦稅和勞役，多開發人民的收入來源，令人民生活得更豐厚，令他們的財富增加。「宅」是人所居住的地方，古代最重視「安居樂業」，生活以食住最為重要，人民每每因旱災而要逃荒，遷移到不致餓死的地方，這就是得不到安居。所以「安」指長期停留在一個地方，有足夠的生活資源，不是單純指居住。整句的意義是令到人人安定地居住在一個地方，過着幸福的生活。

在上的人君體會了這個卦象背後的道理，理解到山之所以剝落，主要是由於地基崩陷，山的重壓令它逐年下沉少許，這就是剝落的原因。假使預先在地基做了功夫，增厚了土地的支持力，山就不會剝落了。這裏的地，就是指在下的人民，因為坤的類象為民。

詳細分析

「厚下安宅」這句句子和卦象很有關係。《坤卦．象傳》說：「地勢坤，君子以厚德載物。」坤土是泥土之中最厚的，它普遍存在於天地之內，故大地有厚的象徵，現在就是用了《坤卦》厚的意義。如能增加《坤卦》的德性，自然大地就會豐厚，不會崩陷。

「安宅」的「安」義暗指在上的《艮卦》所象徵的意義；艮為山、為止，在八卦的類象裏面，《艮卦》是最安定的象徵。原因是，陽第一次進入陰，形成《震卦》，而陽的性質是向上發展，它的繼續發展令它走進卦之中，於是形成《坎卦》，陽繼續向上，到達第三爻，就是《艮卦》。

☳《震卦》 ☵《坎卦》 ☶《艮卦》

《震卦》、《坎卦》、《艮卦》象徵陽與陰的三次結合。當陽發展到極限，動的性質就變成相反的靜。今天說的造山運動，是大地板塊的移動，將地層推高，於是山一直向上升，當山升到最高極限，就會在那裏靜止不動，因此艮山的卦德是止。本來震是向上活動，現在活動到最後，動極變成靜止，靜止有安靜的性質。

「厚下」是在上者體會了《坤卦》「厚德載物」的性質，好好地對民眾實施厚德。大地對不論好壞的生物同樣照顧，讓它們發展到最完美；在上者也應容許民眾自由發展他們合理的天性到極限，不去干擾他們，這就是「載物」的偉大德性的表現。在上的統治者也應擁有這種德性，對在下者實踐《坤卦》的德性。

另外尚須實踐《艮卦》的德性：中國的傳統，山象徵仁德，水象徵智慧。儒家崇尚仁德，因此山是自古以來中國一直崇拜的對象。正因如此，地球上最崇拜山嶽的國家是中國。不用說是名山如五嶽都受到中國帝王的祭祀，幾乎比較高的山都成為古人祭祀的對象，他們認為山是崇高偉大的，是神仙的居所。但西方文化中的古希臘是由眾多海島組成，所以更注重海。崇水則注重知識，注重理性的發展；崇山，所以注重發展仁德、人的道德修養。

「安宅」是指在上者應仿效山的仁德。所謂「仁德」，最簡單來說就是愛人。體會了陰剝陽的卦象，天地甚至人類都要主動去剝削自己。陽為君子，亦即是貴族，剝削自己即是說減低一切享受，如是貴族被動去做，就是說被人民所剝，通常在這種情況下，人民都是心懷怨憤才會出此非常手段，所以人民不會有感激之心；但假使反其道而行，在上者自願剝削自己的財富和幸福，將財富和幸福分給人民，由被動變為主動，則人民都會感激他。體會了這卦的卦義，就要懂得從被人剝削變成自我剝削。「厚下」就是薄自己，即減低自己一切不合理的享受，亦即自剝。自剝就是解救「剝」最關鍵的因素，其中進德修業就是去除剝的最好方法。

《剝卦》占辭是「凶」的有很多，不是個好卦，但在此再次強調，《大象傳》所説往往和那個卦的吉凶意義無關。因為《大象傳》側重如何從天地規律中，找到人類應該效法的行事原則，所以只有吉祥而沒有凶悔吝。例如人類認為洪水地震都是災難，但如沒有地震，何來高山？沒有洪水，何來地貌？所以洪水地震在地球來説，沒有所謂好壞。《大象傳》只是説人類應如何利用這些天地規律來進德修業。好的固然是規律，壞的也可從反面去掌握，例如《剝卦》説從被人民剝削變為自剝，意義就完全不同了。對人的好處也完全不同了。六十四卦有六十四《大象傳》，完全沒有壞的判斷辭，只有好的，都是教導君主乃至普通人如何進德修業的。

初六，剝床以足；蔑貞凶。

「初六，」

指最下一爻是陰爻。

「剝床以足；」

床指睡眠所用的床。「以」，王引之說「以」字在古書上與「與」字相通，「與」即及也。當我們剝削、消滅、損害那張床，先及它的床腳。由於剝落往往是從下面開始，所以損害這張床首先會損害床腳。這是傳統較為合理的解釋。

「蔑貞凶。」

「蔑」即無、沒有，引申有消滅之義。古代文字的聲音很多帶有特定的意義，例如用m為輔音的字（反切上字），多數有「黑暗」或「沒有」等意義。所以「蔑」有「無」的意義，又例如「啟蒙」的「蒙」字，甚至它的相反義「明」字，都是以m音作為輔音的。因為在中國古代，相反詞每與原來的字有相關的意思，例如「臭」字最初指的是氣味，現在卻變成臭味的臭，如《周易．繫辭上傳．第八章》說「二人同心，其利斷金，同心之言，其臭如蘭」便是。意指香味有如蘭花。m音為輔音的字如「無」、「微」、「渺」等都有細小，見不到的意思在內。因此「蔑」字就有無、微小之意。

傳統句讀是「蔑貞凶」。但亦有以「蔑」字斷句的，這是宋末元初的俞琰最先提出的。「剝床以足蔑」，俞琰認為是指剝床時把床足消滅了。直至今天仍有少數註解家跟從他的說法。俞琰的說法不無道理，但有不足之處。傳統句讀所發揮的說法則較為全面，「蔑貞」指忘記了正道、沒有了正道，才會有凶。說出這爻之凶是有條件的。假如說「剝床以足蔑，貞凶」，那就是守持正道反而有凶險。又如果解作守持正道，謹慎防止凶險，那就要添加不少文字。增字解釋，並不是妥當的做法。

其實這段爻辭本身並沒說到有凶，凡是初六的吉凶，應參考《坤卦》初六爻辭：「履霜，堅冰至」，它說的是未來才會發生的事。因此凡初爻是陰，說出了陰之損害正道、歪曲正義、顛倒是非、陷害正人君子，都不會明顯去做，而是暗中去做，即表示是逐步發展，讓人在不知不覺之中受到影響。陽的性質是急速的，所以比較快就能完成。因此《周易古經》每在初六陰爻，預先提醒我們未來可能發生的最危險情況。踩到霜雪，就知道巨大的冰雪將來會覆蓋大地。同理，原本是《乾卦》，陰剛開始剝陽，初九變成初六，則會變成《姤卦》。《姤卦》在曆法中是包含夏至的那一月的節氣曆，雖說「夏至一陰生」，那天通常是太陽曆的六月二十一或二十二日，天氣仍然非常炎熱，陰是微不可覺的；但如等到陰變得明顯又已太遲了。所以初爻預警，是現在「蔑貞」，將來才有凶。

《象》曰：「剝床以足」，以滅下也。

《小象傳》解釋初六爻辭「剝床以足」，是「以滅下也」，意指陰滅陽是從初爻開始。初爻在卦中，位置最低，象徵人身的最低位置，那就是足，因此「足」字來自卦象。卦爻辭凡用到「足」字，都是指初爻，然後從人身最低處的足引申為任何事物最下、最低的開始。

六二，剝床以辨，蔑貞凶。

六二，指陰爻在卦中第二爻位。

「辨」字是分辨，指床腳與床板之間的部份，即是床的腳柱，古代稱為「床幹」。樹木起碼分為三個部份：泥土之下為根，頂部為梢，中間軀體為幹。「辨」所以用來分辨上下，既不是上，也不是下，而是中間，正像樹的樹幹部份，所以叫「床幹」，亦即床面以下的部份。由於上文有「足」字，東漢鄭玄認為這裏也可用人體來解釋，他說

「辨」即腳之上、膝蓋以下部份。這個解釋，後世的註解家採用者不多，但到了清朝，易漢學一派又重新採用了。其實還有很多不同的解釋，清華大學廖名春教授為《剝卦》寫了一篇考證的論文，他説傳統把「床」字解作床未必對。因為「床」字與「壯」字古音相通，古代同音可通假，因此他認為「床」字等於「壯」字，「壯」字引申是陽，因為壯健即陽，因此「剝床」即剝陽。剝陽首先從初爻開始，接着就到了「辨」，「辨」剛才説就是用以分辨上下，他引申解釋，説「剝床以辨」就是剛好將陽剝了一半。這個解釋呂紹綱教授在修改他和老師金景芳教授合着的《周易全解》時也加進了，認為是很有道理的新解，但個人認為還是照字面解作床義已經足夠了。

六二從初六的位置上升，所以剝床到了床腳和床面的中間，情況變得較為嚴重了一點。「五四運動」的疑古學者可能在這裏又會提出疑問，為何出規律了呢？本來陰爻在二位是得中得正，是六爻爻位中最好的，起碼也應是吉祥吧，但現在竟然例外，是甚麼原因？原因就是這個卦講的是剝陽，這就是它的最高規律，較其他規律都重要。任何規律同時並存的時候，我們只應選用最主要的規律；人生也是這樣，面臨兩個選擇，只可選擇其一。《剝卦》主要講的是陰一直剝陽，陰剝陽帶來的災害是甚麼呢？於是丟開了它得中得正的特性，而講出陰剝陽越厲害，災害就越多。但現在六二災害並不特別嚴重，造成災害的條件是「蔑貞凶」，即違背正道、消滅正道，才是凶，沒有這條件，就不是凶。這點是研讀《易經》的人要明白的，不要只看字面上所說的吉凶，就輕率地作出結論。

《象》曰：「剝床以辨」，未有與也。

「與」，有的註家指是陽爻，但亦有的註家指是陰爻。在易學，陰陽相應才叫做「與」，因此有很多註解家解釋為甚麼陰繼續發展，剝到床幹？就是因為沒有陽來抑制它，於是它肆無忌憚，繼續發展。但另有部份註解家卻根據卦體來分析，卦體是五陰一陽，在卦的本身，陽已微弱到了岌岌可危的時候，隨時會被陰剝盡，怎會還有其他的陽和陰相「與」呢？所以「與」字應是指和它同類的陰爻。爻辭說「剝床以辨」，雖然是陰上升到床幹，幸運地六二再沒有同類的陰去幫助它，因此六二陰的發展仍很緩慢，沒有造成嚴重的危害。因為根據易學的理論，所謂「應與」是指卦中初和四爻、二和五爻、三和上爻的相應。二本和五相應，但看看六五的爻辭則可知，六五並非剝陽，而是順陽，因此首先，六二之陰與六五之陰是敵應，即是無與，再加上六五和其他陰爻的做法不同，因此與它不是同黨，既然不是共同剝陽，六二即使和六五有應，但六五反對它剝陽的行為，當然不會協助它，所以六二無論從應、或從取向，都是無與的。由於六二沒有其他陰的幫助，所以陰的發展不大。換言之，六二雖說「蔑貞凶」，實質並不是那麼凶，只有真的消滅善道，才帶來凶。尤其要注意的是：初爻、二爻帶來的凶，不單對正人君子是凶，對陰邪小人同樣是凶，這兩爻說出了陰爻害陽，自己也並不會得益。假使初六和六二不蔑貞，君子小人彼此都不會凶了。「蔑貞」是假設性、條件性之詞，假使不消滅正道，悔吝或者會有，凶則不至於。經過剛才陰陽發展的分析，很明顯可以知道初六、六二這兩爻的剝陽並不是很嚴重，不是那麼明顯，因此在這裏要小心閱讀原文，看它是否暗藏甚麼條件，這是我們讀《易經》所必須明白的。

根據正常規律來說，柔爻在二位得中得正，本來是非常好的，但在這裏被另一規律取代了，這規律就是陰陽消長的規律。《易》學巧妙地把十二個卦，通過剛柔的多少變化，反映出陰陽消長的過程，它們稱為「十二辟卦」；「十二辟卦」的「辟」字，古義是君主。所謂「十二辟卦」，是說一年十二個月，每個月都以一個卦象徵君主，主宰着該月的陰陽氣候、事物的變化。十二辟卦又稱「十二消息卦」，或「十二月卦」。《復卦》是一陽生於最下，是十一月卦，接着的是《臨卦》（十二月）、《泰卦》（正月）、《大壯卦》（二月）、《夬卦》（三月）、《乾卦》（四月），這是陽生的過程。接着的是一陰生於最下的《姤卦》（五月），然後是《遯卦》（六月）、《否卦》（七月）、《觀卦》（八月）、《剝卦》（九月）、《坤卦》（十月），這是陰生的過程。這十二個卦究竟何時變成象徵陰陽的消長呢？可能還需要作深入的研究，但起碼漢朝的「卦氣說」已經提出用「十二辟卦」來反映陰陽消長了。

《剝卦》象徵陰氣剝陽到了最嚴重的程度，如果再進一步，完全剝盡了陽，就會變成《坤卦》。《坤卦》是一年的第十月卦，《剝卦》是第九月卦。這裏用的是節氣曆，不是以農耕為主的太陰曆，它能夠較為準確地反映出一年氣候的變化。辟卦所主的陰陽消長，反映出一年寒冷溫暖的變化，寒冷就是陰，溫暖就是陽，於是以能感受到的寒冷溫暖，提升到抽象的陰陽層次，再據此反映出一年的陰陽變化。進一步提升，就變成天地規律。

天地或宇宙的兩種最基本信息、物質或力量——陰陽——是循着一定的規律消長變化的，這種變化，連天地也不能改變，當然人力更不能改變。《剝卦》和《復卦》說出這陰陽變化的規律控制或指導着卦中每爻的禍福吉凶。以前所講的《泰》、《否》兩卦，同樣象徵着陰陽的消長。這規律用於天道、地道乃至人道，都是如此的。這規律簡單來說，相當於天命。天命不單人類不能抗拒，甚至連天地也要服從，人生、社會、國家，同樣受到這規律的限制，因此個人的好壞得失，乃至國家的盛衰，都和這規律息息相關。正是因為有了這規律，《易經》能夠預測未來，所根據的是規律的未來發展，而不是神靈的蔭庇或遺棄的結果。其實甚至神靈都要受這規律的控制。因此《易經》從原始迷信神靈主宰人生，提升到規律主宰人生，預測未來就有了一定合理的或科學的根據。

但如《周易古經》只將宇宙或天地規律作為推測未來根據，意義尚不太大，它的重大意義就是三千年前的《周易古經》，它已包涵着人類亦可參與天命，改變或利用這規律的思想。如何利用呢？以《剝卦》為例，初六爻辭：「剝床以足，蔑貞凶」。上面已說過這只是個警告，尚未曾實際發生，因為根據易學的規則，最下就是象徵着最初，無論是人的地位、年齡、或做事，都是最初的開始，任何事情最初的發展，都是由小而大，因此陰爻在最初的力量很小，它只是出於憂患意識，居安思危，凡未來有災難，就預先警示而已。

為甚麼初爻的力量是微小的呢？《剝卦》源自《乾卦》。陰剝陽的最初開始，是剝奪了《乾卦》的初爻，陽爻變成陰爻，於是成為《姤卦》，大家一看它的爻畫就知道，一陰在下，五陽在上，天地之間仍然瀰漫着陽氣，一陰之氣仍然微弱，但如不作出預防的措施，去壓制它，它就會暗中一步步發展。須知道陰的發展是微不可覺的，尤其是它初生之時，更是難以覺察。《易經》的作者就在此時提醒我們，在問題剛產生之時去處理，則容易解決，所以《姤卦》在九二爻辭就說出如何以人力抑制陰的繼續發展，如能實踐的話，在下的一陰就會因為人力而延遲發展。陰的繼續剝陽，到了六二，成為《遯卦》，陰的力量仍未算強大，到了三陰的《否卦》，才變得明顯，但仍未出現凶悔吝的判斷辭。繼續發展，接着的《觀卦．彖傳》：「大觀在上」，陰還未曾造成甚麼災害，要到了《剝卦》，陰的力量才明顯。但當陰的力量為普通人感覺到之時，其勢已經不能抑制。由此，我們明白易學最重要是看最初，掌握最初的一陰生，事情剛發生，但人人不覺察，而你能覺察的話，吉的你就以人力配合，令到它更快出現，凶的就像《姤卦》九二，找出人為的方法去消弭它、抑制它，可能災禍就不會發生。這是人力對自然規律、社會規律、人生規律能夠增損的工作。而能夠察覺最初的一陰生，就是「知幾」（機）。「幾」即是事物最初發展的徵兆，所以《周易．繫辭下傳．第五章》特別提出「知幾，其神乎！」這樣，你一方面能夠預測未來，一方面能及時改變，化凶為吉。

《易經》作者一般對命運採取了正反兩種不同的態度，第一，人是可以改變命運的，人定勝天；第二，命運是人類不能抗拒的，天定可以勝人。當然我們希望能夠知幾，預先化解災難，凶、悔、吝運就不出現了，但事實上，當命運、亦即規律已發展到《剝卦》的階段，人力已是不能戰勝命運，人對此是無可奈何的，天地、國家、個人都不能不受命運控制，那麼《易經》如何教導我們？以《剝卦》為例，它通過解釋卦辭的《彖傳》指示我們應「順而止之」。「順」是順從天的規律、天的命運，即是說要接受命運，規律的安排，「止之」，去制止不合理的做法。所謂制止不合理的做法，表面上任何事都不做，但易學從來沒有叫我們靜止不為，只叫我們「窮則變，變則通，通則久」，因為宇宙任何事物都是永不停頓的，永遠都在不停止的運動變化之中。「止」是停止我們正常的做法，改用另一種做法來適應命運，這是消極的做法；積極的做法就是一方面要順從命運，一方面利用命運發展的方向、情態，順着它來改變命運的方向，結果原本是壞的命運，不再向着壞的方向發展，轉向相反發展。例如《剝卦》的六五，就是說出通過人為的處理方法，順從規律，但改變了規律的方向，制止了陰剝陽的繼續發展。因此「順而止之」這四個字，説出身處剝的環境如何處剝，並且能適應、改變剝，當然這是指賢人君子的做法了。

處剝之道，雖然有對自己消極、對外積極的做法，但畢竟還是消極的。《大象傳》就真正提出了積極的治剝之道，它就是「厚下安宅」。剝之所以產生，山之所以傾陷，是地基不穩，如不想有剝的情形出現，預先令地基豐厚，未來山就不會有剝落的情況出現，亦即是說，不會有剝的時機、環境出現。換言之，剝的出現，是剝下的結果，當然天地之間陰剝陽的剝下，我們人力不能改變。但人生的剝下往往是在上的君主對下面民眾的剝削過了份，以致民不聊生，釀成動亂，甚至令國家傾危。如人君由剝下變成自剝，即剝削自己的享受，減少應有的收入，那人民就不會受到剝削。這就是「厚下」。

從陰剝陽的觀點來說，陰暗陽明，如順着它的發展趨勢，讓黑暗剝奪了光明，就是小人當道，君子受損。但從另一方面看，陰其實是光明的收斂。在亂世之中，越有名望有才有德的人越易有災禍，例如嵇康，因為他是司馬氏政權的最大威脅，如司馬氏要篡曹魏建立晉朝的話，嵇康代表了當時的輿論，立場和司馬氏是對立的，最後因為鍾會的讒言，嵇康終於被殺，在臨刑之前，從容地奏出有名的《廣陵散》一曲，顯示出極高的修養和氣度。嵇康在剝世，由於名望太高，結果是非死不可。上面所說的「儉德辟難」，指收斂、收藏自己的道德和才幹，令到小人不視你為眼中釘，這就等同於收斂光明，默默耕耘。收斂光明並非完全摒棄光明，而是越收斂，越變得堅強，正如燈，燈光越亮，燈油越快耗盡，但如把燈火調暗了，反能點燃得更長久。在《剝卦》類象中，如陰代表黑暗、陽代表光明的話，在混亂的時世中，周圍一片黑暗，只剩上九一個陽爻發出光明，正義仍在照耀天下。雖然光芒在遙遠的高處，人間大地仍是一片黑暗，似乎沒有多大影響，但它一直在照耀着，有小部份的人終會受到感召，而追隨它。

物極必反，窮上則返下，陽到了上九就是發展到窮，上窮極必返下，回到下面，變成了《復卦》，於是光明再在大地人間開始，照耀人群。讀過中國歷史的人都很容易體會到，國家混亂，人民對朝政不滿，正直之士受到小人迫害，以致被貶黜、甚或傷亡，但必定有少數更高明的人懂得儉德辟難，知道處剝、治剝之道。這些人表面上和光同塵，但默默保持着光明的信息，一到適當的時機，就能撥亂反正。例如漢高祖的皇后呂后，在高祖駕崩後專權，大量任用呂氏外戚，惠帝皇位也未必保得住，劉氏江山岌岌可危，但平日老實寡言的太尉周勃，卻能輕易地扭轉局勢。同是女禍，唐朝的武則天也是把李家子孫差不多全數剷除，但狄仁傑素來得到武則天的信任，在這危難的時刻，暗中盡量保護李姓子孫，亦因為有他，在武則天晚年策劃政變，一下子就把政權奪回。這兩個例子都可以藉此說明剩下的一個陽爻似乎收斂了光明，只在高遠之處發出微弱的光輝，但越是收斂，力量就越持久，最後可撥亂反正。大家可從中體會易學教導我們如何在不可抗拒的自然規律之下，在最初之時，防範、消弭災難於未然；而又在災難形成之後，如何度過災難。這其實就是善於利用天地的規律。

天地或宇宙的規律在《剝卦．象傳》叫「消息盈虛」。掌握了這規律的人，即使不能做到積極有為，但可從易學中明白這天道規律的「必然性」，從而懂得我們人道的「當然性」。人道的當然性，簡單來說指知道規律是循着一定的返復循環規律發展，當規律已發展到剝的階段，陰盛陽衰，陰繼續強盛下去，很快就會達到極限，一到極限，陰極就會陽生，光明幸福的未來又會開始。因此就不會因目前之困境以致自暴自棄。反而明白了天命規律如此，光明定必不遠，於是及時努力，進德修業，等待未來光明盛世的來臨。因此越是掌握了易學的規律，處於盛世固然充滿歡樂，在衰世知道這是磨煉自己，是進德修業的重要時刻。所以《彖傳》說：「君子尚消息盈虛」，「尚」是尊尚、服從，指根據這規律，在不幸的時候，能夠勇往直前，繼續努力，那盛世就會很快出現。譬如唐之後的五代十國，當時是中國有史以來道德最墮落的時代，儒家學說一文不值，大眾不知廉恥為何物，馮道侍奉五朝、八姓、十三帝，累朝不離將相、三公、三師之位，前後為官四十多年，自封為「長樂老」，是無恥的典範，但他也有我們值得讚揚之處，他就是能夠順時，使社會維持穩定；另外，印刷儒家經典是他所創的新猷。從前只印刷佛經，從來沒印刷過儒家經典，結果保存了文化，所以到了宋朝初年，有心人如胡瑗、石介，甚至范仲淹等人，才能在儒學完全崩潰、道德淪喪的時世再度弘揚儒學，結果就憑這一小撮人發出的微弱光輝，照耀大地，使到宋朝儒學復興。

宋朝最為後人詬病的是，入侵的外族本不算強大，為何不能抗拒？要用財帛換取和平？令到後世的中國人每讀到宋代歷史，都不禁扼腕嘆息！但除了對外軟弱之外，宋代不用為了戰爭而勞民傷財，國內反而一片太平，工商業蓬勃發展，文化興盛。清人過份詆毀宋朝，以為清代學術更高，其實剛好相反，宋朝在文化發展方面，貢獻非常大。張舜徽教授寫了一篇不算嚴謹的論文，將宋代由科學到文學的種種卓越成就一一講述，我們才知道宋代文化學術之博大高深，相對於清代，成就大得多。原因就是不用為了戰爭而糜費國帑。從整個人類發展史來說，宋朝的不戰是有可稱許之處，對國內民生和文化都是有益的。微弱的儒學的光輝就是從北宋開始弘揚，再度成為中國文化的主流。這就是實踐《剝卦》精神的良好後果。

六三，剝之无咎。

「六三，」

指第三爻是陰爻。

「剝之无咎。」

唐初陸德明的《經典釋文》，為當時尚流傳的古代經典的不同主要版本做了嚴謹的校勘工作，指出版本文字不同之處，另外，他還將唐初之前經典的重要註解載錄下來，

《易經》是這些經典中的一本。他所記錄的資料，後世很多已失傳了，藉着他的載錄才得以保存下來，珍貴之極。有關這段爻辭，他說古本作「剝无咎」，沒有「之」字。有些註解家接受了他的說法，認為加上「之」字是受到《小象傳》的影響，以為《小象傳》有「之」字，原文也應該有，才改成「剝之无咎」。南宋的易學大師趙汝楳的《周易輯聞》、宋末元初俞琰的《周易集說》都提出這一點，乃至近代黃壽祺教授和他學生張善文合著的出色著作《周易譯注》也採用了這說法，黃壽祺教授引述他的老師、民初學者尚秉和的說法（見該書上海古籍出版社二零零一年版，二零零頁），認為應作「剝，无咎」。

我個人非常敬重黃壽祺教授的學養，但這種盲目歸功於老師的做法並不值得恭維。其實從宋至清，已有不少註解家提出過同樣的意見。馬王堆出土的帛書《周易》，同樣是寫作「剝无咎」，可見陸德明的說法確有所本。

但是否去了「之」字更好？陳鼓應教授在他的《周易今註今譯》中便說過，帛書雖沒有「之」字，（當然《經典釋文》也沒有「之」字），但有了「之」字，意義會更準確一些。他的說法很對，從遣詞造意的寫作方法來看更合理，可能通行本多了個「之」字也不一定是後人據《小象傳》加上去的，或者另有古本有「之」字，只不過未曾出土而已。有了「之」字，清楚說出剝的對象是陰剝陽到了第三爻，「之」字正是代指第三爻。

為甚麼是「无咎」呢？因為即使《乾卦》第三爻為陰所剝，只不過變成《否卦》，仍然是「无咎」。因為，從大處來說，雖有錯，改過之後就沒有錯了，因為三位屬陽，易學上，位很多時候較陰陽爻性質更為重要，這解釋了在二或五位，無論處於其位的是陰爻或陽爻，都是特別好，因為位置得中。是否二和五爻位才特別重要？不是，六爻都象徵了時間兼空間，陰陽爻只是個別事件在這時間空間的發展。正如在宇宙中，時間空間重要，還是星體的運行重要？不用多說，是時間空間決定宇宙的一切，所以「位」是易學最需要認真體會研究的，然後才論爻的陰陽性質。如陽爻在陽位，就能更好發揮它的德性，陽爻在陰位則剛好相反。現在是陰爻在陽位，而《坤卦》六三爻辭說「含章，可貞」，意指這一爻蘊含着最好的事物，陰包圍的陽，就叫做「章」，因此「可貞」。另外，因為這原故，下面接着的就說「或從王事，无成有終」。「或」是不定之辭，即它可能發揮陰的本性，不去助陽；亦有可能改變了它的本性，受到位是陽的影響，於是從陽、順陽。「從王」即從乾陽，意指可能順從《乾卦》去做事，那它本身是在默默耕耘，無條件去助陽，功屬於陽，力則出自它，到了最後，以完成陽交託的工作作為結束。明白了《坤》卦陰爻處於三位的性質，可將它應用於《剝卦》的三爻，雖然它剝了陽，變成陰，但陽仍包含在三位裏面，只不過被陰所包圍，「剝之」就是説繼續剝陽，「之」就是指這一爻位之陽，「无咎」指沒有咎害。既然是「或從王事」，所以《剝卦》三爻的陰，雖本身性質是陰，但受到環境的影響，因而有變陽或受陽影響的可能，改變它剝陽的性質，轉而助陽，所以「无咎」。況且發展到了第三爻，另一規律漸漸抬頭，即凡五陰一陽的卦，以陽為主，例如《師》、《比》兩卦都是一陽五陰，結果一陽在《師卦》為大將、一陽在《比卦》為君主，因此《剝卦》也不例外，也是以陽為主，只不過初、二爻受到大環境的影響，不能從陽，而三爻則可較易從陽。

《剝卦》陽爻在上九，恰巧三和上相應，三位有含章之美，再加上它和上九相應，上九是最有條件的配偶，佳偶天成，於是在五陰剝陽的時候，六三由剝陽變為和陽相應，幫助陽，雖則最初剝陽有咎，但後來能夠或從王事，就把過錯糾正過來了。這就是爻辭用「无咎」二字的原因。

《象》曰：「剝之无咎」，失上下也。

《小象傳》解釋爻辭「剝之无咎」的原因是「失上下也」。一般註解對「上下」的解釋是，由初至五五爻都是陰爻，三爻剛好在中間，因此「下」指初和二兩個陰爻，「上」指四和五兩個陰爻，「失上下」即是違背上下。本來初至五爻都是陰爻，應該是同心同德，共同去做一件事，但現在三爻的所作所為違背了「上下」其他陰爻的做法。在這裏須略為引申它的含義：三爻本質仍是陰，所以與其他四陰表面是同一陣線，只不過暗中在扶助、支持相反的陽類，它本是小人，不過是小人中的君子，所謂「身在曹營心在漢」，表面所作所為與其他小人沒有不同，但藉着與它們共處的機會，能夠暗中解救正人君子的災難。如它以正人君子面目出現，則早已被無數小人排斥。在這情形下，只有小人才能幫助君子，如由君子伸出援手，君子可能更早失敗傷亡！東漢的「黨錮之禍」就是歷史上一個很好的例子。

從卦象來說，六三爻一發動，就會由陰變陽，於是變為六畫的《艮卦》，初與四、二與五、三與上都不相應，結果上下都沒有應與，那就是「失上下」了，這樣，一方面上下沒有應與，另一方面是《艮卦》象徵止，一切都停止了，於是陰剝陽也停止了，陽就不致受到損害，同樣説明了六三爻是「剝之无咎」。

六四，剝床以膚，凶。

「六四，」

指第四爻是陰爻。

「剝床以膚，」

「膚」是皮膚，床的皮膚即是放在床上的墊蓆。「以」，之也。但為甚麼不用「之」字？原因「以」字包含了一種作為，是有一種力量導致如此，而「之」字等於語體文「的」字，並沒有作用力，現在初、二、四這三個陰爻都是陰剝陽，這是一種作為，剝已剝到床上墊蓆的時候了。

「凶。」

這是真正的凶，因為「凶」字之前並沒有條件性的文字，只是說出如果「剝床以膚」，後果就是「凶」，跟上面所講的「蔑貞凶」之有條件完全不同，所以在《剝卦》的六爻裏面，真正凶的只有六四這一爻。為甚麼呢？第一個原因是，順着陰的繼續發展，四位的陰差不多發展到極限，本來二、四、上都是陰位，應該到了上六才是陰發展到極限，但是如陰發展到上爻的話，陰極反會變陽，上爻位置固然是剝陽剝得最厲害，但也會走到相反去，陰極陽生，以致陰不是在它最多最盛之時。《坤卦》上六爻辭是「龍戰於野」，《坤卦》純陰，到了上六是陰到了極限，陽應該絕對不會對抗它的，何以會有「龍戰於野」的現象？關鍵就是上六陰極生陽的結果。反而在四位，表面陰尚沒有發展到極限，但陰爻在陰位，就如《坤卦》六四爻辭：「括囊无咎无譽」之義，把袋口密封，把裏面的東西收斂嚴密，既沒有名譽，也沒有過錯，可見四位是陰收斂得最深的爻位，這是第一點；第二點，《剝卦》的上爻是陽爻，所以在《剝卦》來說，它不是純陰。至於五爻，跟三爻一樣，本身位是陽，陰雖包圍着陽，剛才說三位是「含章」，五位當然也是「含章」，且更能發揮含章之美，《坤卦》六五爻辭所以是「黃裳元吉」，正因為是陰陽發展混合到極好的緣故。五和上爻在《剝卦》都不是陰的極限，於是四爻相對就成了這個卦陰的極限，是剝陽最為關鍵的一爻。正因為它是陰的極限，五爻就陰極陽生，能夠扶陽。另外，五陰以一陽為主，所以六五發展了另一個扶助、支持陽的規律，轉變了陰的性質，變成扶陽順陽。這是由於卦中的陰陽變化，使它順着這個規律得出第五爻的性質。所以第四爻是整個《剝卦》最凶的一爻。

《象》曰：「剝床以膚」，切近災也。

所以《小象傳》解釋「剝床以膚」說是切近災難，「切」是貼切，「近」是接近；是由床引申到床上睡覺的人，假使說災難已降臨到床蓆，即是已和我們的身體完全貼近，就會直接危害到我們。初六床腳不妥，還可安睡其上，六二床辨受損，仍未影響睡眠，六三的床有毛病，人身仍可安然無恙，但災禍到了六四，是在床之上，在那裏睡覺的人就必然受害了。「災」字上為「水」字，下為「火」字，所以水災、火災都叫做「災」，古人認為水災、火災都是天災，即說出這是由陰陽、或天地規律的必然性所帶來的災禍。

六五，貫魚以宮人寵，无不利。

「六五，」

指第五爻是陰爻。

「貫魚以宮人寵，」

「貫」是連貫。可能古人觀察到魚群在水中游動是首尾相連的，因而用此形容詞，意指游魚前後排列成一行。魚是陰類，因為初六至六五五爻都是陰爻，所以用貫魚取譬。整句是說陰性事物如魚一尾接着一尾，就像排列成隊。「以」字同樣指作為、作用，「宮」是指宮室，「宮人」指宮中女性。在中國古代，凡是宮中女性大都是帝王的妻妾，只不過身份有高低的不同而已。根據周朝的制度，後宮分如下等級：卦的初爻象徵女御或御妻，共有八十一個名額，二爻象徵世婦，共有二十七個名額，三爻象徵九嬪，共有九個名額，四爻象徵夫人，共有三個名額，五爻象徵后妃，名額只有一個。這些數據一、三、

九、二十七、八十一都是陽數（用數學來說：三的n次方），身份是陰，用的是陽數，正可見陰陽配搭之妙。據說這些女性是按照陰曆月份日子侍奉君主的，從初一到初九，女御佔了九日，從初十到十二則為世婦，十三日為嬪，十四日為夫人，十五日為后妃。由十六日開始，就次序倒轉，先是后妃佔了該日，十七日為夫人，如此類推，排至最後女御佔該月末尾九日。后妃在後宮中為首，統率六宮，她如按照這種值宿次序安排侍寢，雨露均霑，宮女都有得到君主寵幸的機會，大家就不會爭風呷醋，後宮就會和平，這規矩上半月排列次序由卑到尊，下半月卻是由尊到卑，這排列次序其中可能有深意，原因婦女在月圓前後最易懷孕。為了確保嫡長子能夠繼承王位，就要令后妃較易懷胎，所以故意把君主臨幸后妃的日子安排在月圓的十五、十六日夜。至於這是否有道理，有待醫學進一步研究。

易卦以五位代表君主，但起碼有五個卦是例外，如《坤卦》、《剝卦》、《遯卦》、《明夷卦》和《旅卦》。《剝卦》的第五爻，五是最高位，陽在五位為君主，陰在五位則為后妃。她是群陰的主宰，盡后妃的本份，率領宮中婦女如魚般排列，按照陰曆的日子去服侍君主，得到他的寵幸。可知她不是害陽，而是奉承陽。

「无不利。」

字面解釋是用這種做法去做任何事情都是有利的。實際「无不利」是誇張之辭，跟其他卦所講不需要任何條件都吉利是不同的。「无不利」是雙重否定句，亦即成了肯定句，在修辭學上本來有加強語氣的作用，但在易學上，只有還不錯之意。讀下面《小象傳》的解釋便可明白。

《象》曰：終无尤也。

《小象傳》解釋爻辭之義是「終无尤也」。「尤」是過失，整句是說到最後沒有過失。這意味着從開始到中段的做法是有過失的，只不過到了最後，因做法合理，才算是沒有過失。這裏所說的「无不利」不是最好，卻絕不是差，趨近無條件性的「利」，原因是五陰應順從一陽，才合乎卦體中卦爻之間的合理規律。五陰最順從陽的就最吉，不順從陽的則是凶。

理論上《剝卦》的五陰都應順從陽，只不過這個卦的卦時是陰剝陽，原本應順從陽的陰有不順從陽的表現，如初、二和四爻就是明顯的例子，二和四爻因是陰爻在陰位，故剝陽情況較嚴重，故不順從陽的這三爻因而得到「凶」的後果。第三爻因它本身的爻位是陽，加上與上爻相應的原因，有一定的服從性，故得到「无咎」。到了五爻，它和卦中唯一的陽爻上九在易學中有承的關係。凡陰承陽都是吉，陽承陰則是凶，原因是陽尊陰卑，卑賤者擁護在上的尊貴者是合乎事理，所以是吉。六五奉承在上的陽即是擁戴陽，尤其是在陽剝落得最厲害的時候，承陽因此是最好的。所以《剝卦》內兩個跟陽有關的爻，其中的三爻遙遠應陽，聲援而已，五爻承陽是直接的，是它最大的支持者，所以在整個卦的五個陰爻裏面，五爻是最吉祥的，爻辭說「无不利」的關鍵就在這裏，所以誇張地讚揚它承陽是合乎規律。

《小象傳》說它只是「終无尤也」，是站在整個卦來說的。整個卦說的是群陰剝陽，甚至連六五也是剝陽的，因為如果純陽的《乾卦》不是被陰一直入侵、剝至五位，就不會有六五的出現。現在它剝了原來《乾卦》九五一爻，做了這件事，最初就是「有尤」，但後來以后妃的身份率領所有反對陽的陰去順承上九的陽，只能算是戴罪立功，由最初剝陽的人變成順陽，帶領群陰支持陽。這不就是「終无尤也」？由最初做錯事而後來能補過，究竟功罪孰大孰小？也難以斷言，最後大致只能說是功略大於罪，鼓勵善於補過者。由此可見《小象傳》作者的哲學觀點的確較全面，較我們片面只見事物好或壞的一面深刻得多。

在這裏古人提出一個我們值得參考的想法：當陽的勢力強大、足以制服陰的時候，《易經》在卦爻文字上，就會指導我們如何剋制陰，令到陰的勢力消失、或不繼續發展，《夬卦》就是一個最明顯例子，它的上六為陰，其餘五爻為陽。

䷪

《夬卦》

夬者決也，陽可把陰解決掉；其實還有更多例子說陽的勢力暗中足以剋制陰，消弭它。反之，如陰的勢力大，陽無法對抗之時，《易經》就會採用「順而止之」的做法，通過適當的時機環境，令到陰由抗陽變成順陽，順陽的話，剝陽的局面就會停止了，於是陽就會恢復，六五一爻，就最能清楚地告訴我們如何扭轉局勢，陰由初爻到四爻抗陽、剝陽，到五爻則變成順陽、承陽、保陽。太極拳最懂得繼承這道理，不以硬力正面對抗，只需「引進落空」，便可將來勢卸去，並使對方失去重心跌倒，所以體會、引申太極拳之理，便可能在《剝卦》惡劣環境中以此法化解陰剝陽了。其實太極拳理，便是根據《易經》的哲理發展的。

上九，碩果不食，君子得輿，小人剝廬。

「上九，」

指最上一爻是陽爻。

「碩果不食，」

「碩」是大，「果」是果實，碩果象徵陽。陰和陽相較，陽大陰小，因此凡是陽的事物暗中都有大的意義。《剝卦》上卦為《艮卦》，根據《說卦傳》所講卦的類象，艮為果蓏，所以這一爻象徵大的果實。「不食」，本來果子成熟之後，人會採摘食用，但現在樹上還剩下一個極大的果實，沒被摘下來。果實為陽，現只剩下一個，即是說其他的陽都剝落了，惟獨上九未被陰剝落，它一直在樹上生長，等到它腐爛之後，它的果核跌落地上，核中的核仁就會發芽，長大成樹，象徵果實（陽）之再生。本來果子剝落象徵死亡，果仁抽芽再生象徵剝落之後的重生，說出死而復生，物極必反的道理。陰陽到了上爻，就是窮，《乾卦》上爻，《乾．文言傳》說：「亢龍有悔，窮之災也」；《坤卦》上爻，《坤．象傳》說：「龍戰於野，其道窮也」，這兩卦的上爻都說到「窮」，即窮途，前行無路。但窮上返下就會重生，《剝卦》窮上返下，就變成《復卦》，《復卦》象徵陽的復生、生命的復生。因此「碩果不食」理論上應很快被陰剝落，表面上是兵敗如山倒，實際上，無論是陰剝陽，還是陽決陰，最後的寡陽或孤陰其實最難剝落。碩果之能夠存在，關鍵是有樹葉遮蔽，人類看不到這果實，才沒摘下來。《剝卦》也一樣，表面上陰已把陽剝盡，實際上還有陽的存在，而這陽是很難消滅的。這是個很重要的觀念，說明了國家到了極度混亂黑暗不幸之時，復甦暗中經已開始，我們以為陽已剝落，其實沒有完全剝盡，只不過我們的肉眼凡胎，看不到這碩果，等到果核跌落地上，果樹就可重生了。

「君子得輿，」

「輿」是車子，車子的用途是載運人物，《坤卦》其中一個類象為輿，三陰相連是《坤》，五陰相連是大坤，所以是大輿。陽爻象徵君子，如他仍能停留在上九，不被陰剝落，那下面的陰就不是害他的東西，反而是最大的車子容許他坐在其上，於是車子變成了他所運用的工具，使他能控制着群陰。陰是小人（普通人），而陽為人君，所以如陰並不剝上九，反而順從上九的話，君主就能夠像駕馭、乘坐馬車一樣，統御萬民，令人民得到合理的生活，這就是不剝陽的好處。

「小人剝廬。」

《剝卦》上卦為《艮卦》（☶《艮卦》），單看卦象，可見它像一道門或一間屋子，所以《艮》其中一個類象為門。門是房屋的象徵，房屋即是「廬」。所以最上的陽爻等於屋頂，如果屋頂存在，民眾就「有屋頂遮蔽風雨」，象徵可以安居樂業，但如「小人剝廬」，陰剝陽持續下去，到了最後，最上的陽、亦即屋頂也被剝落，屋子就不存在，君子固然受害，但小人自己連棲身的房屋也沒有了，那就是兩敗俱傷了。

這裏說出《剝卦》到了上九，出現兩個可能性：如小人不剝君子，而順從君子，國家就恢復秩序，君子固然安寧，而由於君子能夠控制整個國家，君子對小人是關懷愛護的，可讓小人安居樂業，和諧相處；但如小人害君子，君子都不在其位了，那麼國家政治就會混亂到極點。例如社會上只有小人，人人都為獲得厚利而損人利己，彼此相害，結果大家均受其害。所以到了最後，國家顛覆，小人和君子同歸於盡。中國歷史上自古到今，有很多奸邪小人導致亡國的例子，最後玉石俱焚，小人也沒有好下場，死得比君子更慘。這裏說出了《剝卦》的最後結果，正是因為這結果是人為的選擇，你選擇第一種做法，後果就是吉，選擇第二種，後果就是凶。「得輿」是吉，「剝廬」是凶，「吉凶由人」，吉凶由自己抉擇，所以作者沒有下判斷辭。

為甚麼上九一爻吉凶由人？原因是上九爻位屬陰，而爻屬陽，從陰則是「小人剝廬」，凶；從陽則是「君子得輿」，吉。爻位和爻的剛柔或陰陽屬性相反，往往吉凶便有兩種不同的後果，合乎正義的作為，大都是吉的；違背正義的作為，大都是凶的。可見《周易古經》已以道德作為預測未來吉、凶、悔、吝、无咎的根據之一了。

《象》曰：「君子得輿」，民所載也；「小人剝廬」，終不可用也。

《小象傳》解釋上六爻辭所說的「君子得輿」，原因是「民所載也」。「載」字左下為「車」字，所以它指坐在車子之上，被它運載。車輛的發明對人類的幸福影響非常大，所以《繫辭下傳．第二章》在說到古代水陸交通的發明時，都用了個「利」字，強調它們的重大作用。因此坐車象徵進入了文明時代，有了財富、人類能享受幸福的生活。「民所載也」，可以引申理解為運載人民到幸福的境地去。至於爻辭所說的「小人剝廬」，就是「終不可用也」，到最後終不能採用、不能實行，即是說小人切不可發展到極限，「剝廬」是指小人發展到最嚴重、迫害君子到極限的時候，即是陽完全剝盡，這情況絕不可讓它出現，因為到最後會玉石俱焚，君子小人同歸於盡。

總結

《剝卦》說明陰陽發展的規律是天道必然的規律，地道和人道亦不能例外，服從同一規律。這規律簡單來說就是：陰發展到極限之後，陰就會產生陽，這陽是微陽，它表面上最弱，但它有無限生長（群陰無法抑制）的能力，它會從一陽發展到二陽、三陽，直至六陽。從一陽到六陽的卦名，順次序是《復》、《臨》、《泰》、《大壯》、《夬》、《乾》。陽發展到極限，亦會由陽變陰，於是陰就會產生。當陰一產生，陰的力量也不是陽所能抑制，就會從一陰發展到二陰、三陰，直至六陰，卦名順次序是《姤》、《遯》、《否》、《觀》、《剝》、《坤》。不過《易》學固然說出了事物一定會順其規律發展，天、地、人都不能抗拒，但同時說這規律在最初的發展，力量尚微弱，人的力量是可以消弭、改變，化禍為福的。但任何規律發展成勢之後，天地和人力都不能改變它，只能根據那發展過程找尋適應規律的做法，為人類締造合理、幸福的生活。在《剝卦》來說，就是「處剝之道」。在這規律發展到了強盛的時候，我們體察這時勢的發展，可因勢利導，改變它向壞發展的方向，變成有利於人類，我們叫它做「治剝之道」。這些思想一方面說出規律「消息盈虛」的「必然性」，但更重要的不是說消極地順從不反抗，而是說人事上應從其「當然性」着手。規律雖是必然，我們要順着天地之理、人生之理、理所當然的理，用理來適應規律、改變它，令到人類將來得到更完善的發展，這就是「裁成輔相」，「參贊化育」——這是《易經》和《中庸》所要教導我們的哲理。

《剝卦》五陰剝一陽，從卦體來說，是陽受到陰的極度剝削，但在爻辭之中，反而說出了凡陰剝陽，就是凶、悔、吝，凡是扶助陽的，反是无咎，或者吉。原因的第一點，從天地來說，陰陽應該並重，但從人事上來說，就一定要扶陽抑陰，《易經》撰寫的目的是為了增進人類的幸福，所以扶陽抑陰是它關鍵的宗旨。第二點，《剝卦》五陰一陽，多以少為尊，物以罕為貴，五陰都要順從陽，追隨陽，才合乎易學的規例和天地的規律，所以作者從這兩個觀點着想，在爻辭中以這兩個原則來決定該爻的禍福吉凶。

初爻和二爻最遠離上九，因此代表它們最不支持、最不順從上九，它們都違背了卦的精神和原則，但由於初六是事情的開始，是陰剝陽的開始，任何事情的開始都是微弱的，既是微弱，造成的災害或幸福都是輕微的。但易學最注重「知幾」，要在人人都忽略、微不可覺、表面沒造成損害、但實際上禍害已經暗中萌芽的情況下，預先提防，如果在災禍微不可覺剛肇始之時，進行了預防、化解甚或抑制的工作，這些未來的災禍是很容易在這時消弭的。所以凡是禍害剛萌芽，卦爻辭或者後來的註解家往往就在幾微之處示警，誇張地提點，令到人人能夠明白，尤其是令到普通人明白，所以初六爻辭就用了「蔑貞凶」來提點我們。「蔑貞凶」是說如忘記、消滅正道，就是未來凶的原因。到了六二爻，陰的發展強了，但由於本身是既中且正，理論上本是好的，只不過在陰持續發展至強大、繼續剝陽的「卦時」下，這個原則也被迫放棄。但《小象傳》特別用了「无與」說明在上的六五是扶陽的，不是它的黨羽，換言之，也說出了六二表面凶而實不凶，是因為它「无與」，相反，如是陽爻，在這階段「有與」，可能剝陽的情況就不會出現，因此，它以「有與」、「无與」，進一步說出了在陰剝陽的情況下，如何解救陽被陰剝的方法。所以爻辭和初六相同，同是「蔑貞凶」。

六三，因為陰爻在陽位，陰包陽，因此陰的力量表面強大，裏面的陽卻暗中抵消了陰的災害。

同理，六五除了得中之外，也是處於陽位，所以三和五爻同樣可用《坤卦》六三爻辭：「含章，可貞，或從王事，无成有終」去解說。所謂「從王事」，即是從陽，既然三和五從剝陽變為扶陽，其中三爻和上九還是應爻，因此應該是特別好的，但何以六三沒有六五那麼好？關鍵原因是，如講到尊重別人，在下面「承」他，總較遙遙相「應」好，三爻和上爻只是相應，是對等的關係，但五爻是承陽，承陽是以上九為主，自己為從，因此，第一，六五爻位得中，第二，六五爻位含陽，第三，六五承陽，所以六五一爻在整個卦中變成最好、最關鍵性的一爻。

六四，本身是陰爻在陰位，與上九的陽既不是應，也沒有承、比的關係，所以抗陽、剝陽最為厲害，因此，是整個卦最凶險的一爻。

上九，從陰陽發展的規律來說，陽一定被陰剝盡，變成純陰的《坤卦》，但為甚麼說「碩果不食」？陰為何不能剝落這唯一的陽呢？這是說無論陽或陰受到相反力量的最大損害或抵消的情況下，臨到最後「窮」的階段，仍可繼續維持一段時間。第二點，「碩果不食」表面上說陰不能剝落陽，但這是違背了自然規律，自然規律是讓它自己剝落，果子在樹上腐爛後，果核跌落地上，於是果實中間的核仁能在泥土中重生，一方面是剝陽時間的延遲，一方面說出陽受剝之後，如何解救被徹底消滅的危險。結果陽雖被剝落，實際上只是隱藏在陰之中；換言之，無論剝陽或決陰，陽或陰都沒有剝盡。當《剝卦》完全剝盡陽變成《坤卦》之後，表面上是純陰，實際上剝落了的果仁就藏身於坤陰大地裏面，隱而不現。我們說過《坤卦》象徵節氣曆的十月，《坤卦》的初爻就是十月半的開始，表面是純陰，其實這時微陽蘊藏其中。《坤卦》為甚麼會變成《復卦》呢？原因就是：《坤卦》到了最後，隱藏在其中的微陽，經過時間的醞釀，終於增長成為一陽，《坤卦》便自動變成《復卦》；同理，純陽的《乾卦》，也有微陰蘊藏其中，慢慢滋長成為一陰，《乾卦》便變成《姤卦》。有關這道理，後出的《陰陽魚太極圖》內的兩個隱藏的黑白點說明得很清楚。

陳摶《先天太極圖》（即《陰陽魚太極圖》或《雙魚太極圖》）

本來太極圖應只有兩面，白面代表陽，黑面代表陰，何故白的一面中間有黑點、黑的一面中間有白點？這黑白兩點平時是看不到的，要到陽發展到了極限，黑點才會出現；反之，陰發展到了極限，白點才出現。其實這幅圖的作者只是根據他所了解的天地陰陽規律來創製這幅圖，可能這是他所認識的宇宙基本原理的模糊摹寫。結果因為它合乎天地、宇宙的基本原理，隨着人類對宇宙的進一步了解，這幅圖蘊含的奥義隨之得以擴充，據此可印證很多今天宇宙學的問題。這是題外話，在此不贅。

【第六講】復卦

䷗（震下坤上）

《復》：亨。出入无疾，朋來无咎；反復其道，七日來復。利有攸往。

《彖》曰：「《復》，亨」。剛反；動而以順行，是以「出入无疾，朋來无咎」。「反復其道，七日來復」，天行也。「利有攸往」，剛長也。復，其見天地之心乎？

《象》曰：雷在地中，《復》。先王以至日閉關，商旅不行，后不省方。

初九，不遠復，无祇悔，元吉。

《象》曰：「不遠之復」，以脩身也。

六二，休復，吉。

《象》曰：「休復之吉」，以下仁也。

六三，頻復，厲无咎。

《象》曰：「頻復之厲」，義无咎也。

六四，中行獨復。

《象》曰：「中行獨復」，以從道也。

六五，敦復，无悔。

《象》曰：「敦復无悔」，中以自考也。

上六，迷復，凶，有災眚。用行師，終有大敗；以其國，君凶：至于十年不克征。

《象》曰：「迷復之凶」，反君道也。

卦名闡釋

「復」，和「返」字的意義差不多，人出外回到家中，就是返或復。我們不敢肯定卦名的原義是否如此，但起碼在戰國《十翼》時代，已確定了是這個意義，而且與《剝卦》相提並論，相互比較，以闡釋並互補兩卦言外的意義。在《剝》、《復》這兩個卦中，純陽的《乾卦》，陽爻從卦的最下位開始，依次離家遠去，等到初爻至五爻都離開這個卦，就變成《剝卦》；相反純陰的《坤卦》，陽爻從卦之外回到卦中的最低下位置，即初爻之位時，就是《復卦》，所以「復」、《剝》的意義都是是從陽復、陽剝而來的。而從卦體看，把《剝卦》完全顛倒過來，就是《復卦》，這種關係，稱為「覆卦」（後來另一名稱是「綜卦」）。今天通行本《易經》的排列次序，兩卦相偶，關係非反即覆，「反」是相反，例如《乾》、《坤》兩卦，顛倒過來卦形不改，仍然是《乾》或《坤》，所以關係只能是「反」，指陰陽爻在相同位置完全相反，這類卦後世另一名稱是「錯卦」。

在《剝》、《復》覆或綜的關係中，《剝卦》陽一剝盡，立刻在《復卦》初爻中復生。通行本《易經》將這兩卦當作一組，因為它們象徵了循環往復，說明陰陽永遠不會剝盡，表面上剝盡了，馬上又會再生，古代術語是：「剝，窮盡於上，必復返於下。」意指陽一直被剝至上九之後，它會返於下，在下面再生。在這裏我們或許想到兩卦中間應該有個《坤卦》作為過渡。因為理論上，《剝卦》的陽剝盡之後，應變成純陰的《坤卦》，然後《坤卦》陰極才會陽生，一陽來復，變成《復卦》。但在這循環裏，它故意不提《坤卦》，這就強調了「陽不會剝盡」之理。《易經》就是以這兩卦作為一組來闡述這道理的。

作為一組的兩卦，卦爻辭的意義很多時有互相呼應的關係。三千年前的《剝》、

《復》兩卦，意義明顯也有部份相呼應，是否最初創設卦爻辭的作者在錯卦、綜卦裏面，老早考慮到它們的內容意義應相反或者相成？如果不然，後人是不容易牽強附會的。所以起碼到了《十翼》的時代，就強調發揮了這種哲學思想，例如《否》和《泰》，兩者是互相呼應的。現在的《剝》、《復》兩卦，同樣也是兩者呼應，尤其是解釋卦辭的《彖傳》，就常將這類有關係的錯卦和綜卦相反相成之義加以發揮。

《復》：亨。出入无疾，朋來无咎；反復其道，七日來復。利有攸往。

「《復》：」

指《復卦》。

「亨。」

亨義是暢通，即《周易．繫辭傳》中所說「窮則變，變則通」的「通」。易學認為任何事情停滯不前，無論好壞，都是不吉。好壞都要向前發展，才是合理的，好的會發展到更好，壞的也會隨着發展由壞逐漸變好，因此暢通是從更高層次的易學哲學精神來說的，它在易學中象徵吉利，但未必象徵世俗所認為的吉利，世人只為自己或人類着想，易學卻同時是為天地萬物人類着想，當然主要它仍是站在人道的立場，所以「亨」是代表了非常好。但須注意：爻辭並不是說它特別好，因爻辭是以人類的立場為出發點，只講對人的好壞，而《象傳》的解釋則是由天道以及人道，站在天道立場，說明人道也應服從這規律，觀點角度不同，立場也不一樣，所以得出的吉凶判斷也有差異了。

「出入无疾，」

易學講到「出入」，「出」都是指爻從下卦升到上卦，相反的「入」，就是指爻從上卦降至下卦。首先單就本卦來說，《剝卦》的上九陽爻由上卦降到下卦，變成《復卦》的初爻，就叫做「入」；亦可說《剝卦》的上爻降至《坤卦》的初位，《坤卦》就變為《復卦》。形成《復卦》之後，表面上陽在無限那麼多的陰中開始產生，微弱之極，但其實當微陽產生，壯盛到極點的陰開始退居賓位，新生的微陽已變成主宰，於是有無限發展生長力量的微陽會一直向前發展，由一陽發展至五陽，一直變成六陽的《乾卦》為止。已經降至《復卦》的一陽向上繼續發展，就叫做「出」，可能為了順口，卦辭才說「出入」，如論次序，則應是「入出」。另有別解則不是單就《復卦》本身來說，而是同時涉及《剝卦》，說《剝卦》的上九一陽繼續上升，出了《剝卦》，即剝盡所有的陽，變成《坤卦》之後，才進入《復卦》，所以原文是先出後入。不過古代絕大多數註解家多採用了第一種說法，第二種說法只見於乾隆時官方所編的《周易述義》，這新說亦有道理，可供參考。

「无疾」的「疾」字，唐代之前，一般都採用了曹魏王弼的解釋，「疾」指疾病，後世多數的註解家亦繼承了。疾病損害身體，「无疾」引申就是沒有傷害，無論「陽」上升（出）、下降（入），或其他作為，都不會帶來疾病或傷害。有極少數註解家把「疾」字解作討厭、妒忌，由妒忌以致傷害人，「出入无疾」變成出入都沒有人妒忌，不致遭受傷害。還有極少數註解家參考了《大象傳》的解釋，認為「疾」應解作迅速，「无疾」即是不要急於有所作為。一般解作出是行動，入是靜止，人無論動或靜的作為都要從容地去做，那才會妥當。或解作行動靜止沒有危害，亦通。

「朋來无咎；」

「朋」字的本義是貝殼，貝殼用作貨幣，如作此解，那就是說有錢就沒有災害（「无咎」）。是否對呢？其實橫財就手未必是好事，往往引致飛來橫禍，沒有好下場。所以今人用這「古義」解釋，我們不能接受。我們所用的是後世的解釋，「朋」即朋友。易學中甚麼是朋友呢？陽與陽、陰與陰是朋友，現在是說陽的恢復，因此「朋來」是指《復卦》產生之後，其他的陽就會相繼而來。《復卦》最下的一陽如陸續增加的話，首先成為二陽的《臨卦》，接着就是三陽的《泰卦》，以至六陽的《乾卦》。「來」字指陽從外來居下卦，引申指陽從外回來居於上下卦。這裏說陽的繼續增加很是暢順，沒有阻礙，一直發展下去，因此是「无咎」。

「反復（音覆）**其道，」**

「反」即是返；「復」即是顛倒、回復，由《剝卦》回復《復卦》。陽爻從《剝卦》的外卦回到下卦或內卦，就叫做「反」（返），兩個卦顛倒叫做「復」（覆），講的其實是同一事，只不過「反」字是說陽返於下，「復」是說《剝卦》回復《復卦》，卦體剛好顛倒。「其道」是指天地消息盈虛之道，或者天地陰陽變換之道。剝復之間的反復，是順着天地陰陽消息盈虛之道發展而成的。

「七日來復。」

古今對此的說法非常多，多數註解家接受的說法是經過七個月後陽氣返復，這是根據一年寒暑的往復立說的。「復」也是指十二辟卦中的其中一卦。漢易中的辟卦，主宰着一個月的陰陽氣候、事物的變化。《乾卦》象徵一年之中陽氣最盛的四月辟卦，陽盛陰生。陰生的過程，順次是五月的《姤卦》、六月的《遯卦》、七月的《否卦》、八月的《觀卦》、九月的《剝卦》、十月的《坤卦》（注意：這裏的月份，是節氣曆的月份，四月是指立夏開始至小滿結束的日子，約略相當於西曆五月六日至六月五日之間，其他可以類推）。從《姤卦》開始一陰生，一直到《坤卦》，中間經歷了六個卦，到了第七個卦就是《復卦》，從一年來說，經過七個月才陽氣來復。所以陰陽的反復，是以七作為基準。但十二辟卦是以月份作為標準的，原文應作「七月來復」才對，為甚麼作「七日」？可能是因為周初把月份稱為「日」，《詩經・豳風・七月》就說「一之日、二之日、三之日、四之日」，所謂「一之日」即是一月。須知周朝曆法建子，它的子月即今天陰曆或農曆的十一月，我們今天所用的陰曆是夏曆，夏曆曆法建寅，寅月即正月，所以周朝的「一之日」是今天陰曆十一月，「三之日」即正月。既然有這個說法，「七日」就可解為七個月。

但是，《臨卦》是二陽生，它的卦辭說：「元亨利貞。至於八月有凶」，元亨利貞意指本來或現在吉利，但到了八月就會有凶。為甚麼同是易卦，《復卦》以「日」代表月份，而《臨卦》卻以「月」代表月份呢？今天會認為作者用辭不一致，但古人卻認為是有道理的。因為在神秘數據中，七是少陽之數，八是少陰之數，日為陽，月為陰，很可能陽數以「日」代表，陰數以「月」代表，現在象徵陽復，所以用陽數七日來講，而《臨卦》是說陰會繼續生長，所以用陰數八月來講。另一說法說希望陽更快恢復，故說七日就有好轉，七個月就太長了，至於陰則希望它慢慢來到，於是用月來代表。可能這都是後人想出來的解釋。但確有百分之六、七十以上的註解家認為「七日」是指七個月。第二種解釋較為簡單而合理：它單就《剝》和《復》來說，《剝卦》剝盡即成《坤卦》，《坤卦》六爻象徵六日，一爻為一日，然後就會發展成《復卦》。假設《剝卦》上爻為一日，經過《坤卦》六爻，一共就是七爻；或者經過《坤卦》六爻象徵六日，到《復卦》一陽爻生，也是七日。《易經》有六十四卦，每卦六爻，一共三百八十四爻，但《乾》、《坤》、《坎》、《離》這四卦特別重要，象徵天地日月，不應和其他各卦同列。所以減去這四卦共二十四爻，得出三百六十爻，象徵一年的三百六十日（太陰曆，即農曆或陰曆，一年三百五十四或五日；節氣曆即陽曆，一年三百六十五日又四分之一，五日為閏餘，所以以三百六十日為一年）。如以《易經》的卦爻象徵日數，三百六十爻就象徵一年的日數，既然一爻代表一日，經過七爻，《剝卦》就變成《復卦》，因此說是「七日來復」。這一說法，亦為後人所遵從。

另外，在歷代和近世出土的周朝青銅器中，往往鑄有金文文字，根據學者的研究，似乎周初或以前的曆法，把一個月份的二十八日分為四個等分，每七日代表一個變化，稱為「初吉」、「既生霸」、「既望」、「既死霸」等四個階段。而後來「朔、上弦、望、下弦」，也是將月份分為四等分，只不過名稱不同而已。在《周易古經》內，「七日」不單在這裏出現，也在其他地方出現，變成了曆法上一個關鍵名詞，可能「七日」就是指月份的四分之一。這是新派的說法，是據民初王國維的《觀堂集林·生霸死霸考》之說發揮的。「七日來復」是說經過了七天，《剝卦》剝盡的陽就歸來，變成《復卦》。

「利有攸往。」

「攸」，所；「往」，前往，指自下向上，有所發展。整句指適宜於有所往。配合陽長，人可努力進行發展、改革等工作。

這段卦辭分三個階段，達成了「出入无疾」的第一個階段，然後才有「朋來无咎」的好處，這是第二個階段，有了朋友的幫助，才能「利有攸往」，這是第三個階段。

《彖》曰：「《復》，亨」；剛反；動而以順行，是以「出入无疾，朋來无咎」。「反復其道，七日來復」，天行也。「利有攸往」，剛長也。復，其見天地之心乎？

「《彖》曰：『《復》亨』；剛反；」

《彖傳》說卦辭「《復》亨」，是由於「剛反」。因為說到「剛反」，我們就知道它是通過卦體來解釋的。為甚麼《復卦》能事事暢通呢?是由於剛爻復返到卦的最下，根據卦體結構得出的天地必然性發展規律，在下產生的事物必定是向上暢順地發展的。

「動而以順行，」

除了從卦體闡釋之外，再就上下兩單卦的「卦德」來分析：《復卦》下卦為《震卦》，《震卦》的卦德為動；上卦為《坤卦》，《坤卦》卦德為順。上下兩卦卦德的配合，便是「動而以順行」，即順乎陽長之道而行動，便能暢順無阻的。《復卦》從完全靜止的《坤卦》開始產生一陽，結果有動的意思。《震卦》是雷，陽氣從初爻一直向上升，也是動。「動而以順行」，這種動是由下而上，順從着《震卦》的德性向上升，在上的《坤卦》順從配合，當然暢順了。所以無論從卦體或是卦德，都同樣得出《復卦》是亨的判斷。

「是以『出入无疾，朋來无咎』。」

「是以」，所以。正是因為天地順動，由天道降落到人道，如人道能夠配合天地氣運的發展，所以就會「出入无疾，朋來无咎」了。

「『反復其道，七日來復』，天行也。」

「反復其道，七日來復」是天地運行循環的規律（「天行也」）。清代漢學大師王引之解釋「天行」為天道，含義較廣泛；傳統解釋為天地運行的規律，意義較精確。陰陽經過七日就會回來、復返，這是天地運行的規律。

「『利有攸往』，剛長也。」

卦辭說「利有攸往」，是因為陽剛回到《復卦》，當微陽得到保護、溫養，就會從微小一直增長（「剛長也」）。這種陽剛的增長是自然順理的增加，所以配合陽長，人也要努力向前，就是人道配合天道，當然有利。

「復，其見（音現）**天地之心乎？」**

「復」指陰陽的返復，「其」是大概，從陰陽的返復，大概顯現了天地之心吧？天地是無心的，只有人類才有心，《象傳》的作者並非不知道，他這裏所指的「心」，是天地的作為。人類做事之先，心中會有個想法、企圖、希望。引申天地雖然無心，但古人見到天地永恆新陳代謝、生生不息，令到宇宙萬物繼續增長發展不已，就當它的作為是有心如此的。

魏代王弼在解釋這一句時，說人類如要窺見天地之心，應在動極而靜的時候。從魏晉到唐朝，註家一般都採用了他的說法。

首先提出相反意見的人是北宋的歐陽修，在他的《易童子問》中，他說動才能顯現（見）天地之心。和他差不多同時代的程頤在《易程傳》上，也特別強調先儒（指王弼）認為由動而靜可見天地之心是不對的，由靜而動顯現才對。結果後世註解家多接受了程頤的說法，說由靜而動可見天地之心。

其實動或靜都不是天地之心，只是通過天地之動，我們才容易體會天地背後創造萬物、推動萬物發展的作為是甚麼用心。《彖傳》解釋卦辭主要說的是天道，所以它從天地的動靜來說明陰陽變換的規律；但爻辭說的是人道，陽動是善，陰靜是惡，因此以善惡來說明人道的規律。《彖傳》雖是講動靜，但如配合爻辭所講的善惡，可以略為擴充《彖傳》隱寓的意義。靜極而動可見天地之心，這心便是生長萬物之心，在易學叫做「元」，也即是乾元和坤元。所謂「元」，《乾文言》解釋為「元者，善之長也」。乾元是推動萬物生長的動力，坤元是繼承乾元、形成萬物的作用，因此乾生坤成，乾元的作用是生物，坤元的作用是成物。令到萬物都能夠得到生長，在天地，叫做「元」；在人類，就叫做「仁」。「仁」者，己欲立而立人，己欲達而達人，使人與人之間互相關懷、愛護，對人充滿温情善意，令到人人都得到合理的發展。「仁」是儒家道德的名詞，它講的仁愛是有差等的，對自己父母之愛與對別人父母之愛不同，對子女之愛與對父母之愛不同，對妻子之愛又與對子女之愛不同。它跟墨子的兼愛不同。理論上天地生物應是平等的，但何以萬物有大如大象，或小如細菌的分別？又為甚麼人類能享有幸福的生活，而動物或需整日辛苦覓食方得一飽，甚至難逃被宰割的命運？因此在宇宙生長萬物的過程中間，其實仍有差等分別，並不是一視同仁的兼愛，所以用「仁」象徵宇宙之生長萬物是有道理的。後來儒家從此引申：天地靜極而動，顯露了天地生物之心，人的思想靜極而動，善心一產生之時，就是天地之心在人心的顯現，也就是人善性的恢復。

《復卦》說出了它之前的《坤卦》是純陰，在那時天地是靜止的，從人類來說，陰代表邪惡、不正常，所以在《復卦》之前的思想、作為有問題，但陽一產生，就如在黑暗中顯現光明，在邪惡中正義得以恢復，《復卦》就是從這個意義引申，從天地動靜的層次，降落到人道，以善惡來代替天地的陰陽、動靜，解說爻辭的禍福吉凶。

《象》曰：雷在地中，《復》；先王以至日閉關，商旅不行，后不省方。

「《象》曰：雷在地中，《復》；」

《大象傳》說當雷在大地之中，由靜止而微動，就是陽氣的回復，《復卦》便是摹寫此事而形成的象。《復卦》的上卦《坤卦》象徵大地，下卦《震卦》象徵雷，所以卦體就是雷在大地之中。《彖傳》從卦體、卦象和卦德三方面解釋和發揮卦義，《大象傳》則是從卦象入手，解釋《復卦》是《坤》地《震》雷兩卦卦象綜合其義所形成的。

「先王以至日閉關，」

「先王」，指古代的聖帝賢君；「以」，根據；至日，本來可指冬至或夏至，這裏是指冬至。先王體會了天地之象，用天地的規律來指導人類，在冬至日那天閉上城門。古代人民出入必須經過城門，關閉城門就會令城內之人不能出外，城外之人不能進來，象徵人事停止、靜養。根據天道的規律，初生的微陽最為微弱，稍一活動就易消散，所以只有讓微陽在此時靜養，它才能慢慢長大，令到微陽變成一陽、二陽、三陽、四陽、五陽、直至六陽。體會到天地規律是如此，人間君主的施政也要作出配合，通過閉關，令城內、城外的人民停止活動，在家休息。

「商旅不行，」

商人或旅客都不應外出遠行。

「后不省方。」

「后」是君主；「省」是省察；「方」是事，亦指四方。在正常情況下，「王」和「后」都是指君主，並無分別，但現在上文用「先王」，下文用「后」，那就有分別了，「后」指後世君主。他們沿用先王的合理政治措施，也不去巡察四方。《尚書》所記錄的上古歷史是由堯帝開始的，古人認為堯帝的作為是後世帝王的典範，必須遵守，所以這部份歷史稱為《堯典》，典，法也。《堯典》記載了舜帝每年在十一月巡狩四方，他身為天下共主，平時固然在首都接受諸侯的朝貢和述職，這是諸侯前來「朝覲」君主；但天子亦應到處「巡狩」，省視方國和民生疾苦，以監察諸侯和改善民生。如《堯典》的記載是可信的話，古代帝王在堯舜時代已開始了巡狩制度。君主巡視四方，就叫「省方」（省察四方諸侯、人民）。

原文所講的「至日」，指的是冬至那天。冬至是中國的二十四節氣之一，在西方陽曆是十二月廿一或廿二日。中國的二十四節氣是平均分配在陽曆一年三百六十五日內某一日的。中國表面上實行陰曆或農曆，實際配合了節氣曆，節氣曆和西方的陽曆類似。例如二十四節氣中的立春、立夏、立秋、立冬，是四季的開始，沒有例外都是在陽曆二月、五月、八月和十一月的四日、五日、七日、八日這幾天，春分、夏至、秋分、冬至則是一季之一半，都是在陽曆三月、六月、九月和十二月的廿一、廿二、廿三日這幾天。節氣曆跟陰曆是不同的。現在說舜帝在十一月巡狩，只有在冬至那天才停止活動。《象傳》這裏說得很好，它特別說明天地人都要順時而行、順時而動。《剝卦》與《復卦》相反，特別強調要順時而停止、靜止；兩者是相反相成。因此《復卦》整個卦是鼓勵我們順着天地運行的規律，及時配合它的運行而行動。但《大象傳》說出了在陰極陽生的時候，剛好相反，要靜以養陽。古人認為構成天地的物質是氣，陽氣是產生萬物、推動萬物發展動力之所在，因此特別推崇陽氣，但從他們的觀察所得，陽氣之增長有一定的過程，它在不同階段對天地萬物的影響力也是不同的，只有微陽之氣才是天地的根本、萬物產生的父母，它有推動萬物發展的無限能力。正是因為它微弱，因此要好好積聚，不可以在微陽初生之時就濫用。靜以養陽，就是讓微陽順利生長發展，成為天地根本、萬物父母的關鍵之所在。因此在微陽剛生長的「至日」，反而要相反，以靜養動，以陰養陽。當微陽長大成為一陽，才有抗拒陰的力量，否則就好像初春的植物，由於一時誤以為溫暖已到人間，從地下冒出頭來，結果寒流倏至，就會凍死。因此微陽初生，一定要忍耐、靜養。「出入无疾」解作不要快速地出入就是由此而來。「以靜養陽」是個很了不起的想法，相反相成，陰陽混合，才是真正偉大之道。陽不是道，陰也不是道，一陰一陽互相影響、互相推動、互相混合才是更高層次的道。矛盾在更高的一個層次統一，就會比對或錯產生更大的成果。這是讀《象傳》須特別注意、引申的一個重要道理。明白了《象傳》的坤陰靜止、震雷初動、要靜以養陽的原則後，我們就會明白「至日」指的是甚麼。

因為古代「冬至」、「夏至」都叫「日至」。孟子曾說天文學可以計算到一千年前和一千年後哪一天是「日至」。「冬至」和「夏至」這兩個名辭應是後起的，所以較孟子略後的《彖傳》也只是用「至日」。正是因為用了「至日」這名稱，那是否同時兼指在夏至和冬至那兩天都要閉關，就要從上下文義來決定了。兩千年來的註解家細心研究了卦辭的意義、《彖傳》和《象傳》的解釋，都說是指「冬至」，因為冬至一陽生，之前寒冷的十月（《坤卦》純陰，至靜）靜止，現在《復卦》一陽生，豈不是就是指冬至？配合《復卦》所講的一陽生和卦爻辭文字內容，也應該是指冬至。魏代王弼為遷就他所註的「故動息地中，乃天地之心見也」，所以曲解這裏的至日兼指冬至、夏至。民初尚秉和的《周易尚氏學》是一本解釋《周易古經》經文和《十翼》很不錯的著作，但在這本書上，他承王弼之說，認為「至日」解作冬至和夏至都有道理。可是冬至一陽生，由靜而動；夏至一陰生，由動而靜。《復卦》靜以養陽，不是靜以養陰。《易經》主張扶陽抑陰，只希望陰慢慢產生，或者不產生更好，怎會倒過來去養它？這不合乎《易經》之道。易學中，陽代表善，陰代表惡，難道希望陰快些前來？所以我不得不指出王弼、尚秉和的說法其實是違背了整個卦的精神的。

「雷在地中，復」，靜以養陽，微弱到極點的陽才能得到合理的保護培育，可以長大。陰的性質是靜止的，陽的性質是活動的，當微陽初降到《復卦》，《復卦》並無作用，因微弱的陽根本不能發揮《復卦》的作用，要等到《復卦》的陽能夠避開上面無數陰爻的干擾、抵消，真正可以存在的時候，那微弱到極點的陽就會變成一陽，那時《復卦》陽動的性質就出現。在靜中突然產生的動是初動，那就是《復卦》。

如以陽代表火光，可想像在遼闊的原野上生火，剛把火把燃着，一陣大風吹來，火就會熄滅。這大風代表干擾陽的各種因素之一，因此在有無數限制、干擾陽火的空曠環境下，要幾個人圍起來保護剛燃着的火把，直至火生起來了，風吹也不怕，才不用保護它。

如以陽代表正義，陰代表邪惡的話，象徵在不合理的邪惡時代，正義幾乎全部消亡。如在這時大聲疾呼、提倡正義的話，可能話未說完，已被同事、隣居、甚至家人揪出來批鬥。因此一定要在此時好好保護自己，然後才能跟無限那麼多的陰邪對抗。

正義復萌之時就是陽動，在個人來說，陽動之前本是滿腦子邪惡的想法，但在一個晚上突然良心發現，察覺自己以前所作所為不對，這就是陽的發現。如用善惡來說，這就是善端，「端」是開始，如在良心萌芽、善端之始即痛自改過，本來是邪惡的人就在這一秒鐘內心改變，走向正義光明的另一條人生道路。

《復卦》就是說在無限陰邪中間，突然陽一動，正義開始復萌。這可以是你個人的覺醒或是時代的改變。任何人不管如何大奸大惡，也會有良心發現的時候，也有不做壞事的時候。歷史上有不少黑暗時代，貪官污吏，佞臣小人充斥朝廷，但為甚麼從整個人類發展的歷史來說，人類還是在進步之中？因為即使奸邪小人胡作非為，並不是每分鐘都在做壞事，他的作為同時有改善國家、社會的一面，使在下的民眾仍然積極地做好份內的工作，他多少也對國家、社會有所貢獻，從這點來看，人類的未來是光明的。儘管時世是黑暗的，在上位者昏庸無道，甚至賢良之士受到迫害，只要你懂得養育微陽，它一發生，整個天地都會為之變色。

初九，不遠復，无祇悔，元吉。

「祇」字，古本另一寫法是「祇」，東漢大儒馬融說「祇」應讀作「之」，相當於

「至」，抵達之意。整句解作不至於到達有悔的境地。如此一來，寫作「祇」更合理，原本「祇」可能是別字。古代註解家雖沒有人說正文錯，但解釋都從「祇」字之義來發揮。近人尚秉和承東漢大儒鄭玄之說，釋祇為病，無祇悔就是沒有災患後悔之事，亦通。

「初九，」

指最下一爻是陽爻。

「不遠復，」

出外走錯了路，離家還不很遠，很快就已回到家中。

「无祇悔，」

（因此）不會有災害而後悔的結果。

「元吉。」

大吉。

這幾句原來可能只指遠行。旅行出外不遠就回來，因此不會受到外邊人或事的干擾和傷害，預測結果是吉利的。到了儒家的易學，就將這具體離家旅行回來沒有災害的個別事件，抽象提升到任何事情在往返之間，如往是錯誤、返是正確的話，返就是吉利的，因為如果說出門不久就回來是吉利，已暗寓繼續前行就會不吉利，否則不會說回來是吉利。因此原來的卦爻辭內，已說出遠行的方向、做法和動機有錯誤，因為及早回來，所以吉利。再引申提升，出行代表人類的行動作為，行動有錯，改正後，才有吉利的後果。能夠糾正自己思想、行為的錯誤，古代是「修身齊家治國平天下」中「修身」的功夫，因此《大學》講的主要是修身、齊家、治國、平天下四件事，而修身是其根本。因此站在個人來說，最關鍵是「以修身也」。「以」是憑藉、根據。個人修身之道可根據卦爻辭背後規律的指示去做。

「不遠復」指甚麼？《復卦》之前是《剝卦》，《剝卦》上九的陽，受在下的群陰剝奪，可以說整個《剝卦》都是在傷害陽，所以做法是錯誤的，但《剝卦》要變成《復卦》，只是一個顛倒就可完成，所用時間很短，所以不遠。因此它說之前的《剝卦》錯了，但在極短時間內就可變成《復卦》，這種顛倒絕對正確，因此現在你的做法一定不會有任何後悔的事情，不單不後悔，還會令你得到最大的吉利。

再進一步引申，人是經常會犯錯的，犯了錯是否馬上停止不再犯錯誤呢？不一定，很多時會執迷不悟、越陷越深，直至最後釀成大錯。人類習非成是之後，就更不會改正。儒家明白任何人都會犯過，真正要改善人性、人生，是不應該特別嚴厲地指責別人所犯的過錯，而應該對犯了過錯，而能夠改過的人，加以獎勉。認為這樣做，就不失為賢人、君子。所以儒家教人：不貴於無過，而貴於能改過，這是儒家教育的中心思想。

但一有過失就能改，或者犯了過失很久之後才改，哪種情況較好呢？不用說，自然以前者為優，現在是初爻，象徵時間的剛開始、事情的剛開始，在這個時候，你發現思想犯錯，立刻就能改正，當然是最好的。進一步引申，最初的錯是微不可見的，如指行動，只是剛想開始。人類做事都要經過兩個階段，一是思想的階段，一是將思想變成行動的階段，「不遠復」就是象徵行動之前的思想階段，接着的二、三、四、五、上五爻才是一步步由小行動發展到大行動的過程。陰代表不正確的思想，因此剛在大腦所想的是和道德相反的念頭，立刻就糾正了，使不好的念頭消失，那就叫做「不遠復」，就會元吉。

這種只是內心思想的過錯，而沒有表現為實際行動的過錯，叫做沒有「形過」或「身過」，非常難得，普通人做不到，君子也做不到，起碼要更高一級次的賢人才做得到。孔子的學生多至不可勝數，古人以三千來形容。但學生儘管多，孔子覺得惟有顏回能夠做到只有心過而沒有形過，所以在《繫辭下傳．第五章》特別讚揚他：「有不善未嘗不知，知之未嘗復行也。」（知道內心有不善的念頭，就能察覺，以後不會再有這種不良的念頭。當然也不會將它表現在實際行為上）。至於其他學生，只是「日月至焉而已矣」（《論語．雍也》），意指只有某一天或某個月能夠做到而已。假使你體會到改過是從心內做功夫，糾正心中錯誤的觀念，不表現在行為上，這是最高級的改過功夫。這爻所講的表現很了不起，假使顏子繼續這種「不遠之復」，甚至在日積月累之中，連心過也沒有了，就可由賢人晉升到聖人的境地了。因此細心體會《復卦》的初爻，就是賢人到達聖人關鍵之所在。只有不良念頭而不表現為行動，已絕對是君子賢人，連心過也沒有，就是聖人了。

《象》曰：「不遠之復」，以脩身也。

《小象傳》為了使句式整齊一致，加一「之」字於經文「不遠復」中成為「不遠之復」。這是根據卦象和爻辭所含的意義指導學習《易經》的人如何修身（「以脩身也」）。「脩」本義是臘肉，正字應寫作「修」，但在古代兩字可以通假。唐代李鼎祚的《周易集解》正文用的就是「修」字。

所謂「修身」，可能跟《中庸》第二十章所說：「修身以道，修道以仁」相通。儒家最注重修身之學，但如要真正達成修身的目的，就要掌握儒家所講的仁道。孔子在《繫辭下傳．第五章》說這爻可作為顏淵修身修德的明顯表現，他讚揚顏淵思念不是沒有過失，但一有過失，自己就能覺察，然後能夠即時改過。

「復」表示之前的作為與復相反，如用天道來說，「復」是陽復，即是在此之前是陰；如低一層次從動靜來說，前一層次是靜，現在是動，如從人類修德的立場來說，表示在此之前是惡，但能在短暫時間內改過，因此肯定惡只是心中所想之惡，現在是復善。因為要使心中所想變成行動，時間一定較長，所以它通過卦爻背後的意義，指出是「不遠復」。如能經常省察自己心中之過，及時糾正，就需要有剛明之才。《復卦》初爻是剛爻，代表剛正、積極、光明的德性，能隨時反省監察自己內心的想法，一有不善，就馬上加以壓抑、糾正，這是需要經常克制自己的，這裏的說法和孔子回答顏淵問仁所說的：「克己復禮為仁」（《論語．顏淵》）（能夠克制自己，完全恢復禮制對人類的要求）那一段意義密切相關。「克己」跟內心有關，「復禮」則是表現於外。需要真正克制自己內心，令到內心具備真正的誠意，使形於外的表現都發自內心而合乎禮的要求，結果就可慢慢令自己的內心和行動表裏一致，那仁德就不遠了。撰寫《小象傳》的作者對初爻的解釋，配合《論語》和《繫辭傳》所說，最能表現初爻精神的孔門弟子就是顏淵。而「不遠即能復」，是修身之關鍵。

進一步引申爻辭意義，上面說顏淵能監察心中善惡之念，念頭表面上似乎微小、不可察覺，但人的行為之或善或惡，往往就是由最初一念引致。少年一念之或善或惡，日後促使他或成為君子賢人，或成為奸邪小人，所以最初一念等同初爻，正因為最初的一念，其餘的爻就從這一念逐漸發展。如開始是惡念，到了最後的上爻，便會發展成為最凶的一爻，《復卦》上六如此之差就是從此而來。所以《復卦》是修德的根本。要做到克制心中念頭，一定要具備陽剛德性，經常監察自己、克制自己，「克己復禮」是長時間的努力過程，才能慢慢使外表的行動與內心的念頭協調，達致表裏一致，內外如一，才可成為真正的賢人君子。

六二，休復，吉。

「六二，」

指第二爻是陰爻。

「休復，吉。」

有關「休」字的意義，古代有很多不同的說法。但自從北宋程頤把它解作美好之後，雖然歪曲原義，但配合下面文字，可將卦的道德意義說得更清楚明白，所以後世很多註解家都從美好這意義引申發揮，只有少數註解家是例外，不過清代清學家多不接受程頤之說。現在我們採用「歪曲」了的引申說法。「休復」是說最美好的回復，即回復於善，因此是吉。這簡單的三個字究竟包含了甚麼意義？《小象傳》發揮為：

《象》曰：「休復之吉」，以下仁也。

同樣為了句式整齊，《小象傳》加一「之」字於原文，變成四字一句。它解釋「休復」之所以吉利，是因為降低身份，向下接近仁者（「以下仁也」）。為甚麼六二會追隨在下的初九呢？首先從卦象來說，原來《復卦》的二爻，隨着它的未來發展，會由陰爻變陽爻，於是下卦變成《兑卦》，《兑》為沼澤，沼澤之水必向下，因此《兑》暗藏向下的意義。第二點，原本《復卦》的下卦為《震》，《震》為雷，古人稱「雷動澤隨」。當天上雷聲響起，沼澤之水都會隨之震動，意指雷會影響沼澤。第三點，《震卦》兩陰一陽爻，以一陽爻為主宰；換言之，兩個陰爻即六三、六二都會向下追隨、服從和親近初九。因此六二爻之親近初爻，共有三個原因。

另外，卦最注重應，二五相應，如第五爻是陽爻，第二爻就會去親近九五，但第五爻是陰爻，二五無應，因此不會追隨在上者。

無應則應看比的關係如何，二爻和初爻有親比關係，尤其是它們一陰一陽，親比之力量很大，所以六二親近初九又多了一個原因。

前文已申述初爻有「克己復禮為仁」之義，所以是賢人、君子、仁人，現在六二向下親比初九，就是接近仁人。儒學大師荀子所撰的《勸學篇》說：「學莫便乎近其人」（研究學問或修養道德沒有比親近賢人君子更方便的了），《論語》亦說：「友以輔仁」（《論語．顏淵》朋友是幫助你達成仁德的因素）。孟母三遷，乃至同學之間的切磋、激勵，往往會在他的學習階段改變了人生觀，助長了他的學術成就。當然根據卦爻的「位」來說，越是低下的位置，象徵人的身份地位就越低，「位」越高，身份地位也越高，因此「下仁」的「下」字，象徵他謙虛，能夠服善，為甚麼呢？因為六二是陰爻，陽為實，陰為虛，陰有好或壞的兩個可能性，它在二位，即是得正，陰陽爻得正可發揮它美好的本性。另外，二位是下卦之中，能夠得中代表思想行動合乎中道，即正確的想法、做法；換言之，得中即能遵守和實行道德，做最適當的事。現在六二既得正、又得中，本身是陰爻，具備虛心的本性，因為虛心，所以能服善、跟隨人，既然能虛心服善，又因為它守着中道，本身喜愛美好的道德，整個卦五爻是陰爻，唯一的陽爻象徵道德，因此二爻會向下親近初九，追求它的理想。初爻陽剛有為，可用自己的能力和意志追求、實踐、完成道德，是自資，二爻則是資於人，憑藉別人的幫助或影響去完成道德。當然自覺自發較高級，受他人的影響、激勵而達成，似乎差了一級，但等到他經過實踐，成為仁人君子後，兩者並無高低的分別。初九是生而知之，他天生品性純善，自己能策勵自己，六二是學而知之，通過學習——「學莫便乎近其人」，得到師友的策勵和影響，自己完成修德，所以六二之「休復」，可說是第二種提升個人人格道德非常好的方法。如能達到「休復」，已經非常了不起，即使做不到，能做到第三級六三之「厲无咎」，亦很不錯。

我們曾說初九可比附顏淵，六二又可比附孔門弟子或儒家學者之中哪一位呢？清代朱駿聲《六十四卦經解》有個略為牽強的說法，他認為曾子的為人可以比附這一爻。曾子以孝聞名，公認為能夠真正傳承孔子儒學的弟子。曾子讚揚顏子，說他「以能問於不能（本身具備各種能力，但能虛心地向沒有能力的人請教），以多問於寡（本身懂得各種學問，但向沒有甚麼知識的人請教），有若無，實若虛，犯而不校；昔者吾友嘗從事於斯矣（我的朋友顏淵當年就是這樣做）。」（《論語．泰伯》）可見曾子是循着這途徑向同門學習，受到激勵，使學問和道德更上一層樓。所以說六二是指曾子也有一定的道理。

六三，頻復，厲无咎。

六三，指第三爻是陰爻。

「頻」字在古代與「顰」相通，「顰」即皺眉，是憂心的表現。但我們今天接受了程頤的説法，認為「頻」即頻繁或屢次。「頻復」即屢次由陰復陽，由惡復善。「厲」是危厲，因有危厲而不停警惕自己；「无咎」是沒有過錯。因為能夠經常警惕糾正自己，過而能改，所以沒有過錯。

《象》曰：「頻復之厲」，義无咎也。

《小象傳》解釋「頻復之厲」這段爻辭是「義无咎也」，從儒家「義」的觀點來説，能夠屢次改正自己，最後復歸於善，就沒有過錯了。這可以從卦象中體會。《復卦》的第三爻仍是處於下卦，下卦為《震》，象徵由初爻的微震、二爻的小震，到三爻就是大震或多震了，故三爻象徵多變動。這是「頻」義由來的第一個原因。第二點，三爻是陰爻在陽位，既不得中，亦不得正。不正即不能發揮陰爻的美好天性，而是發揮了它不好的性質；兼且由於不得中，它的思想和行事都不會適當。在這種情況下，犯錯是理所當然的。但當六三爻發展，陰就會變為陽，於是下卦會變成《離卦》，《離卦》代表光明，因此原先雖不中不正，陰亦代表愚昧黑暗，但這卦的卦德主動，動便會向相反性質變動，頻動便會在善變惡、惡變善之間返復，因此是「頻復」。「頻復」其實是頻失（如說頻善，即是說在善之前是惡，由惡轉為善）。至於「頻復」，最後復於善則是《離卦》的作用。《離卦》不單代表外面的光明，也代表內心峻偉的德性。六三因為受到《離卦》光明的影響，所以不像上六那樣「迷復」，因為「迷」也代表黑暗。六三之所以「无咎」，就是因為有光明燭照，所以能復歸於善道，當然頻失就會產生危厲的後果，爻辭就是以此提醒、警告頻失的人，頻失是厲，「頻復」就是无咎，鼓勵人向善，因此它說「義无咎也」。在合乎儒家最高的道德標準的義來說，即使你犯了千百次錯，能改過就不失為賢人君子，因此仍是好的。

陶淵明可能就是從這裏得到啓發，寫了兩句很有人生哲理的詩：「貧富常交戰，道勝無戚顏。」（《詠貧士．其五》）陶淵明的生活並不寬裕，一般人在這環境下，或會不擇手段去賺取金錢，置道德於腦後，但他卻是心中想着應否追求富貴或甘於貧賤，善惡兩種念頭在心中不停交戰，這豈不就是「頻復」？結果儒家道德戰勝了不合理的念頭，自己甘心於貧賤，沒有因為貧賤而現出憂戚的容顏，正如窮若顏淵仍可快樂安然地追求學問。這是陶淵明寫得極好的詩句。如採用朱峻聲的說法，這類型的人比附子夏最為貼切，其次則是子游。他們在堂上聽到孔子的教誨，心中大受感動，但離開了課堂，走到繁華世間，受到花花世界的眩惑而有所思慕，在貧富交戰之中，最終一步步變化氣質，成為孔門十哲之一。注意：頻復絕無貶低他們人格之意，頻失能夠頻復，又豈是易事！

孔子有個朋友叫蘧伯玉，在他五十歲時派使者去問候孔子。孔子回問蘧伯玉的近況。使者回答說：「夫子欲寡其過而未能也（他老人家最近想減少所犯的過失而未能做到）」（《論語．憲問》）。孔子讚嘆這個使者說得非常之好。後世說蘧伯玉「行年五十而知四十九年非」（《淮南子．原道篇》），可見他一直都在改過之中，想減少過失至沒有，而不能也。可見「頻復」須是終身從事的道德修養。

為甚麼說「頻復」值得讚揚呢？一般人錯了，都是文過飾非，甚至沉淪下去，用各種藉口說自己的做法可對得住良心，但甚麼是「頻復」呢？就是他不願意從小錯繼續錯下去，不想掩飾或美化自己的過失、欺騙自己、馬馬虎虎蒙混過去。第二點更重要的是，人總是畏難，我們常說本性難移，明知是難事，卻不會畏懼艱難，不停策勵自己去改過。所以第一不文過飾非，即是能承認自己有錯，承認自己有錯已是極難；第二不因艱難而退縮，錯了而能一次又一次改過，頻失頻復，經過長期努力，終能進德修業。這豈不就是從「勉強而行之」，最後達到「安而行之」？本來是沒有這種好的天性，勉強自己努力去做，到最後可能較「生而知之」、「學而知之」更難得，因為他需要經過更大的艱難困苦才能達到。這種頻失頻復的後天努力，得到儒家極高的讚揚，當然其間須具備極大的勇氣或經歷長久的抗戰才能達成。所以拿六三來比附子夏子游不是詆毀他們。子夏是傳播孔門學術偉大的學者，儒家經典之得以傳播，子夏的功勞最大；而子游是傳播儒家禮制的最主要功臣，可見以「頻復」比附他們兩人，是高度讚揚他們的了不起！

希望我們都能從六三這一爻得到啟發，盡量去糾正自己的過錯！

六四，中行獨復。

六四，指第四爻是陰爻。

「中」字原則上指爻在二和五這兩個位置。現在四位為甚麼叫做「中」呢？這是個例外，只能勉強解釋：在六爻之中，三和四爻是處於卦中間的位置，因此三和四都可勉強說是「中」。這是第一個解釋。第二個解釋是，卦中有五個陰爻，第四爻剛好處在群陰之中，虞翻就是如此說的。

「行」字一般指四通八達的道路，由名詞改作動詞，才有行走之義（如用作名詞，讀音要改讀為行列之行）。這裏「中行」是說人身處中位而行動。

「獨」，指在五陰爻之中，只有這個陰爻是單獨行動的，亦即與其他的陰爻想法、做法不同，因為唯有它與初九相應，既然它與象徵道德崇高的初九相應，表示它受到道德的感召，接受了初九的思想行動，樂意追隨它，象徵着在濁世間，它能毅然脫離凡俗，個人做出合乎正義道德的行為。「獨復」是獨自復歸於善。

《象》曰：「中行獨復」，以從道也。

《小象傳》解釋爻辭「中行獨復」，說它單獨離群，脫離世俗不合理的想法，而順從初九的仁道，「以從道也」，這「道」是仁道。社會的意識形態是一種無形的力量，令到大家都以為主流意見是對的，時裝就是一個很好的例子，年年流行的款式都不同，但又有誰的打扮敢違背潮流？如果敢違背潮流，在人群中必定惹人注目。「獨復」是說具備極大勇氣的特立獨行之士卓然脫離凡俗才能做到。這不是故意與眾不同，而是具備更高的道德素養，不然殺人放火，詐騙販毒，都是與眾不同的事，但這不是「從道」，而是從惡，從惡就不是「獨復」，達不到六四與初九相應的結果。

六四與六二有類似的性質，六二下從初九，六四與初九相應，都是以初九作為榜樣從事進德修業，復歸於善的。何以六二說「下仁」，六四說「從道」？是否修辭恐怕犯重複，而以同義詞替代呢？不是。因為六二貼近初九，它能較仔細觀察到初九具體實踐修身之道，六四與初九距離較遠，不能看到細微之處，只能浮泛地說是遵從、實踐仁德之道，故差了一層，它不能親近那個人，只能通過書本或他人的說話大致上體會那個人偉大的作為和思想，而自己去模仿他，古代稱「私淑弟子」，不是親傳弟子。在儒家諸子之中，又有誰能和這爻比附呢？朱駿聲大膽地認為孟子便是。在孟子的時世，楊朱和墨翟之說風靡天下，而儒家學說若存若亡，結果孟子一生，有如蘇格拉底為了建立正確哲學思想而與詭辯學派的哲學家辯論一樣，也是長期與楊朱墨子之徒或其他學派辯論不休，弘揚儒家學說於天下。這不是天下人滔滔如飲狂藥，而只有他個人維持清醒嗎？這豈不就是「中行獨復」？當時孟子和潮流對抗，受到無數的抨擊和誤解，唐代以後到今日才見其偉大！

六五，敦復，无悔。

「六五，」

指第五爻是陰爻。

「敦復，无悔。」

「敦」是敦厚，「厚」隱寓重複又重複之義，亦有莊重、穩重、持久不變之意。整句是指非常厚重，重複持久地去達成復善。「无悔」，沒有任何後悔。初九爻辭：「无祇悔」，即不至於有悔。所謂不至於有悔，即最大限度也不致後悔。單就這點來說，初九沒有六五那麼好。

《象》曰：「敦復无悔」，中以自考也。

《小象傳》解釋「敦復无悔」，說是「中以自考也」。「中」的意義非常豐富。第一是指爻在卦中的位置，六五是在上卦的中位，凡得中即是合乎道德的想法和做法，具備了所有中的美好德性和作為。第二個意義指個人的心中思想。「考」是考查、考察，但程頤將它解作「成」，後世的註解家覺得有道理，因為其他經典也有說「自成」的，即自我完成是進德修業的主要關鍵。其實傳統解作考察也非常合理，講出了自己心中經常檢討、考察自己的思想行為是否合乎正道。「敦復」之所以能夠持久、堅毅地保持復，就是因為身在中位，因此想法做法都合乎中道，還加上隨時反省、監察自己的行為，令到中道繼續下去，持久不變，所以具備「敦復」的優點。

如此可知初九只是善心之復，而六五是善心之堅持固執，一直遵守仁德而行。

我們可進一步分析卦爻之義，整個卦只有初九一陽爻，初九是陽，象徵仁、美好的德性，其餘五爻為陰，象徵黑暗、蒙昧、迷惑，不懂得光明峻偉之道，有賴初九陽剛的影響、刺激、推進，然後才會改變自己，因此六二爻就是因為親近初九（下仁），而能達成「復」。六四因為與初九有應，感受到初九的陽或善而從事「復」。六三雖不能和初九交接，但大家同在下卦《震卦》，既然同在一卦，而且這卦是兩陰一陽以陽為主，六三須接受初九的控制、領導，因此它亦是樂意追隨順從初九的，但因為不完全貼近，才有頻失、頻復的情況。因此六二、六三、六四三爻都須憑藉初九才能復善，是「資於人」。但六五與初九完全沒有乘承比應的關係，為甚麼能復善呢？關鍵之一就是本身在五位，是得中，另一關鍵是上卦為《坤卦》，《坤卦》是無數泥土的累積，因此《坤卦》性質以厚取勝，厚即敦厚，「敦復」的「敦」字就是來自《坤卦》。六五是《坤卦》中爻，又是在上卦中爻，因此得到《坤卦》一切美好的德性。《坤卦》六五爻辭：「黃裳元吉」，意指如能遵守陰的美德（陽在上為衣，陰在下為裳，以裳象徵陰），接受乾陽的指導，順從乾陽，那就會得到元吉的最好後果。《坤．文言傳》已詳細講出了這一爻的優點。

因此六五爻具備坤厚重的德性，又站在中位，就具備了中的所有美好德性。本身有美好的德性，就一定會喜愛、追求美好的德性，所以它本身既有敦厚的德性，又以中道為思想行事的根據。在重重疊疊的坤土裏，象徵它持續不已、厚重地堅持遵守着中道，亦即是仁道。因此這個「復」，可以說是本身天性之美，引導它自己達成復善，是「自資」。當它具備了坤最高的美德，就會順從乾陽，如順着乾陽的德性發展，就不單有坤陰德性的優點，也兼有乾陽的美德，結果它好比《坤卦》六二：「直方大，不習无不利」（六二具備了坤卦本身「方」的美德，同時兼有乾陽的「直」和「大」，因此達到乾坤最大的德性，這是毋須學習而自然得到的）。

因此六五不單具備乾坤的德性，甚至將乾坤德性展現於天地人間，所以有「黃裳元吉」的吉利。由此可知這一爻不須憑藉別人，自學就能發揮天性之美，擴展到極致，因此具備「敦復」的美德。正是因為一復就不失，長久保持復，當然沒有後悔的事。初九顏子的復也要「不貳過」，同一過失不會犯兩次，今天的過失明天以後不犯，明天的過失以後也不犯，一直減少自己的過失，最後終於以賢人的努力，希冀最後成為聖人，我們稱之為「賢希聖」。這一爻就不同了，本身已具有坤陰美好的德性，不需要通過後天的學習，只要順着自己的德性發展，就能達到坤陰至美。坤陰至美就是乾坤合德，於是同時兼備了乾陽的德性，達成最完美的人格、道德。

朱駿聲說這爻可比附孔子。孔子雖曾說：「三人行，必有我師焉。」（《論語．述而》）其實他和任何人交往的時候，吸收了別人的好處為己有，並通過別人反映，將自己固有德性發揮得更盡致，因此人人都是孔子的老師，但人人都無法達到孔子的水平。結果他被孟子譽為「集大成」，集所有人類德性、學識的大成。「自考」說出了是自己的本性的擴充、發展、完成，因此程頤解作「成」，即自我完成聖人的德業，是合理的詮釋。由此可知這爻可說是本卦最高的一爻，叫「聖希天」，本身是坤，追求的是乾，乾也就是天德的展現，所以不單是「賢希聖」，已是「聖希天」了，進一步陰陽合德就是天人合德，人的作為與天一致，那就是人的理想追求最高的目的之所在。

從初爻到這一爻，可知道復的過程有高有低，可分成五階段，但人的資質不同、環境不同，我們可以以初爻至四爻作為學習的不同階段或層次，第五爻的層次太高了，不適合我們這些常人。我們體會到如要恢復仁，就要發揮人性中的美好品質，盡量排除西方所說的人性中的獸性。西方直到今天仍說人的獸性很重，不能排除，但如能學習初九一爻，經常反省，改變內心想法，獸性乍現，即時察覺，馬上盡力一次又一次去化解、消弭，經過人的後天努力，長久不斷地去消除獸性，就可使人性增長。西方似乎忘記了人最初都是禽獸，根本沒有所謂人性，人性是人類從獸性轉移，人性增加一分，獸性就減少一分，隨着人類文化的發展、人類實踐道德的努力，獸性就可逐步磨滅。事實上，本來經過幾千年來的文化薰陶，人類的獸性已大部份減退，遺憾的是今天科學提倡求真，不是求善、求美，說人性善只是虛偽，為了求真就要恢復原有的禽獸性，以為這樣才能展示人性。正如西方音樂本已發展得很完美，為了求真而追求只採用原始簡單節奏、嘈吵不堪的樂與怒，結果低等音樂充斥世間，偉大崇高、莊嚴有序的正統音樂則無人問津，絕大部份美國人對古典音樂嗤之以鼻，坦然承認自己從沒聽過而毫不以為「意」！因為今天科學文化將打倒五千年來人類辛苦建立的傳統文化。本來人性經過三、四千年的改善，想不到到了今天，獸性再度抬頭！其實認為人不能改變獸性，說這些話的人已顯示出人異於禽獸的思想文化，換了是禽獸，就不會說出這番話來。從人類悠長的文明史來看，人類的獸性其實是在逐漸消退之中。王陽明對消除獸性有很精闢的理論和實踐方法，可參考。如追隨初九顏子不遠復的做法，獸性終有一天可減至極低，人性的光輝出現，世間就可以有真正幸福的人生。這五種復，我們都應好好體會。不要以為自己不及孔子、孟子、顏子，曾子、子夏，所以覺得與己無涉，而不盡力求復！

上六，迷復，凶，有災眚。用行師，終有大敗；以其國，君凶，至於十年不克征。

「上六，」
指最上一爻是陰爻。

「迷復，」
指迷於一切，不能復善。

「凶，」

六爻之中，只有這爻眞正是凶，且不具備任何條件，可見其凶之甚。

「有災眚。」

災是天災，是人力所不能控制的。「眚」的本義指眼睛有毛病，視物不明，所以行動作為有錯誤，再由此帶來災禍；引申「眚」之義是自己不正確的思想行動為自己帶來災禍，所以不單有天災，也有人禍。

「用行師，」

用是利用或根據，用迷復的人的想法做法指揮軍隊，進行戰爭。

「終有大敗；」

即使短期內戰勝，最後必然會為自己招致最大的失敗。

「以其國，」

以迷復之道治理國家。

「君凶，」

首先受到災害的是君主。傳統的句讀是「以其國君凶」，意思是如迷復，就會對國君造成凶險。

「至於十年不克征。」

「不克」是不能夠。戰爭慘敗，過了十年之後，仍然不能夠挽回戰爭的失敗，災禍連接。

《象》曰：「迷復之凶」，反君道也。

《小象傳》解釋「迷復」對個人、國家所產生的嚴重凶禍，原因是違背了做人君的道理（「反君道也」）。

我們再從象數方面細心分析為何《小象傳》有此詮釋。第一點，這卦有行師之象，《坤卦》代表眾多人民，而《震卦》陽爻統率二陰爻，象徵君子統率人民，綜合上下兩卦的卦象，就是在下的《震卦》率領着五陰，而陰為民眾，那就類似《師卦》，有出征的類象。至於「以其國」，坤為大地，大地就是國家的象徵。

「反君道也」，《剝卦》是五陰一陽，最上一陽爻象徵君主（陽為君主，陰為人民），因此《剝卦》上九爻辭說如小人不將上九剝盡，君主仍然存在，所有在下的人民都能得到在上者的領導，好像君主能夠駕馭車子（車子象徵人民），小人君主並存，大家安居樂業。假使小人將陽爻剝盡，正人君子固然消亡，小人也同時失去了遮蔽風雨的棲身之所，結果君子小人同歸於盡，國家大亂。《剝》、《復》兩卦息息相關。《剝卦》因為陽在上，所以君主之道猶存，反而《復卦》因為陽在最下，越在上面的陰爻，就越遠離君主之道，所以上六就是最違背君道的一爻。

為甚麼說是「十年」呢？因為陽數是奇數，陰數是偶數，象徵《坤卦》的陰數、偶數在十以內最小為二，最大為十，因此卦辭、爻辭提到「十」字，往往和《坤卦》之數相關。現在是用了誇張的手法，強調災禍連綿久遠。

那為甚麼它有這樣的判斷詞呢？第一點，上是最高的位置，象徵最高地位的人不肯虛心和在下的人打交道，因為極度驕傲，心想自己地位這樣高、才能這樣強，為何要降低身份追隨最低位的初九？其實真正偉大的人就是能夠隨時降低身分服善向下，而上六剛好違背這種做法。這是說個人的心態不正確。第二點，從客觀事實來說，上六與象徵道德的初九距離太遠，兩者難有任何溝通，所以環境上無法受到初九的感染。第三點，上卦《坤卦》象徵累積的泥土，從四爻到上爻，逐步增厚，再加上二、三、四爻和三、四、五爻互體都是《坤卦》，重重《坤卦》，過厚的泥土象徵頭腦思想受阻而閉塞、性格固執。所以上六不能變通，不能從善。加之上六和六三是敵應，兼且上六與初九無應，不能被初九所啟發、鼓舞而去改變不合理的想法。通過這幾點來看，都使上六最後走到違背《復卦》的卦義，結果變成「迷復」。「迷復」其實來自最初的一念之差，一直發展到極限，於是就演變成凶了。因為《復卦》是講念頭，行動是由念頭帶動，由最初一念之差發展，於是既有天災，又有人禍，國家最不幸的事就是讓一個迷復的人主持政務。《復卦》的君主就是六五，它是陰爻，代表猶疑不決、懦弱無能，沒有陽剛主宰君臨天下的氣度，其他陰爻又跟隨了初九，與它無親，唯一和它親近的只有上六，結果這愚昧懦弱的人君唯一可指揮或信賴的只有上六，卻料不到上六如此迷復，任用了他來管治國家，結果所作所為都違背了君道。身為君主有此作為已是違背君主之道，交託政務予大臣而大臣有如此作為，更是違背了君主知人善用之道。在這情況下，最不適當的就是發動國外戰爭。應體會《屯卦》所說：災難重重，宜先團結內部，處理好國內危機，千萬不要為了轉移反對者的視聽而發動對外戰爭，那樣做一定會釀成大禍的（注意：六五本是最好的一爻，但現在是以上六為主，從上六的時位和其他五爻的關係，分析上六的得失，六五便不一定和本身的性質好壞一致了，分析爻的得失吉凶時，須注意這一點）。

總結

所謂「七日來復」，從「辟卦」來說是指經過七個月，但原義是否指七個月，是值得懷疑的。古人已知道，天行迅速，所以解作七天是有理的。中醫認為人有病，康復（來復）期是七日，就是根據這理論的。

「雷在地中，復」。為甚麼要「至日閉關，商旅不行」？根據高亨教授：古代傳統說法是雷在天地之間交替，過了秋天之後，雷就從天上到了地底，要到了春天才從地底冒出來。當它潛藏在地底時，天地就沒有雷聲，《豫卦．象傳》「雷出地奮，《豫》」就說出了這古老的想法。所以當雷潛藏在地底，本身的動就變為靜，《大象傳》就是體察了天地類象由動變靜，人君施政也要體會天地規律，在冬至那天關閉城門，內外不得出入，象徵由朝廷到個人都要靜養。「商旅」代表出行或有行動作為的民眾，「關閉城門」暗喻不單在上的君主貴族要靜養，在下最多活動的民眾（商旅）亦須要遵從天地規律而靜養。但為何《彖傳》相反，要「動而以順行」呢？其實叫它動是有層次的，不是馬上叫它動，首先它說出《復卦》之所以亨，就是因為「剛反」，陽從上面回來，進入《復卦》。降到最低的初爻之位，是陽剛剛回來，所謂暢通不是指現在，是指由現在開始到未來，它會從一陽逐漸增加至二陽、三陽直至六陽的《乾卦》，這是陽一直順利發展的過程。「剛反」說出了未來暢通關鍵的開始，並不是說它現在已亨通。須注意：凡卦爻都是預測的事，既是預測，當然是未來之事了。

「動而以順行」，說出本來是《剝卦》，現在繼之的是《復卦》。《剝》、《復》

陰陽的變動都是天地的自然規律，所有變動都受到規律的限制。人類體會到《剝卦》和《復卦》陰陽的變換是守着一定的規律，因此由天道降落到人道，同樣要順從規律而動，合乎規律才動，不合乎規律就不要動，而微陽要靜，就是合乎規律，原因是陽的性質一動就會擴散，在陽氣極度微小、陰氣瀰漫天下之時，微陽有所行動，微弱的陽一擴散了就會消失，沒有了陽，萬物怎樣能生長呢？因此在微陽的階段，惟有相反叫它不要動，不動就不會擴散，才能收聚，慢慢才從微陽生長到一陽。起碼到了一陽，才可以有所行動。

從易學的立場來說，整個天地的變動和感應相關，它是推動萬事萬物變化、產生相互連繫影響的關鍵之所在。要產生感應，最重要的是寂，要「寂然不動」，才能「感而遂通天下之故」（《繫辭上傳．第十章》），正如我現在專心講課，有人跟我打招呼，我也會視而不見、聽而不聞，因為心中已被講課的思想內容佔據了，不能對外界的信息有所感應，但當我的心靜寂之極，外界無論大小事情我都能很清楚準確地感應，因此要達成易學中最受重視的感應，就是要寂靜。陽在此時最要感應其他的陽，那些是朋，有感有應，朋來才會无咎；無朋則必定有咎，微陽則必然容易消失。另外易學的道理是先有歙聚，然後才有開展、擴散，收斂越緊，擴展越大，例如火藥如散置在地上點燃，只會火光乍現即滅，但如壓縮成球，一點燃就可產生巨大的爆炸力量，就是這道理。陽是擴展的，要擴展首先就要收斂，收斂就是和陽動相反的陰靜。從人類裁成輔相之道來說，天地要你擴展，首先就是要相反的靜止，所以《彖傳》和《象傳》站在不同角度，講相反的話，但相反而相成，陰陽動靜互補，才能達到《復卦》的最高要求，這就是《繫辭下傳．第六章》所說的「陰陽合德」的層次了。

#【附錄】

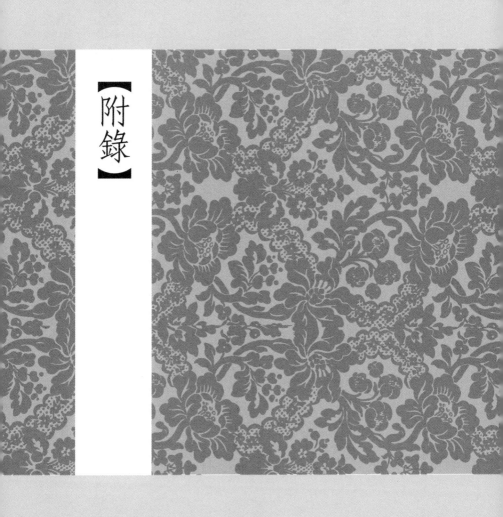

易學概念和術語略述

在閱讀書中所選講的十二卦之前，首先了解一些和各卦有關的易學概念和術語，當有裨益。

體例

《周易古經》的寫作體例是很嚴謹的，六十四卦無一例外。它的體例是：首先列出卦的爻畫，接着是卦名，然後是卦辭，最後是爻辭。以《師卦》為例，「䷆《師》：貞，丈人吉，无咎。」其中「䷆」是卦的爻畫，「《師》」是指《師卦》，「貞，丈人吉，无咎」是卦辭；接着是每一爻的爻辭等。

卦、爻、象

卦的爻畫是由橫排兩種不同的畫所組成，一是長的一橫畫，一是中間斷開的兩短橫畫，成卦之後，橫畫才稱為「爻」；未成卦之前，嚴格來說，不能稱為「爻」，現今只能稱為「符號」。古代的說法認為這兩個符號是和《周易古經》同時創製的，這兩個符號甚至可遠溯到伏羲時代。但記載了二十二個《周易古經》筮例的《春秋左氏傳》和《國語》，並沒有提及或使用這兩個符號的例子。民初以來的疑古派學者因此認為，它們直至春秋時代仍未創製。這個說法因為有表面證據支持，以後的數十年一直為一般人所接受。但在一九七三年，馬王堆帛書《易經》出土後，就把這說法推翻了，因為它上面已有卦的符號。馬王堆的墓葬時期是公元前一六八年，是西漢文帝時代，古代學術傳播極為緩慢，所以這兩個符號最遲在戰國後期應已存在。

幸運地近年在楚國故地出土的一批《周易古經》竹簡殘本，上面也是載有符號的，但寫法跟我們今天所用的有稍微分別。這批楚簡一九九四年後存放於上海博物館內，稱為「上博楚簡」。根據考古學者的研究，它們是戰國中葉的文物；而《左傳》和《國語》

大致寫定於春秋末年至戰國初年期間，由此可知，這些符號來源古老，創作年代可能較《左傳》和《國語》為早也極有可能，所以我們可以概括說易卦的符號可能是和《周易》同時創製的。這些符號是通過數字的籌算結果才建立的。在中國神秘的數據裏，凡是奇數就是陽，凡是偶數就是陰，陽為剛，陰為柔，因此凡是奇數就象徵剛，凡是偶數就象徵柔。但《周易古經》的作者從無數的奇數和偶數縮減，在最基本的「一」至「十」十個數字中，挑選了「六、七、八、九」這四個數作為代表，最後再簡化為兩組符號。其中「六」和「八」是偶數，稱為「陰數」，以兩短畫的符號代表；「七」和「九」是奇數，稱為「陽數」，以一長畫的符號代表。

由於《周易》的「易」字已指出着重變易，任何事物都在永恆變動之中，所以《周易》的作者再要在這四個數字中選出最能象徵變動的兩個。在「一」至「十」的十個數字之內，以奇數論，陽代表活動，「一」向前發展是「三」，「三」向前發展是「五」，「五」向前發展是「七」，仍然是陽的發展，變化不大，但如是七發展至「九」，則已接近「十」，到了極限就只能變為陰，故在卦爻中，以變化可能性最大的「九」象徵陽數的變動；以偶數論，陰代表收斂，以「十」、「八」、「六」、「四」、「二」逆行為序，到了「二」，寒冷是極限，而在「一」至「十」的十個數字之內，「六」和「八」相比，「六」的陰寒變化較「八」為大，因為「八」發展為「六」，仍是陰，變化不大。由於陰代表寒冷，而事物在極度寒冷之下是不會變的，正如在絕對零度（攝氏零下二七三度）下，事物會完全靜止，所以不能採用收斂到極限的「二」、甚至趨於靜止的「四」，於是只能採用仍會變動的「六」來象徵陰數的極限。

陰極變陽，陽極則變陰。本來宇宙事物的變化是多種多樣的，我們會因此目眩五色，無法掌握其規律；但如將宇宙的具體事物抽象化，最後提升至兩種信息、力量或物質，用兩個符號來表示，今天我們稱之為「陽爻」或「陰爻」，古代則稱為「剛爻」或「柔爻」。古人對於命名是很嚴謹的，他們認為天地變化是抽象的陰陽兩氣或兩性的變化；落實到地道，大地上的事物則呈現出從剛強到柔弱種種不同性質，「剛柔」已分別顯現出一定的具體性；落實到人道，即為「仁義」。假使宇宙發展至穩定狀況而能持續不已不致毀滅的話，就是因為它建立了陰陽兩氣運動變化的合理規律。正是天地根據陰陽運動變化的合理規律發展，天地就能繼續存在。大地根據剛柔變化的合理規律和模式發展，大地就能持續存在。要令人類可過幸福合理的生活，令到社會合理地持續向前發展，就需要遵守廣義的「仁義」，以及從「仁義」發展出來的人類所共同遵守的制度和習俗。「仁義」的內涵非常豐富，跟我們常識的內涵不一樣，在此處不贅。

所以如稱它們為「陰爻」、「陽爻」，就只是說天的變化規律，與人類關係不夠密切；如稱為「仁爻」、「義爻」，又忽略了人生活在天地之間，生活和行動受到天地變化造成重大影響的關係；上天離人類遠，大地卻是近在咫尺，因此採用地道的「剛柔」，上及於天，下及於人，叫一橫畫為「剛爻」，兩短畫為「柔爻」。藉地道把天地人三道混合為一道，所以用「剛柔」稱爻是恰當的。今天用「陽爻」、「陰爻」同樣有道理，因為古代還未能將三道合一的理論講得完善，漢代以後，受到《十翼》哲學的影響，藉天道以及人道，天地人三道已經合一，因此提升其名稱為「陽爻」、「陰爻」。

另外，「爻」是個會意字，意義指交叉結合。因此嚴格來說，單一橫畫或兩個短畫不能稱為「爻」，因它沒和其他直畫或短畫相交，只有成卦之後，那些卦的符號互相影響、互相連繫，好像交接在一起，才可叫做「爻」。爻的第一個意義是相互影響；第二個意義是效法、模仿，反映天地萬事萬物的變化，因為抽象的符號就是來自具體事物變化的摹寫。

把具體事物抽象化之後就成為「象」。例如人像素描，可用線條勾勒出這個人的形象，又可進一步將線條簡化為這個人形體的主要特徵，由具體的人體素描簡化至寥寥幾筆的側影，都是指同一人，只是其中經歷了逐步抽象化的過程。如將這抽象化的過程涵蓋所有人類，那最後演變出來的線條可能就不會跟任何人相似，但任何人類的特質都會從這線條中顯現，這就是「象」。所以「象」就是歸納了無數人（或者萬事、萬物）的特質後得出的結果，將人類或事類、物類不同的特質表現出來，它不能代表個別的人或事或物，但它顯示所有那類人或事、物的共性。當宇宙萬物都通過這種方式作出歸納，最後可變成兩大類規律，它們甚麼都不像，看起來含糊不清，但從另個角度來看，由於它的形成經歷了無數事類或物類的歸納，擁有無窮事物的共有規律，這所有事類、物類共有的規律就趨近宇宙真理或規律，因此受得起時間的考驗。西方的學術理論系統，一個個被修改，一個個新的體系繼之而起，但中國古代的自然哲學經歷了兩千多年，還站得住腳，就是因為它「含糊不清」！

中國古代的自然哲學運用這種思維方法，正是因為事物是變化不已的，而由於事物的抽象化到了最後，只得兩類，每一類變化到最後，又必然遵循規律只能變為另一類，所以得出陽極變陰，陰極變陽的規律。世事也如此發展，盛極必衰，壞極必好，因為物極必反，是萬物的發展規律。整個宇宙事物的發展規律就如西方科學所講的波動或震盪，當正弦曲線上升到最高點，就必然下降，下降到最低點，又再上升。

三畫卦演進為六畫卦

《周易》能將具體的萬事萬物變成這麼抽象的卦爻符號，其間經歷了悠長的歲月和無數人的改進才得以成立和為人接受。「剛」、「柔」兩種不同符號的六畫組合，傳統的說法是下三畫組成一個卦，叫做「下卦」或「內卦」，古代嚴格的名稱是「貞卦」；上三畫組成另一個卦，叫做「上卦」或「外卦」，古代嚴格的名稱是「悔卦」。三畫卦的名稱是「經卦」，或是「單卦」、「純卦」，或更簡單稱為「三畫卦」都可以。「經」是原始的意思，指基本的三畫卦，包括了《乾》、《坤》、《震》、《巽》、《坎》、《離》、《艮》、《兌》八個經卦；「別卦」則是指六畫卦，由兩個基本的三畫卦組成的，這是傳統的說法。但近年出土的文物中有所謂「數字卦」，它們少數是由四個數字組成，多數是由六個數字組成，今天的學者認為數字卦不特早於《周易》，甚至早至五、六千年前的「崧澤文化」時期已經存在了。由於在六個數字的卦中找不到兩組三個數字合為一卦的證據，學者因此認為《周易》的六畫卦是由兩個三畫卦組成的說法不能成立，《周易》應該一開始就是以六畫卦為一卦。但這種說法只是想當然耳，沒有其他佐證；何況數字卦以「數」為主和周易卦以「象」為主，二者或是有淵源，或是屬於不同的體系，沒有研究清楚，便貿然下結論，亦非學者應有的嚴謹治學的態度。我們退一步想，為甚麼不能說更古的人類已開始用三畫卦，到了五六千年前，終於懂得組合成為六畫卦呢？這樣六畫卦只不過進一步重疊三畫卦為六畫卦而已。又或者是《周易》從原始的六畫卦分成兩個三畫單卦處理，因此內容更豐富，變化更多，更符合《周易》體系的哲學理論，也是對原始「數字卦」的改進，這是須要進一步研究的。正因為單卦只有三畫，而符號只有兩個，排列的不同組合不多不少只能有八個，所以只能有八個「經卦」，再將三畫卦重疊為六畫卦，排列組合就一定成為相異的六十四個，成為六十四個「別卦」。

《周易》基本上是兩個單卦的上下排列，這兩單卦的抽象意義在結合之後，產生了新的象徵意義，再以這象徵意義配合爻與爻之間的關係、變化，來說明卦的精神、特質，和每一爻在卦中的特殊意義、變化和好壞得失，這就形成了卦辭和爻辭的內容。

卦爻從下而上

在註解《周易》的傳統著作中，往往在卦的爻畫之下以文字清楚說明其為哪兩個經卦組成，例如《師卦》下的文字說明就是「坎下坤上」。

常識上，人類看事物都是從上而下的，《周易》卻是相反，由下而上，所以卦的文字說明也是先下後上。其實世間一切高高在上的事物，都是以在下面的事物作為基礎，《老子．第三十九章》：「高以下為基」、《禮記．中庸》：「登高必自卑」，便是說明此理，例如樹木總是從樹根向上生長，發展成樹幹、樹梢，便是一例。任何事物的發展，都有一個從開始至終結的過程，《周易》正是說出這道理，所以它觀察事物的方式，是自下而上。下面等於是過去或現在，上面是未來，而《周易》所着重的是未來。所以從這兩個「經卦」來說，下卦象徵現在，上卦象徵未來的發展。或者籠統地說，整個卦講的是從現在一直發展到未來的過程。因此，下卦是根本，上卦是將來可能的發展。一講到根本，就牽涉到一個人的身份、地位、才幹等的因素。因為這些因素決定了未來發展的可能性，和發展成功失敗的原因所在，所以《師卦》的是「坎下坤上」，一定先從下卦開始。其他各卦亦不例外。

卦體、卦象、卦材、卦德、卦義

「卦體」即是卦的體裁，亦即剛爻和柔爻（今天稱為「陽爻」和「陰爻」）在卦中的分配情況。

「卦象」是具體事物通過卦的爻畫（抽象符號）所顯示的象徵。例如八個「經卦」中，《乾》的卦象為天、《坤》的卦象為地、《震》的卦象為雷、《巽》的卦象為風、《坎》的卦象為水、《離》的卦象為火、《艮》的卦象為山、《兑》的卦象為澤。

「卦材」的「材」字與「性質」意義相通，字義本指草木初生，因此其義蘊含了樹木的性質，所以「卦材」和「卦德」意義差不多。

在老子的著作《老子》中，宇宙最基本的規律叫做「道」，它是無形無象的；無形無象的「道」顯現出來的就是「德」，所以「德」是道性的顯現。儒家認為人性本善，善的本性展現出來的是仁義禮智誠這些德行，因此「德」字也是指原有的性質，亦即天性，所以道德是天之性所賦予人類的。「卦德」就是指卦的本性，亦即卦的性質。它本來只是指宇宙或萬物的性質，不帶上人類的價值判斷，只是落到人類層面，就被人類根據主觀愛好、利害的立場來對待萬物，因此凡人所喜好的就是好，不喜好的就是壞；對人類有利的便是好，有害的便是壞等等。喜好和有利的就價值連城，不喜好和有害的就視同垃圾。物件本身無所謂好壞貴賤，它的價值都是人類所賦予的。而在儒家思想或者在《周易》中，最重視的人類價值是德性。人類體會了天的性質，認為跟着這種性質去發展，就是使人類得到吉利、光明、偉大的作為，於是稱之為「德」。從人類觀點立場來說，八卦的性質對人類有啓示作用，它指導我們在各種行為中堅持合理的道德操守。因此每一卦的性質就叫做「德」。八個「經卦」中，《乾》的卦德為健、《坤》的卦德為順、《震》的卦德為動、《巽》的卦德為入、《坎》的卦德為陷、《離》的卦德為麗、《艮》的卦德為止、《兑》的卦德為説（悦）。

「卦材」與「卦德」不同的地方，在於「卦德」主要是就三畫卦的性質來説，「卦材」是指六畫卦所形成的性質來説。另外還有「卦義」，它是指整個卦最中心、最關鍵的意義。任何一個卦，最中心、最關鍵的意義就是蘊含在短至四字、長至二三十字的卦辭裏面。「卦象」象徵的是實物，而「卦義」則是實物背後蘊含的性質和規律，那是由上下兩單卦的「卦德」所組成的。

判斷辭

易卦的卦辭和爻辭往往預示未來的吉凶，這些文辭稱為「占辭」，即判斷未來吉凶之辭。易卦有很多判斷吉凶的判斷辭，而最關鍵的判斷辭即占辭是：吉、凶、悔、吝、无咎。「吉」是吉祥、吉利，是好；「凶」是凶險、凶殃，是壞；「悔」是做錯了事，感到後悔，如能改過，「悔」會趨向「吉」；「吝」是可羞恥的行為，但容易導致固執不肯認錯，或悔而不肯改，不特不改過，還要變本加厲，繼續錯下去，那就會趨向「凶」。注意：在「悔」或「吝」之時，與「吉」或「凶」尚有一段距離，也就是說，尚有轉圜餘地。「无咎」的「咎」字是過錯，「无咎」即本來有過錯，由於善於改過，於是就由有過失變為沒有過失。《周易》或儒家不貴無過，貴於有過而能改，所以研習《周易》，特別重視「无咎」。

時

《周易》所講的「時」，最高層次是指「盈虛消息」；「盈」是充滿，「虛」是一無所有、「消」是減少，「息」是增加。《繫辭傳》在講到「易」的意義之時，用了日月和四時來說明。所謂「四時」，就是春夏秋冬，是季節變換的過程，在這過程中，呈現出「盈虛消息」的現象。陽息的開始是春天，陽息的盈滿是夏天，陰消的開始是秋天，陰消發展變成冬天，因為陰陽的交替變化而形成了一年四季的變化。在這過程中，它有一定的規律。而太陽和月亮就更具體，在更短時間內顯現晝夜的交替。這種晝夜和四季的交替令古人更深切感受到時間的存在。「四季」在古代稱為「四時」，就是因為其中包含了時間的流逝。

從陰陽五行元氣學說來說明，陽氣的增加叫做「息」、陰氣的增加叫做「消」，陰的性質是收斂，陰氣增加於是造成事物的減少，由此引申，「消」即是減少。「消息」因此是象徵着宇宙兩種最基本的物質、或能量、或兩種正反信息的增多或減少，當陽增加，陰則會減少；當陰增加，陽則會減少，陰陽變化就推動了事物生長、運動、變化，所以「消息」就象徵了宇宙萬物的生死和推動萬物變化的規律。

因此「盈虛消息」象徵任何事物的整個變化過程。事物生長到極限就會消退，消退到極限就會增長，這個過程就是「時」的作用。另外，「盈虛消息」背後蘊藏的哲學意義，第一點是「變動不居」、即不停變動；第二點是「終始反復」，春夏秋冬接踵而來，但冬天過後又是春天；太陽下山，月亮就出來了，但到了月亮消失，太陽又出現了。第三點，這是個螺旋形向上的循環，每個循環都有微不可覺的變化或改進，所以《周易·繫辭傳》說「開物成務」，說「富有之謂大業，日新之謂盛德」，意指每個循環都有新物件的產生；尤其是從季節的更替見到動植物、特別是植物的「生生不息」，古人對這景象感受特別深，認為時間的變易令到萬物生長不已。古人只樂觀地見到萬物之生，而不着意萬物之死，所以《周易·繫辭傳》說「生生之謂易」，「易」就是生而又生，永恆無息。第四點，古人體會到宇宙這種循環是「有序有則」的。這是古代中國通過人文科學的觀點去看待「時」，不是像古希臘從物理或數學上去分析「時」，而得到上述的四大特點。

降低一個層次，則做任何一件事的過程都可叫做「時」。例如《師卦》的「時」，就是對整個軍事過程中各種好壞得失全面的分析和綜述。又或者任何一件事物、一個觀念或道理就是一個「時」，例如講述禮制的《履卦》，「禮」本身是個道理，如何說明「禮」呢？人類實行「禮」的過程、「禮」的重要性，就是《履卦》的「時」。

再降低層次，就是說做任何事情都有個適當的時機，做任何一件事不在適當的時候，太遲或太早都會事半功倍，或者徒然白費氣力甚至悔之莫及。

《周易》就是將古人生活中重要的「時」變成卦，以卦中六爻作為象徵，它或是反映天地一個階段的變化、或是事情的整體、或是講述一個道理，例如說香港的黃金時代，這幾十年就是一個「時」，可用一個卦作為象徵，六爻則象徵它六個階段的變化和發展。卦所象徵的以「時」為主，以「位」為輔；爻所象徵的以「位」為主，以「時」為輔。如將「時」和「位」作進一步提升，「時」象徵物理學尤其是哲學上講的時間，「位」則象徵物理學尤其是哲學上講的空間或階段。「時」、「位」意義是後來易學發展的關鍵。

「時」有以上所說的四個特性，它們可說是《易經》或易學所說的「時」的四種性質。首先，「時」字在《周易古經》中，僅見於《歸妹卦》九四爻辭：「歸妹愆期，遲歸有時」。這個「時」字只不過是指具體的日期。似乎《周易古經》只是把「時」當作時間日期，意義很原始簡單；但如細心分析它的卦爻辭，其實後來戰國時期《十翼》所發揮的「時」的哲學意義已隱寓於其中，只不過沒有明文強調罷了。孔子後學在《十翼》中所盡量發揮的「時」的哲學，其中所注重的第一個意義是「俟時」，「俟」即是等待的意思，因為時間是客觀的、有其必然性，人類及萬物在正常情況下，做任何事情都要接受客觀時間的限制；等待時機，除了接受客觀必然的標準外，還需進一步加上自己主觀知識的判斷，所以「俟時」的等待時機，是說要對時勢的發展有所了解，把握須在哪個時候及時努力，才能利用時間的一切好處，達致行事吉利、成功，這是「俟時」真正的積極意義，也是易學教導我們關鍵的第一點。但「俟時」又必然會產生偶然的現象。何謂「偶然」？例如別人成功，而你失敗，這就是規律在你身上失效之時。本來規律是人人適用的，但對你不適用，對你就是偶然（例外）。

第二個意義是「與時偕行」，時間是不能逆轉的，只能與它一起向前行，不能回到從前再來。「與時偕行」是說學《易》的人，必須觀察「時」的意義、明白「時」的作用，從「時」的必然性，引申發展到「時」的偶然性，利用了客觀的「時」，通過主觀的掌握，行事盡量得到最大的好處，而且要及時去做，才是真正學易有成。「與時偕行」的第二個要點，說出了在儒家易學中，「時」是在進步演變的過程之中，身為學易的人，要體會「時」，不能抱殘守缺、不能故步自封，要跟隨「時」的變化、即時機和環境的變化，自己的思想行動也配合作出變化，因此這裏的「時」有變動不居的要素，而自己一生也要追隨它的變動不居，並及時掌握「時」最合適和關鍵之處。這也是「中」的關鍵所在。

能夠「與時偕行」已經很好，但如要達到學易的更高階段，那就要「變通趣（趨）時」。古代文字中「趣」、「趨」兩字意義相同，「趨」是急步行走，「趨時」因此有急速趕上時間之意。易學說當陽發展到極限，如不變的話，就走到窮途末路，於是任何事情都會停頓不前。但如在它窮途之時，找到新路可以繼續走下去，那才是繼續發展之道；又如人類發展到某一文化或政治階段，又或者個人的事業發展路向，已是停滯不前，那就須掌握時間的變動不居，不單與時偕行，更要進一步推動時間產生變化。那就是「窮則變，變則通，通則久」（《繫辭下傳．第二章》）。何謂「變」？當陽發展到極限，隨着時間的過去，它不得不變，由陽發展成為陰。陰從一開始產生，就會順着陰的規律，自微小逐漸增加，於是又是一個悠長發展過程的開始，直至到達窮途末路，再找到新路走下去。如陰陽的變換永無止息的話，宇宙人生的發展就能恆久地繼續發展下去。所以易學注重「窮則變，變則通，通則久」，簡稱「窮變通久」，這是易學最高原則之一。「變通趣時」是由時間的客觀必然性，轉而使時間為我所用，受我主觀意志所控制。

《十翼》中的《繫辭下傳．第二章》特別説明了何謂「變通趣時」，它通過遠古的社會發展過程，説出在每一個歷史階段，都有聖人出來「觀象製器」，當工具不足以應付生活時，就會創製另一種工具，於是人類就從原始的蒙昧一直發展到後來的文明，令人類享有安定的生活。「觀象製器」這一章的關鍵意義其實是通過這些歷史發展過程來説明古代最聰明的人、即聖人如何掌握時勢，甚至走在時代之前，通過變通的做法，推動時代的發展，開創另一個時代。這就是易學精神之所在。

《十翼》中的《文言傳》就更明顯地提出：「夫大人者，與天地合其德，與日月合其明，與四時合其序，與鬼神合其吉凶，先天而天弗違，後天而奉天時」，後兩句話的意義是你掌握了天道的規律，比上天更早做了上天未做的事，上天接受，不會違背（即制止）你要做的事；另外，你跟隨上天的規律經已發展的事業，繼續在此基礎上發展（上天會使你行事吉利、成功），就是「後天而奉天時」。但「後天而奉天時」只能做到「俟時」，或者勉強做到「與時偕行」，而「先天而天不違」，顯示你用了過人的才智、主觀的努力，達到客觀必然的後果，那就眞正掌握了時勢，能開創風氣之先，而所有人甚至天地都接受你的做法。這就是「變通趣時」的眞正精神所在。所以《易》學特別提到切勿「失時」，起碼要「及時」，最好是「趨時」！

中

「中」的觀念在中國可追溯到遠古，《論語．堯曰篇》就記載了堯帝讓位給舜帝的時候，教導舜帝要「允執厥中」，中是大中，亦是中正之道，指須認眞地掌握中道的精神，作為治理國家和立身行事的準則。舜帝讓位給大禹的時候，也說了這番說話，可見對中的重視。另外，中國之所以稱自己為「中國」，固然是誇耀自己在大地的中心，是堂堂大國，周圍的都是小國；但「允執厥中」的「中」不是單純誇耀自己在大地的中心，而是說「中道」。所以中國後來的四千多年都重視「中德」，儒家固然重視「中德」，其實周初創作的《周易》亦早已具備「中德」的觀念。

易卦有六爻，從下往上數，第二爻是在下卦的中位，第五爻是在上卦的中位，二、五兩爻分別處於上下卦的中位，在中位象徵具備「中」的德性，代表思想行動合理，有道德、有知識、有才幹；而且是在最適當的時候、用了最適當的方法，做最適當的事。約略統計一下，《周易古經》下卦的中位、即第二爻，共有三十三卦是吉、十四卦是无咎；而上卦中位、即第五爻，共有四十二卦是吉、十四卦是无咎；合起來，六十四卦中超過八成的中爻都是吉祥的。由此可見，《周易古經》已明顯有崇尚「中」的意識。那些不是吉或无咎的少數中爻大都是因為某些特殊原因才會違背「中」是吉利的原則，所以後來易學將「中」的意義繼續弘揚、強調。

孔子的後學在《十翼》中把天地人三道合成一道，認為這是放諸天地鬼神萬物而皆準的。當然無論古代乃至今天，宇宙規律都應是至高無上的，萬物順從它，是理所當然的，因此想進一步找尋「中」的哲學根據，就須在天道找尋。

古人認為天道變化是合乎規律的。但古人又體會到天道變化在任何時刻其實都跟以往不同，永遠是在變動之中，雖仍是四季的更替，但都跟上一年的四季有些微分別，因此所謂合乎天道的規律，就是說出了在變動中間，要找到一個平衡點或「中點」，這個「中點」就是變中之不變，即從變中找出「常」。

宇宙的變化是否紛紜複雜，令人目迷五色？還是變中有常？古人終於初步找到它的規律，從這規律可以見到變中是有常的。掌握了規律，就會明白恍如萬花筒變化的宇宙萬事萬物，都是遵從着這規律變化。這規律就是變中之常，掌握了這規律就是以常控制變。常和中相關，因此古人明白到所謂「中」，並沒有一定的位置，它是在宇宙任何事物變化的兩端之間，但它所在的位置剛好保持事物的平衡，然後這宇宙的規律才不出規。例如地球繞着太陽運轉，速度不是始終如一，才不會脫離軌道，否則便或會被投進太陽中心燒熔，或會被拋離太陽系在太空飄浮。所以「中」要隨着時位（時間空間）而改變。

孟子提到「子莫執一」，墨子「兼愛」，楊朱則是「拔一毛以利天下不為也」，墨子、楊朱兩人的主張分別站在兩個相反的極端，而子莫只執着「一」，在兩極端之中只執着一個不變的標準。這裏的「一」是指一成不變、死板的中值。孟子說子莫的想法錯了，應隨着時位而靈活處理；接着他還說：「男女授受不親」是禮制，但如在危急之時，嫂遇溺，小叔援之以手，有肢體的接觸也是合理的。「男女授受不親」是「經」，「經」者，常也，是永恒不變的道理；但在不同的時候，斟酌實際情勢，就要改變「經」的做法，需要行權，「權」就是權變。古代社會生活較簡單，人民遵從一定的規矩，所以「守經為主、行權為輔」是非常合理的做法；今天社會複雜得多，瞬息萬變，因此今天倒過來側重行權，以守經為輔，須靈活變化，由行權回歸到守經，但其中還要遵守最高原則。

這是如何掌握「常」和「變」的問題，也就是「守中」的問題。

由此可見，「中」是隨時變動的。朱熹對此解釋得很好，易學講「正」和「中」，他說：「正」未必是「中」，但「中」一定是「正」；但「中」只能在「正」裏面找尋。他舉了一個例子，說吃飯是正事、必須做的事，吃多吃少都是「正」，但吃適合的食物、適當的量，就是「正」而「中」。用了天地規律作為標準之後，即使在天地的變化中它是「正」，但人類還要在天地變化運行的規律之中，找出最適合自己那個規律，作為「中」。荀子的《宥助篇》記載了一則小故事，孔子帶着弟子進入魯國桓公的廟堂內參觀，見到一個形狀傾斜的器皿，請教過守廟的人後，知道這就是君主放在座位右邊來警戒自己的器皿。孔子叫學生給它灌水，它隨着水流的進入而逐漸變得不那麼傾斜了。當水到達一半的中位，不多也不少，這個傾側的瓶子就端正直立了；但繼續灌水至滿，攲器就會翻倒。因此孔子說：「哪有盈滿而不翻倒的呢？」於是教導弟子以此為訓，做人行事都應學習這個攲器，空則攲，水到中位則正，水滿則傾。這故事可以作為「凡中必正」的補充。朱熹在《朱子語錄》上對「中」的解釋本來已很清楚，但一般人很容易把「中」與「中庸」拉上關係。孔子在《論語》中已提到「中庸」，後來《中庸》這本書再提到孔子的說法。程頤解釋說「不偏之謂中，不易之謂庸」，不傾向任何一方是「中」，永恆不變的眞理、即永恆遵守的道德行為想法為「庸」。可是後人誤解其意，把「中」解為「折中」，意指死板的平均中值。其實古人對「中」的真正含義是明白的，例如清《周易折中》雖然以「折中」為名，但內容就不是調和兩派的意見、採取折衷之道，很多時候明顯指出朱熹的說法錯了，「折中」的「中」仍是保留了易學、孔子、甚至《中庸》的原義。「中」不是在邪惡和正義兩者之間找出中值，而是在正確事物中間找出適當的做法。所以易卦中的二爻和五爻，不單行正道，更在正確規律下，掌握在這時勢所應採用最適當的做法，因此事業得到成功，同時完成偉大的道德修養。

對人來說，「中」在內心是義，表現於身外的是禮，「禮」是指所有舉止合乎做人的標準。每個人按照他的身份，各有不同的合理做法，表現出來的禮也會有所不同。假使所發出來的情感都是妥當的，那就是儒家所崇尚的「樂」（「禮樂」之「樂」）的精神，即「和」。音樂演奏中，同時幾種聲音的混合比原來的單一種聲音還要動聽，就是「和」。例如do、mi、so組成和弦的聲音，可以美得感動人心，所以儒家的「樂」不是我們想像中那麼簡單，它可以陶冶性情、培養道德，使人與人之間達成和諧相處。

位

《周易古經》對「位」的看法，我們只能通過它的卦爻辭來體會，但已可見到它不是單純指位置、處所，其實已蘊含了豐富的哲學意義。所以後來解釋《周易》的《十翼》所提出「位」的幾個最基本意義，便是從此發展的。

第一個基本意義是「貴賤之位」，它不單是指社會地位的高低，在古代即平民、貴族、官吏的分別。根據曹魏易學大師王弼的說法：初和上都是無位，二、三、四、五爻才有位，爻位的高低明顯反映出地位的高低。二、三、四爻象徵等級從低至高的臣子，五爻象徵君主。四爻最接近五爻，所以是君主的近臣或大臣、後世稱為宰輔級的官，三爻略低，象徵諸侯，二爻更低，象徵大夫等，由此可作靈活引申至現今社會上一切等級。初爻無位是由於他尚未入仕，因此不講究他擔當甚麼職位，上爻無位是因為他已離開了實際職務，高高在上，清貴之極，是世外高人。但六十四卦中也有例外的，有些卦有特殊意義或結構，例如《屯卦》的初爻，它是卦中之主，最為重要。但須注意地位的高低其實包含了時間流逝和個人努力的過程，因此卦以「時」為主，「位」是暗中的作用；

爻以「位」為主，「時」是暗中的作用。「時」和「位」其實是交織在一起，很難分開的。另外，從天地規律來說，古人認為天尊地卑，天不單是高高在上，還有崇高偉大的德性，所以在「位」的背後，除了社會地位之外，它還蘊含了地位高、才幹道德也同樣高，地位低、才幹道德也同樣差的思想在內。因此地位的高低還蘊含了做法適不適當、道德是高或低的價值判斷。由此引申，位置高低有時也有是非、善惡之分了。

第二個更關鍵的是「陰陽之位」。易學將宇宙萬事萬物簡化為陰陽兩類，除了動是陽，靜是陰；熱是陽，冷是陰等之外，陰陽同樣有道德的意義，陽代表善、聰明才智等；陰代表惡、愚昧才弱等。初、三、五三個位置是奇數，奇數是陽，因此初、三、五這三個陽位，象徵了陽的德性和才幹；二、四、上三個位置是偶數，偶數是陰，因此二、四、上這三個陰位，象徵了陰昏才弱的性質。從《十翼》開始，就暗中用了這些標準來解釋卦，以及判斷爻的禍福吉凶。

第三是「得不得位」的問題。六爻位置的陰陽屬性是不變的，把陰陽爻配在這些位置之上，如陽爻在陽位，陰爻在陰位，叫「得正」，簡稱「正」；「得正」能表現陰陽的良好屬性，好比人要在適當的環境才能發揮他的才幹。反之，如陽爻在陰位或陰爻在陽位，是不得正，簡稱「不正」或「失正」，意思是陰或陽的性質都受到環境的限制而減弱，陽的性質減弱了還不一定會有嚴重後果，陰的性質減弱了就不妙了，就會發揮陰的不好本性，愚昧和道德敗壞的情況都會顯現出來。凡在古代註解《易經》的書籍中讀到「不中不正」，我們就應明白它暗中包含了這些不好的意義在內。

另一關鍵是「中位」。「中」是事情最適當的做法，也指思想行為正確。上面已有詳細解釋，在此不贅。

應

「應」是感應、回應、響應。易學特別注重應，有應才是吉利。宇宙間的共鳴共震就是應的一種。所謂「共鳴共震」，說的是一種聲音的頻率會與跟它類似的物質的頻率因為一致而產生相同的聲音或波動。由於是兩個或以上的事物才做得到，故分為「感」和「應」。「感」是一方心中有所感，有個想法，有所行動；「應」是其他人認為說出了他們的心聲，於是作出思想或行動等的回應。故感應是雙方面或多方面的。

易學規例中，初爻和四爻、二爻和五爻、三爻和上爻是最容易產生感應的。如果把六爻分成天、人、地來說，初與二為地，三與四為人，五與上為天，所以地（初位）與人（四位）應、地（二位）與天（五位）應、人（三位）也與天（上位）應，亦與地應（見上初四相應），可見天地人是密切聯繫在一起的。又或者說，六畫卦分成兩個三畫卦，每個三畫卦的天地人都是與另一個三畫卦的天地人相應的。下卦的初爻和上卦的四爻同屬地爻，地與地之間容易感應，下卦的二爻和上卦的五爻同屬人爻，人與人之間容易感應，同理，三和上同屬天爻，因此天和天容易相應，所以初四、二五、三上之間容易產生感應。三種應之中，以二五爻相應最為重要，二五相應是好是壞，決定了卦的好壞。所謂好就是一陰一陽的「正應」，壞就是說兩者均為陰或陽，這種情形又叫「敵應」。

觀乎人間，男與男之間、女與女之間總是容易帶有敵意，每每無故會向對方作出惡意批評，這種叫「敵應」。但男與女之間，一般而言，這種敵應是少很多，他們之間多是「正應」。陰爻、陽爻之相應亦如是。

二、五爻的「應」有兩個可能性，一是陽與陽、陰與陰的敵應，一是陰與陽的正應。二和五都是中爻，所以如是正應就很好，在易學上最受重視、最能影響一個卦的禍福吉凶；敵應則不好。六十四卦中有十六卦的五爻為陰、二爻為陽，兩者都是得中，但是不得正，但這些卦都是吉祥的，原因是《周易》講變易，現在是如此，一變就去到它的相反面，如現在是好，就會向壞發展；現在是壞，就會向好發展。所以得意時切不要得意忘形，要加倍謙虛、謹慎，否則就會失敗；失意時不要氣餒，只要繼續奮鬥，就會轉好，可以成功。相反，六十四卦中有十六個卦二爻為陰、五爻為陽，既得中，又得正，但這些卦反而有吉有凶。而二五爻是敵應的話，都是多凶少吉。由此可見，《易》學上說正應好，是原則上好，配合了其他情勢，可能會由好變壞，需再從兩端斟酌，找出「中」來，這也就是《周易》和中國文化都重視的「中」。

初爻、四爻的正應就較為沒那麼重要了，尤其是站在儒家的觀點來看的話。初爻與四爻的正應有兩個可能性，一是初為陽、四為陰；一是初為陰、四為陽。本來陰陽本身無所謂好壞，所以凡是應都是不錯的，但易學從天道、地道引申至人道，人道雖摹倣天道地道，但人道有其本身的特殊性，所以三道的原則雖是一致的，但也有分別，因此這兩個可能性有好壞之分。第四位承接第五位，五爻是君主之位，緊貼其下的第四爻就是輔助君主的宰輔大臣，前已說過，凡緊貼自己之下的，柔爻較剛爻為佳；遠應自己的，則剛爻較柔爻為好。例如在上的六五是柔弱君主，在下是剛強的九四，那可能變成權臣，最初也許有為，也遵守臣道，慢慢就變成專權跋扈，所以這位置如處身的是陽爻，一般較陰爻差，第二點，假使四爻是陽剛大臣，他與初爻相應，陰代表材質德性上是陰邪的小人，在上的大臣聯繫在下的陰邪小人，那就會結成狐群狗黨壟斷國家朝政，所以初爻為陰、四爻為陽的正應，在易學裏多是不好的；反之，初爻為陽、四爻為陰，象徵執政的大臣謙虛納賢，向下招聘人才，共同治理國家，這才是較好的正應。

三爻和上爻的正應在易學裏最不受重視。原因是上爻無位，是離開了國家實際事務的世外高人，如還與在下者勾結，是否違背了不問世事的應有原則？在道德上是否有問題？三爻上應上爻也是不妥的，因三爻本應在自己的崗位上默默苦幹，現與世外的人交結，從功利立場來說，又能得到甚麼助力呢？從社會傳統道德立場來說，五爻為君主，所有的爻都應以它為中心、支持輔助它，如越過它去與上爻交結，那就是有異心，對君主不忠。所以三、上的正應，在易學傳統中一般是不大好的。

但上述的只是一般原則，在實際各卦中仍須與其他條件配合，才能確定其吉凶好壞得失。

六十四卦卦序

通行本《易經》易卦的卦序始於何時？是否本來就是如此？古人一直認為原來就是如此的。直至民國初年的疑古派學者才懷疑不是，尤其是馬王堆帛書《周易》的出土，排列次序與通行本不同，似是有力佐證。馬王堆帛書《周易》把六十四卦分為八組，每組分別由上下各八個「經卦」組成，而每一組八個「經卦」的上卦卦序都是一樣的，排列依次是《乾》、《艮》、《坎》、《震》、《坤》、《兑》、《離》、《巽》；下卦首卦為本卦自重，其餘都按《乾》、《坤》、《艮》、《兑》、《坎》、《離》、《震》、《巽》的順序排列。依此排列，其卦序依次是《鍵》（《乾》）、《婦》（《否》）、《掾》（《遯》）、《禮》（《履》）、《訟》（《訟》）、《同人》（《同人》）、《无孟》（《无妄》）、《狗》（《姤》）等，跟二千年來從漢代流傳至現今的通行本卦序不同。因此易卦的排列次序成了今天易學研究關注的問題之一。不過，西晉武帝太康時期，盜墓賊不準發掘戰國時魏國古墓，發現了一批古書，其中就有《周易》在內。根據讀過該書的晉人的說法，它的排列次序跟當時流行本的次序是一致的。可見今天通行本的排列次序起碼在戰國魏國中期已是如此，可惜這本《周易》早已散佚不存了。

近年出土的戰國時代楚國的竹簡（「上博楚簡」），內有《周易》殘本。由於它殘缺不全，最初也不能證實它的排列次序是甚麼樣子，但經過今天多數學者的研究，初步認為它的排列次序跟今天通行本是一致的，可見得最低限度在戰國中期，它的排列次序已是如此。古代事物變化相對今天緩慢得多，因此很有可能春秋時的卦序已是如此。

今天通行本的六十四卦卦序，是根據天地萬物人類社會的發展排列的。古人認為天地開闢之後，萬物逐漸產生，人類從原始蒙昧的社會狀況下發展出制度，再逐步發展改良，直至最後完成。這個過程是一步一步發展出來的，反映出古人對天地及人類社會發展的哲學觀點。所以易卦六十四卦的第一卦是《乾卦》，象徵天的創生；第二卦是《坤卦》，象徵大地的形成。最初大地是靜止的，因為陰本性是靜止的，要令到陰運動，就需要有乾陽之氣去推動它、跟它混合，於是萬物就產生了；而陰陽互相推動，就令萬事萬物產生變化。整個天地就在這個基礎上，一步一步演變出無限複雜的世界。這就是古人的想法，今天的宇宙科學理論也差不多，只不過更精密而已。

當乾天與坤地結合，陽氣初度下降到地下，然後從大地低處開始向上發展，這是易學的原理。天地的陰陽有無限次數的結合，才產生萬物。天地陰陽兩氣的第一次結合，就是《震卦》，陽爻在初位，是長男。第二次結合，就是《坎卦》，陽爻在二位，是中男。這就是天地最原始的陰陽兩氣的結合。

上卦《坎卦》和下卦《震卦》的組合，就成為六十四卦的第三卦《屯卦》。「屯」的原義是小草剛從大地冒出頭來，這是以植物的初生象徵整個天地生物的開始。那時天地還是一片雜亂無章。從人道來說，是原始混亂沒有秩序的時代，君主被陰爻所包圍，失去了權勢，群龍無首，人類如何抵抗災難、動物的傷害而繼續生存呢？團結就是力量，但人人意見不同，故必須選出領袖，他的說話人人遵從，大家才可同心協力，維繫全體的生存發展，但君主此時失去領導的能力，惟有在下有繼承權的長子名義上作為領導最為適當，他自願屈己降到最低的初爻地位，於是得到民眾的擁護。

接着是陰陽兩氣的第三次結合，成為《艮卦》，陽爻在三位，是少男。第四卦《蒙卦》正是由上卦《艮卦》、下卦《坎卦》組成。象徵植物初生之後，繼續生長，大地蒙被了植物，以此說明天地的發展過程。從人道來說，就是人類從蒙昧進入文明的開始。《艮卦》是少男，所以《蒙卦》的六五爻就是童蒙，童子引申可象徵人類的初始，童子需要教養，教育便成為這個卦的主題。國家建立了，最重要的是增進國民的知識才能，和維繫治安的道德行為，因為治安單靠法律是不足夠的，更需要道德的自我制約。因此在有了政權之後，就是教育。所以中國特別注重教育，傳說周朝已有太學，從漢朝至今，太學（或大學）在中國起碼已存在了兩千年，地方更同時有郡學或縣學之設。

至於《坎卦》則象徵水流，它衝破一切險阻，最後形成河流一直流入東海，因此《坎卦》表面上是陷阱、是危險，但如能勇往直前，不怕險阻，持久不已，就必定能夠達到目的，原因是《坎卦》的中爻是陽，具備陽剛之性，兼又得中，因此能推動萬事萬物的變化，以此作為做人的原則，就能應付任何艱難困阻。

《乾》、《坤》之後的《屯》、《蒙》、《需》、《訟》、《師》、《比》，連續六卦，《坎卦》或在上卦、或在下卦，象徵天地的最初開闢和人類事物的開始階段，都是艱險重重，但由於《坎卦》得中兼有陽剛之德，內在的推動力就能把外間的一切艱難險阻，通過長期的不懈努力解決了，就好像剛從山中流出來的泉水可能要經過幾十萬年才匯成長江大河，悠長的歲月象徵了《坎卦》陽爻得中持續不已的力量，終能解決問題。六十四卦中有六個三畫《坎卦》放在乾天坤地之後，可見古人對於卦序是有他們的哲學觀點和理論根據的，所以這個排列次序絕非隨意、偶然！至於馬王堆帛書《周易》的卦序，可能是戰國末年的筮者為了方便記憶而新編的，可並存，但不應太重視。

《十翼》

《十翼》今稱《易傳》，是解釋三千年前的《周易古經》的專著，包括：一、《彖上傳》，二、《彖下傳》，三、《象上傳》（又稱《大象傳》），四、《象下傳》（又稱《小象傳》），五、《繫辭上傳》，六、《繫辭下傳》，七、《文言傳》，八、《序卦傳》，九、《說卦傳》，十、《雜卦傳》。到了漢武帝之後，《十翼》附屬於《周易》，被視為《易經》的一部份。因為《十翼》被認為是春秋時期孔子所撰的緣故。

卦主

「卦主」即一卦的主宰。兩個單卦的重複結合，使到原本沒有意義的陰陽爻變成有意義的整體，具備一個主題。卦中的六爻便聯合在一起組成有特定的意義、特定的禍福吉凶、特定的走向的一個卦，六爻便由漫無統屬走向有主有從，於是便有「卦主」了。卦主義指其中有一爻是其他各爻的主宰，它代表了整個卦最中心的意義之所在。原本的

《周易古經》可能沒有卦主，在戰國時代寫成的《彖傳》表面上也沒有提出這個名稱，但已隱寓卦中哪一爻是主爻，凡是卦爻辭文字與《彖傳》文字或意義最接近的那一爻，就是「卦主」，它往往跟卦的主旨最有關係。

真正提出「卦主」一名，為之建立體系、而且為後世採用來說明整個卦的精神特色的人是曹魏的易學大師王弼。卦主要有德有位，才有主宰其他各爻的能力，六爻之中，那當然是第五爻的君主之位最具備此種能力。所以卦主最有可能就是第五爻，不管它是陰爻還是陽爻；第二有可能的是得中的第二爻，他處事適當，其他人多會服從；第三是一些特殊情況，源自卦的某種特性，例如《屯卦》，它說的是以繼承人來解決問題，而中國傳統每以長子嫡孫為繼承人，《屯卦》的下卦《震卦》初爻就是象徵了長子，本來初爻是沒有身份地位的，但由於特殊情況，因此成了卦主。其他卦的二、三、四爻都可能出於特殊情況而成為卦主。另外，為何這個卦有這個特殊意義、形成這種發展過程呢？哪一爻使它形成這性質、完成這發展過程呢？這一爻便稱為「成卦之主」；上面一、二、三種情形則叫「主卦之主」，它控制着卦的發展。有時一爻二者兼備，但有時是分屬兩爻。

王弼所說的「卦主」，可為其他各爻的禍福吉凶找出理論根據。凡與卦主有密切關係的爻，卦主好它就好，卦主壞它就壞；反之，凡與卦主違背的，卦主好它就壞，卦主壞它就好。王弼發展《彖傳》之義，以「卦主說」解釋六十四卦三百八十四爻，都解釋得很有道理，證明他的說法可以成立，因此一直到今天，大多數的易學家仍然接受他的說法。

乘承比應

研習《易經》，須知道爻位「乘承比應」的意義和作用。首先解釋其中跟《比卦》最有關係的「比」字。「比」是親近之義。凡鄰近的爻，它們的關係就是「比」。初爻與二爻、二爻與三爻、三爻與四爻、四爻與五爻、五爻與上爻最為貼近，它們的關係就是「比」。

卦的第五爻是君主之位，它是卦義的中心，所以「比」以第四爻與第五爻之「比」較為重要。六十四卦中，凡第五爻為陰、第四爻為陽的十六個卦，全都是吉，表示在上的君主垂拱無為，虛心聽任在下的剛明大臣治理國家，這是理想的政治狀態。反之，如第五爻為陽，第四爻為陰，則是君主剛強，而輔助的大臣懦弱，君主乾綱獨斷，剛愎自用，不易接納賢臣的建議，符合這種「比」的十六卦因此有好有壞。

其次是第五爻和上爻的親比。它也有兩種可能性，如第五爻為陰，上爻為陽，陽代表有賢德的人，這種親比關係是好的，象徵君主能尊敬賢人，聽從賢者的意見推行國家政治。這是中國的賢人政治傳統，君主不是聽取佔了國家大多數民眾的意見，而是聽取少數賢人的意見。在《周易古經》的卦辭、爻辭中，如有「尊賢」、「養賢」等文辭，多主吉。反之，如第五爻為陽，上爻為陰，陰為小人，身為君主，竟然暱愛小人或有不良嗜好，這種親比關係自然不會好。

此外，初與二、二與三、三與四，都只是一般的親近，有一定的助力，但與道德關係不大。不過這只是一般情況，如是卦主的話，就會有例外，因為卦主所在的位置，就等於五爻君主之位，這時，在這爻位的「乘承比應」便會有重大的影響。

「乘」是坐在車子上，用於卦爻，則表示一爻在另一爻之上，例如六三在六二之上，就是乘六二，六二是柔爻，這就稱為「乘柔」，一般情況下是好的。但如六三乘九二，九二是剛爻，就稱為「乘剛」，一般是不好的。我們可以從常識體會，坐在剛硬嶙峋的石頭上兩個小時，會苦不堪言，坐在有軟墊的椅子上則幾個小時也沒問題。第二點，陽代表尊貴，陰代表卑賤，如社會上卑賤的人居於上位，而高貴的人反被壓抑在下，這個社會是不正常的，會走向動亂。另和「乘」同音的「承」，義指在下承托上面的那一爻，它剛好與「乘」相反，例如六二承九三，這是「承剛」，那就是好了。至於「應」，在解釋《師卦》時已有詳細解釋，請自行參閱，在此不贅。

元亨利貞

「元亨利貞」是《周易古經》重要的專門名詞，它首見於六十四卦的第一卦《乾卦》卦辭。《子夏易傳》說：「元始也，亨通也，利和也，貞正也」，後世的解釋大體遵從並發展其義。高亨教授在一九四零年出版的《周易古經通說·第五篇元亨利貞解》認為原義是：「元皆大義，亨皆享祀之享，利皆利益之利，貞皆貞卜之貞，殆無疑義。」晚年（一九七九年）所撰的《周易大傳今注》仍持此見解：「元，大也。亨即享字，祭也。利即利益之利。貞，占問。卦辭言：筮遇此卦，可舉行大享之祭，乃有利之占問」。類似的說法還有李鏡池、劉正、楊冰等人。這一解說，廣泛為現代學者所接受。但這一說法，問題很多，是經不起推敲的。劉雁樓先生的《周易元亨利貞辨》（見郭樹森、張吉良主編《大道之原》，湖南師範大學出版社一九九三年版）便對這一說法進行了有說服力的駁斥。

其實，除了文字本義，從春秋時代開始，便對這名詞的涵義作了提升發揮。根據《春秋左氏傳》襄公九年的記載，當時魯國國君魯成公的母親穆姜因淫亂及意圖顛覆國家而被囚禁，占筮得到《隨卦》（本卦為《艮》，變為《隨卦》），《隨卦》的卦辭亦有「元亨利貞」的占辭（判斷吉凶等的文詞）。由於她是國君的母親，占筮的史官為了討好她，說「隨」有移動之意，故被囚應是短暫的事。但穆姜自己說：「元，體之長也，亨，嘉之會也，利，義之和也，貞，事之幹也。體仁足以長人，嘉會足以合禮，利物足以和義，貞固足以幹事。然，故不可誣也，是以雖隨无咎。」這是說「元亨利貞」依次象徵人類的仁、禮、義、幹四種德性，《隨卦》指擁有這四種德性的人才能「无咎」，沒有這四種德性的人，便不是如此了。可見在春秋時代，「元亨利貞」已引申詮釋為人類的四種德性。

戰國時代《十翼》之一的《文言傳》在解釋《乾卦》卦辭時就繼承了穆姜的說法，

只改「元」是「體之長也」為「善之長也」，更切合說明仁德。說明「元」是一切美德的開始和主宰（即是仁）；「亨」是「嘉之會也」，是一切美好事物的湊集（即是禮）；「利」是「義之和也」，在義利之間找到平衡，以義達致和諧相處（即是義）；「貞」是「事之幹也」，指以正確原則來處理事情，就會做得適當（即是貞）。

《十翼》除了《文言傳》解釋《乾卦》外，尚有《彖傳》亦解釋《乾卦》，一方面《彖傳》的寫作體例是藉天道以明人道，另一方面是乾為天，《乾卦》應和天道相應，因此不採穆姜據人道立論的春秋古義，而以天道的產生萬物解釋「元亨利貞」：以「大哉乾元：萬物資始，乃統天」解釋「元」。以「雲行雨施，品物流形」解釋「亨」。以「乾道變化，各正性命」解釋「利」。以「保合太和，乃利貞」解釋「貞」。而「乾道變化」即天道變化，「保合太和」即指天的氣候太和，因為天之德莫大於四時，言外之意指四時氣候的變化和萬物的生長變化有關。西漢末年大儒揚雄深於易學，模仿《周易》作《太玄》，推展其意，《太玄．文》「罔、直、蒙、酋、冥」，范望注：「此五者為《太玄》之德，猶《易》元亨利貞也」，所以《太玄》據《彖傳》之說，以直為東方，春；蒙為南方，夏；酋為西方，秋；罔、冥為北方，冬。

南北朝梁朝的周弘正根據戰國時代的《彖傳》、《文言傳》和揚雄的說法，再加以提升，說「元亨利貞」這四德可分別從天道、人道、地道來作出解說。從天道來說，他繼承了《十翼》用春夏秋冬來說明天道變化的觀點，認為「元亨利貞」依次指春夏秋冬四季的變化。從天道來說，「元亨利貞」是五行中的木、火、金、水，春天屬木，夏天屬火、秋天屬金、冬天屬水。而天道春夏秋冬的變化，反映在人間大地，春天象徵植物的欣欣向榮，夏天象徵植物的壯大，秋天象徵植物發展到成熟，冬天是植物的收藏或者結束，所以木、火、金、水也就反映出地道的變化。最後從人道來說，建立人道社會合理的規範、使人類社會得以持續發展，最重要的是「元仁、亨禮、利義、貞信」這四種德性（他將「貞」釋為「信」）。

略後於周弘正的另一位易學大師莊氏推展周弘正的說法而再加以提升，周弘正所說的天道、地道都只是限於一年四季植物的發展，但既然三道合一，萬物亦應如此，沒有理由萬物只限於植物，他因此提升「元亨利貞」為「元」象徵萬物變化初生的過程，「亨」象徵萬物成長壯大的過程，「利」象徵萬物成熟的過程，「貞」象徵萬物結束的過程，將這名詞作為說明或反映天地萬事萬物發展變化的規律。

但甚麼事物或力量推動天地萬物產生及變化呢？唐初的孔穎達等進一步根據自然哲學中的「元氣學說」，以乾陽的「元亨利貞」為陽氣生長萬物、坤陰的「元亨利牝馬之貞」為地氣成就萬物的四個階段。後來北宋程頤及南宋朱熹都據此發展其說，程頤在《周易程氏傳》中以「元」是陽氣的初生、萬物的開始；「亨」是陽氣的增加、萬物的長大；「利」是陽氣的繼續增長、萬物的順遂；「貞」是陽氣發展至極限、萬物的完成結束。將「元亨利貞」解為萬事萬物的「生長遂成」。南宋朱熹在《周易本義》中總括其義說：「元者生物之始，天地之德莫先於此，故於時為春，於人則為仁，而曰眾善之長也。亨者生物之通，物至於此莫不嘉美，故於時為夏，於人則為禮，而眾美之會也。利者生物之遂，物各得其宜，不相妨害，故於時為秋，於人則為義，而得其分之和。貞者生物之成，實理具備，隨在各足，故於時為冬，於人則為智，而為眾事之幹。」當元去到貞，貞之後就是另一個循環的開始，那便是「貞下起元」。於是「元亨利貞」就演變成可以同時解釋天道人道地道的名辭，成為宋代及以後哲學關鍵的範疇。但請注意：提升了的「元亨利貞」的哲學意義，除了《乾》、《坤》等有限幾卦外，其他各卦大都只能用本義加以解釋。

www.cosmosbooks.com.hk

書　名	易卦闡幽（上冊）
作　者	黃漢立
整　理	蕭若碧　彭德貞
責任編輯	陳幹持
美術編輯	郭志民
出　版	天地圖書有限公司 香港皇后大道東109-115號 智群商業中心15字樓（總寫字樓） 電話：2528 3671　傳真：2865 2609 香港灣仔莊士敦道30號地庫／1樓（門市部） 電話：2865 0708　傳真：2861 1541
印　刷	亨泰印刷有限公司 柴灣利眾街27號德景工業大廈10字樓 電話：2896 3687　傳真：2558 1902
發　行	香港聯合書刊物流有限公司 香港新界大埔汀麗路36號中華商務印刷大廈3字樓 電話：2150 2100　傳真：2407 3062
出版日期	2017年6月／初版

ISBN：978-988-8257-95-9